BESTIARIO YŌKAI

APRENDE A DIBUJAR SERES TERRORÍFICOS Y ENCANTADORES DE LA MITOLOGÍA JAPONESA

Lance Red

Librero

2

¡Bienvenido!

La intención de este libro es enseñarte a dibujar *yōkai* monstruosos, desde las criaturas más emblemáticas, como el travieso tanuki, hasta los oni más aterradores. Ten en cuenta que los yōkai que aquí presentamos no son más que una pequeña parte de la gran variedad de yōkai existentes. Espero que este volumen te ayude a despertar tu interés no solo por los yōkai y el folclore que los rodea, sino también por la cultura japonesa, que ha dado origen a estas extrañas y maravillosas criaturas. Espero también que estas páginas te sirvan de inspiración y te animen a mejorar tus aptitudes para el dibujo.

El nivel de dificultad de cada personaje aumenta capítulo a capítulo, de manera que empezarás por los yōkai más sencillos y terminarás con las criaturas más complejas. Aunque algunos yōkai pueden intimidar un poco, ya que presentan un montón de detalles, no tengas prisa y ve paso a paso. Ya verás que al final conseguirás dibujarlos. Diviértete mientras dibujas y recuerda que dibujar, como cualquier otra habilidad, requiere dedicación y práctica.

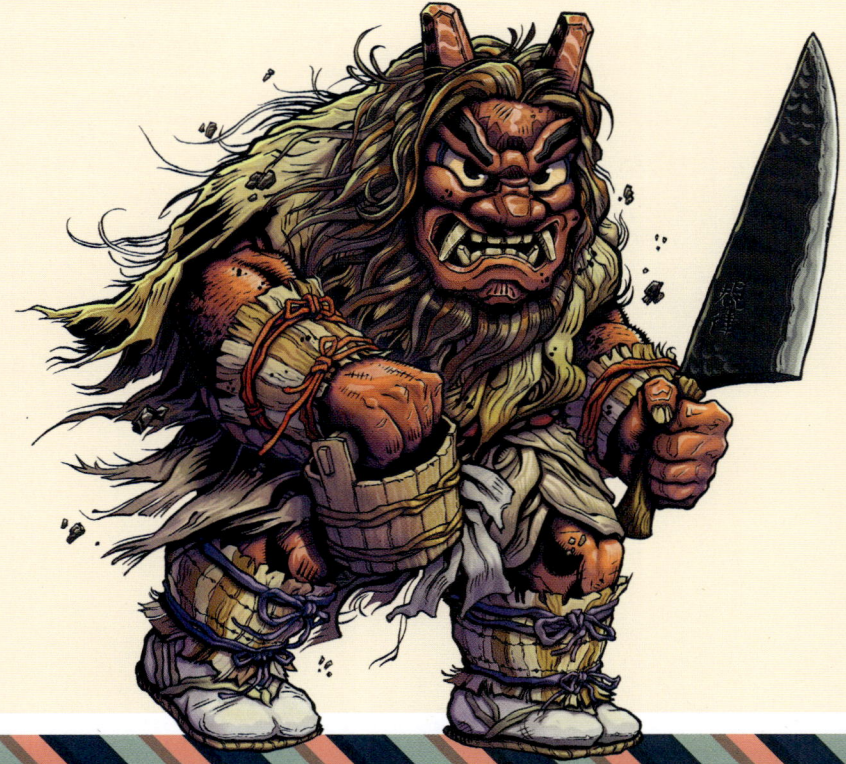

Introducción

¿QUÉ SON LOS YŌKAI?

Bakekujira ronda por las oscuras costas de la prefectura de Shimane, reliquias apreciadas en su día y ahora olvidadas que cobran vida. Un destello de una aleta mientras un *ningyo* desaparece bajo las olas. Sonidos inexplicables en la noche, resplandores de luz hasta donde te alcanza la vista o ese zorro que te observa desde los árboles con mirada inteligente.

Todos ellos son ejemplos de yōkai, criaturas del folclore y la tradición japonesas. Los yōkai viven en un lugar intermedio, donde lo sobrenatural se encuentra con lo cotidiano. Su origen se debe al temor y al asombro del antiguo pueblo japonés. En esa tierra crepuscular donde el día se encuentra con la noche, la vida se topa con la muerte y lo fantástico irrumpe en lo mundano, es donde viven los yōkai. No obstante, los yōkai no son solo criaturas; también personifican fenómenos misteriosos, especialmente los yōkai más antiguos. A ellos se atribuían los acontecimientos extraños e inexplicables, como ruidos sobrenaturales, tormentas y pestilencias. Durante los primeros tiempos, los yōkai existían principalmente en la tradición oral, y no fue hasta que los artistas se hicieron eco de ellos que adquirieron formas visuales concretas y se convirtieron en criaturas más parecidas a lo que son hoy en día.

Muchos yōkai nacen directamente de la historia y la tradición japonesas, mientras que otros tienen su origen o se entremezclan con creencias religiosas (sintoísmo, budismo). También hay algunos que proceden de otras culturas, como la de China o la India, que han sido adaptados a la tradición japonesa.

LOS YŌKAI DE ANTES Y LOS DE AHORA

Aunque antiguamente eran la representación de los temores y la curiosidad de la gente, durante el periodo Edo (1603-1868), los yōkai pasaron de ser criaturas temibles a convertirse en personajes divertidos de libros y películas gracias al trabajo de artistas como Toriyama Sekien.

Él y otros artistas comenzaron a ilustrar a los yōkai para el gran público en forma de libros y grabados. La gente se entusiasmó con estos seres y quería más. A su vez, los artistas comenzaron a observar el mundo que les rodeaba y a imaginarlo a tavés de ellos. La proliferación de los yōkai fue más allá de las leyendas y el folclore originales con el fin de satisfacer la creciente obsesión popular por los yōkai. Los artistas dieron forma visual a los yōkai, que pasaron de ser conceptos orales a criaturas de cómic, lo que despertó un interés cultural por ellos que fue en aumento con el paso de los siglos. Este libro mismo es fruto de esta veneración por los yōkai, que se vio aumentada a medida que artistas extranjeros como yo quisimos aprender más sobre ellos, la cultura japonesa y las historias que los han inspirado.

Hoy en día, los yōkai están presentes en toda la cultura japonesa. Son una fuente inagotable de inspiración para los creadores. Muchas de las criaturas y monstruos que ves en el anime, el manga y los videojuegos japoneses están inspirados de alguna manera en los yōkai, lo que ha despertado aún más el interés internacional por estas criaturas extrañas y sorprendentes.

LOS YŌKAI Y MI TRAYECTORIA ARTÍSTICA

Toda mi vida me ha interesado la cultura asiática y he formado parte de ella, ya que crecí en una familia filipino-estadounidense. En la escuela secundaria, tuve la oportunidad de viajar a Japón cuando mi tía me llevó de viaje para visitar a nuestra familia en Tokio, que había emigrado allí desde Filipinas. Fue durante ese viaje cuando me enamoré de la cultura japonesa. Durante un mes visitamos templos, barrios de Tokio, museos y el interior del país. En el instituto seguí estudiando japonés. Ahora, como artista de ilustraciones de fantasía que trabaja en el campo de los videojuegos, muchos de los proyectos en los que he trabajado se basan en dibujos que recuerdan a los libros de Tolkien, con raíces en el folclore y la cultura europeos. Por eso, me encanta sumergirme en los yōkai japoneses, con todos sus diseños exclusivos y sus historias diversas; me ofrecen un mundo nuevo de criaturas visualmente únicas por explorar.

CATEGORÍA Y DIVERSIDAD REGIONAL

Las categorías utilizadas en este libro sirven para ayudarte a entender mejor el vasto mundo de los yōkai y hacerlo más accesible. Muchos de los yōkai que aparecen en estas páginas podrían incluirse en varias categorías. Así que no tomes esto como una norma inamovible a la hora de organizar el vasto panteón de los yōkai, sino más bien como una guía para el contenido de este libro.

Los yōkai varían de una región a otra, de un pueblo a otro y de una historia a otra. Por ejemplo, el famoso yōkai conocido como kappa tiene numerosas variantes en todo Japón. Así pues, ten en cuenta que las criaturas que se presentan en este libro son interpretaciones genéricas; si te interesan, hay muchas más por descubrir y profundizar.

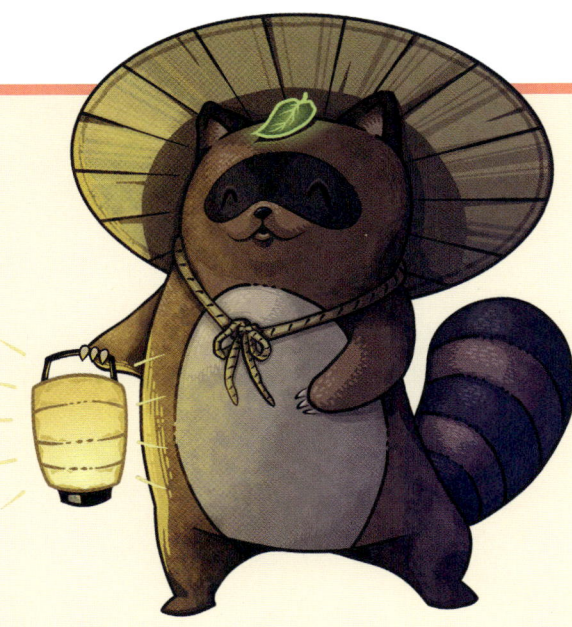

HERRAMIENTAS Y MATERIALES

Estas son las herramientas y los materiales que utilizo a diario para dibujar, los utensilios imprescindibles en mi actividad como artista. Antes de entrar en materia, quiero dejar claro que no todos estos elementos son necesarios. Para dibujar, solo necesitas algo con lo que hacer trazos sobre una superficie, y una superficie sobre la que hacerlos. Esa es una de las ventajas de dibujar. En esencia, es una actividad sencilla y expresiva.

EN MI ESTUDIO

Lápices

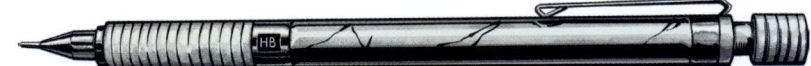

Portaminas. El que utilizo principalmente es el Staedtler 925, de 0,5 mm. Tiene un peso ideal y resulta muy cómodo de sujetar; no es ni demasiado pesado ni demasiado ligero. Tengo varias versiones de este lápiz, cada uno con un peso de mina diferente. Utilizo 2H para empezar un dibujo (a no ser que use lápices Col-Erase, como te muestro más abajo), HB para las líneas finales y, a veces, 2B si necesito un tono más oscuro.

Lápiz de color Col-Erase. Son lápices de colores suaves que se pueden borrar. Me gusta utilizarlos a veces durante las primeras fases de un dibujo porque me permiten trabajar con mayor soltura y fluidez.

Otras opciones de lápices

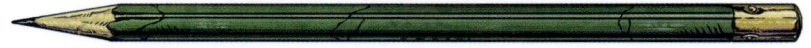

Lápices de dibujo genéricos (2H, HB, 2B). Son lápices fantásticos y sencillos, y son una excelente alternativa a los lápices Staedtler.

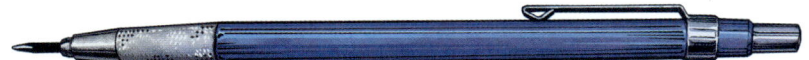

Portaminas de 2 mm (2H, HB, 2B). Lo he utilizado como herramienta principal para dibujar durante años, antes de pasar a los portaminas de 0,5 mm. Puedes conseguir una punta afilada y fina utilizando un sacapuntas para minas. La razón principal por la que decidí cambiarlo por el portaminas de 0,5 mm es que me cansé de tener que afilar el lápiz constantemente. Aún así, sigue siendo un portaminas fantástico.

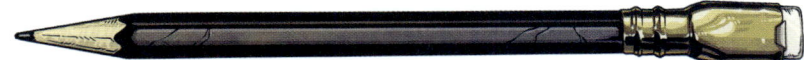

Lápices Blackwing. Tienen una mina suave y agradable que permite dibujar desde tonos muy claros hasta muy oscuros, dependiendo de la presión que se ejerza. Cuando me apetece dibujar con un lápiz tradicional, el Blackwing es uno de mis favoritos.

Tablero de dibujo

Es un **tablero de gran tamaño que puedes usar para sujetar el papel mientras dibujas**. A mi me va perfecto porque constantemente giro el dibujo mientras trabajo; al fijar la lámina en el tablero puedo girar las veces que necesite sin tener que tocar el papel. Así, protejo mi trabajo y evito que se manche. Si un dibujo se ensucia es mejor tirarlo. Es muy importante mantener limpias las zonas blancas. Es algo que me inculcaron cuando era dibujante técnico.

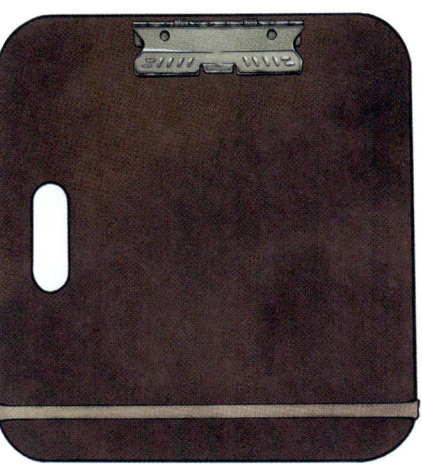

Sacapuntas

No soy muy exigente en este aspecto. Hay **sacapuntas de manivela**, **sacapuntas eléctricos** y los **pequeños de plástico que se sujetan con la mano**. Yo los utilizo todos. Lo importante es que afilen bien.

Gomas de borrar

Gomas de borrar moldeables. Estas gomas blandas y flexibles son ideales para difuminar líneas demasiado oscuras que no deseas borrar por completo.

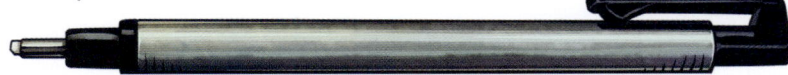

Gomas de borrar tipo bolígrafo. Son perfectas para borrar con precisión y detalle, ya que se pueden sujetar como un lápiz. Mi preferida actualmente es la goma de borrar Tombow MONO Zero, cuya punta es muy fina en comparación con otros modelos de gomas.

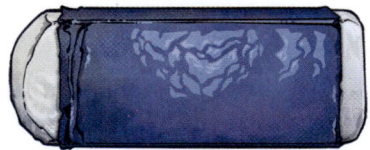

Gomas de borrar blancas de plástico. Las gomas de borrar blancas son ideales para borrar por completo grandes superficies. Las gomas de los lápices Blackwing son similares, solo que más pequeñas.

Protectores para gomas de borrar. Son ideales para hacer dibujos detallados, y muy útiles para seleccionar con precisión lo que deseas borrar, sin afectar al resto del dibujo. Los protectores para gomas de borrar funcionan mejor en combinación con una goma de borrar blanca; con las gomas más nuevas y pequeñas, tipo bolígrafo, pueden ser innecesarios.

Papel

Papel para impresora. Si te hallas en la fase de aprendizaje como artista, no necesitas nada sofisticado. De hecho, en la facultad de bellas artes, este era el papel de dibujo que utilizaban los estudiantes.

Papel Bristol liso. Sin embargo, para dibujos más elaborados, el mejor papel, sin duda alguna, es el Bristol liso, sobre todo el modelo para cómics. Odio tener que lidiar con la textura del papel cuando dibujo detalles precisos, así que utilizo este papel porque es completamente liso.

UNA OBSERVACIÓN SOBRE LOS MATERIALES DIGITALES

Si dibujas en formato digital, te recomiendo que no dejes de practicar con los medios tradicionales; saber manejar las herramientas de dibujo reales te hará dibujar aún mejor. Cuanto más mejoro trabajando de manera tradicional, mejor me salen mis dibujos digitales.

Mi equipo para dibujar de forma digital está compuesto por:
- iPad Pro (el más grande que sea posible: el modelo de 12.9" o 327 mm)
- Apple Pencil y protector de pantalla completa con un ligero relieve/textura.
- Guante para dibujar
- Aplicación Procreate
- Tu pincel digital favorito para dibujar

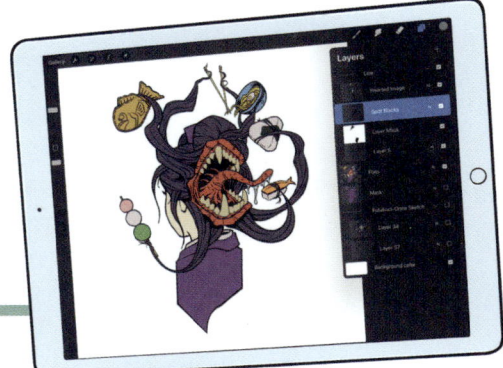

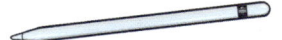

CONSEJOS PARA DIBUJAR

El consejo más importante que me han dado en mi carrera hasta ahora lo recibí estando en IlluxCon, una exposición de arte fantástico tradicional centrada en el realismo imaginativo, a la que asistí como profesional novel. En aquella época, disfrutaba dibujando cosas artísticas, pero el hecho de haber recibido formación como artista comercial me llevó a entender el arte como un medio para vender productos. Allí, en una de las salas del recinto, me acerqué tímidamente a uno de mis artistas favoritos en el campo del arte fantástico, Steve Prescott, cuyas ilustraciones son sencillamente increíbles. Sus obras se caracterizan por un trazo precioso y un sombreado gráfico atrevido, así como una pincelada expresiva y unos personajes que parecen cobrar vida. Le pregunté cuál era el consejo más importante que podía darme para crear arte. Esperaba que me revelara alguna técnica, quizá un proceso específico o alguna práctica particular, pero solo me dijo:

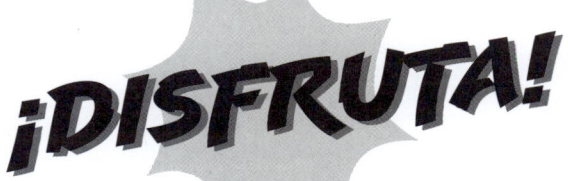

Puede que suene trillado o demasiado simple, pero en aquel momento yo estaba tan centrado en mi profesión, en los clientes, en los plazos de entrega o en la actualización de mi carpeta de proyectos, que no se me había ocurrido la idea de disfrutar con lo que hacía. Recuerdo que pensé: «¿Me puedo permitir eso?». A continuación, Prescott añadió: «Creamos ilustraciones fantásticas que luego decorarán libros, juegos o casas particulares. Si no disfrutamos con lo que hacemos, eso se reflejará en nuestro trabajo, y quienes lo contemplen apenas sentirán nada. Si no disfrutas dibujando, ¿qué sentido tiene? Hay otras maneras, y más fáciles, de ganar dinero».

¡Vaya! ¡Me quedé alucinado!

Así que te transmito este sabio consejo: «¡Disfruta!». No pasa nada si tus dibujos al principio no te quedan muy bien. No tienen que ser perfectos, aún estas en proceso de aprender y mejorar.

CONSEJOS PARA DIBUJAR

Aquí tienes algunos consejos y técnicas de dibujo que debes practicar y tener en cuenta a medida que vayas progresando.

Empieza dibujando con trazos ligeros. Las líneas iniciales de un dibujo son solo la base sobre la que crearemos el dibujo final, y no las líneas definitivas que se verán. Por lo tanto, deben ser ligeras y fáciles de borrar.

Dibuja con confianza (sin trazos irregulares). Muchos principiantes dibujan líneas con un movimiento de vaivén porque no se sienten seguros de poder dibujar la línea de un solo trazo. Atrévete y haz ese trazo sin miedo. Siempre puedes borrarlo si es necesario.

Usa todo el brazo. Partiendo de la técnica anterior, otro mal hábito al dibujar es doblar solo la muñeca. Aunque pueda parecer que así tienes más control, es solo porque probablemente no has practicado lo suficiente dibujando con todo el brazo.

Llena la página. Intenta llenar toda la página con tu dibujo. Sé valiente, dibuja a lo grande.

Sigue el orden de los pasos. De fuera hacia dentro. De mayor a menor. De lo general a lo específico. Este es el orden que se suele seguir cuando se está dibujando. Empieza por la forma más grande y ve avanzando hacia el centro o punto de interés de la figura. Por ejemplo, dibuja la forma de la cabeza antes de añadir los rasgos.

Fíjate en las formas recurrentes. En muchos de los dibujos que vamos a realizar, utilizarás lo que se denomina «formas recurrentes», que ayudan a simplificar los diseños más complejos. Es un recurso artístico que consiste en dividir una imagen grande y compleja en partes pequeñas y similares, y volver a dibujarlas para crear así una forma visual abreviada. Un ejemplo de esto se da en el dibujo de las vértebras del bakekujira (página 118) o de los ojos del hyaku-me (página 146).

Lee e investiga. Este libro es solo una pequeña introducción al maravilloso mundo de los yōkai y a la manera de representarlos. No te detengas aquí. Sumérgete en la cultura japonesa: lee sobre la mitología, la historia y el folclore del país. Profundiza en lo que más te interese y usa tu imaginación cuando quieras dibujar. Una de las cosas que más me gusta de ser artista es que siempre aprendo cosas nuevas.

CÓMO USAR ESTE LIBRO

Ya lo he mencionado antes, pero vale la pena repetirlo: cuando empieces a dibujar, permítete aprender de tus errores. No todos los dibujos que hagas serán obras maestras, y no pasa nada por eso. Lo importante es que te diviertas aprendiendo a dibujar yōkai. Al principio, es posible que quieras seguir mis pasos tal y como los he realizado, pero a medida que vayas adquiriendo destreza, ganando confianza y aprendiendo más sobre los yōkai, es importante que pruebes a añadir tu propio toque personal. Puede ser una nueva pose o una versión diferente del yōkai (hay muchas, dependiendo de la región de Japón de donde procede el yōkai o de la historia en la que aparece).

El proceso de dibujo

Los dibujos de los yōkai de este libro se dividen en varios pasos. A continuación, se describe el proceso artístico general que debes seguir para completar estos pasos. No se trata de reglas estrictas que hay que cumplir al pie de la letra, sino de ideas orientativas sobre en qué debes centrarte durante cada fase del proceso. También observarás que cada paso está estructurado sobre la base del paso anterior. No empezamos con el trazo final, sino que vamos avanzando poco a poco, construyendo las formas básicas del yōkai antes de dibujar el contorno definitivo y los detalles.

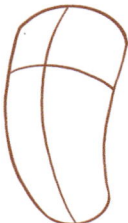

Fundamentos del dibujo
En este primer paso dibujaremos la línea principal de acción. Una línea de acción es una línea única que capta el flujo general de la pose de una figura determinada. Sintetizamos la acción de un personaje en un único gesto, una sola línea. Sobre ella colocaremos las formas principales de la figura, empezando por la forma básica de la cabeza y las líneas guía centrales para los rasgos faciales.

Forma y estructura básicas

Piensa en esta etapa como si estuvieras colocando el esqueleto alrededor de la línea de acción sobre la que construiremos el resto del dibujo. Simplificaremos las formas principales de la figura en formas básicas.

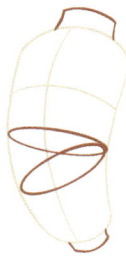

Contornos definidos y formas secundarias

Una vez establecidas las formas principales, empezaremos a perfilar las formas reales de la figura, convirtiendo las formas básicas en extremidades y vestimenta reales; se comienza por los contornos. Trabajando de fuera hacia dentro, añadiremos las formas secundarias, como los rasgos faciales, a las formas de la cabeza que ya hemos dibujado.

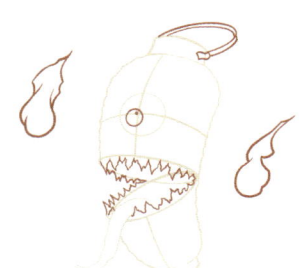

El yōkai cobra vida

Vamos a convertir las formas en un personaje añadiendo texturas, expresión y detalles. Una vez establecidas las formas principales del personaje, pasamos a dibujar los detalles, de modo que convertiremos un conjunto genérico de formas en un personaje concreto. En esta fase, borraremos las líneas guía que hemos utilizado al principio del dibujo.

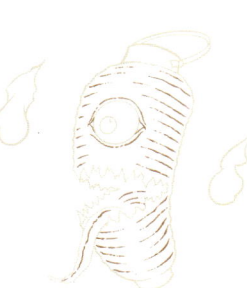

Toques finales y estilismo

En estos últimos pasos entra en juego el estilo mediante los toques finales, como añadir pequeños detalles, aplicar un sombreado o jugar con el grosor de las líneas. A mí, por ejemplo, me gusta engrosar los contornos principales y las líneas interiores, especialmente las que están alejadas de la fuente de luz.

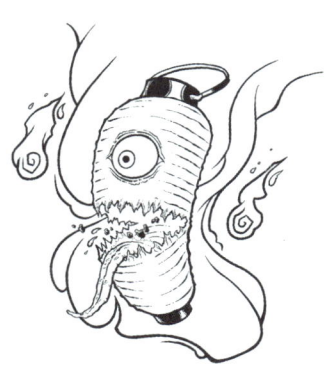

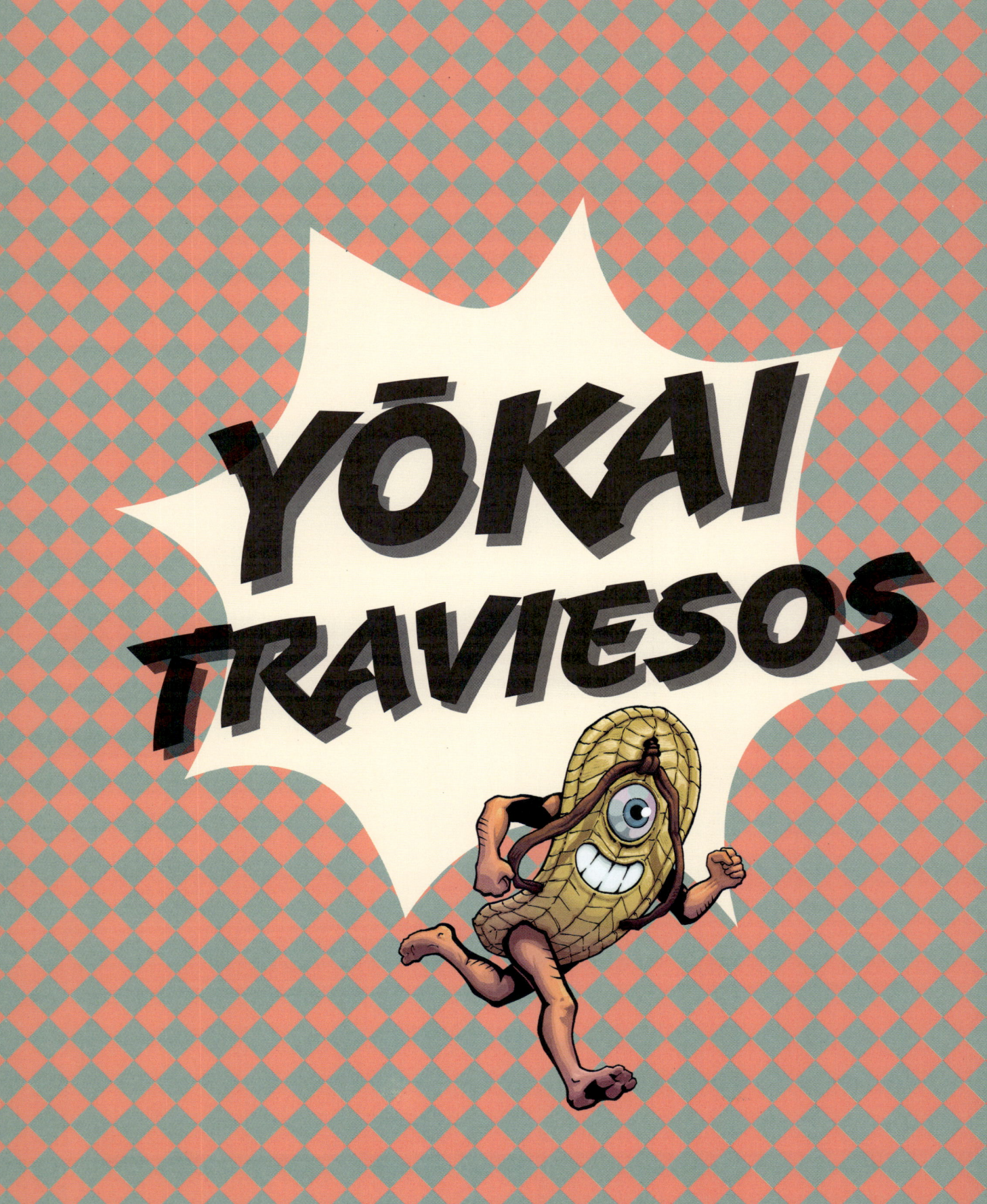

YŌKAI TRAVIESOS

Hay yōkai monstruosos, vengativos e incluso divinos, como iremos viendo. En este primer capítulo, no obstante, nos centraremos en los yōkai traviesos y bromistas, que pueden ser desde animales que cambian de forma hasta sandalias que huyen corriendo y te dejan los pies descalzos. Entre estos yōkai tramposos tambien hay quien puede acercarse sigilosamente y darte un gran lametón. Son criaturas de carácter alegre que solo piensan en divertirse. Muchos de estos yōkai suelen aparecer como personajes cómicos en el anime y el manga modernos.

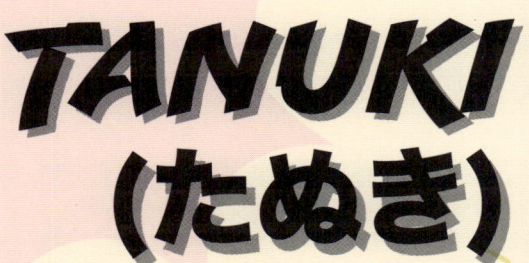

TANUKI (たぬき)

Los tanuki son yōkai traviesos a los que les encanta gastar bromas y transformarse en objetos domésticos, árboles o personas para sorprender a los viajeros desprevenidos. Disfrutan transformando hojas de árbol en dinero o antigüedades para recompensar a la gente, solo para que la ilusión se desvanezca cuando desaparecen. A los tanuki les encanta el sake, lo que contribuye a su fama de personajes joviales. Por ello, suelen representarse sosteniendo una jarra de la bebida propia del Japón.

La forma del tanuki se basa en un animal autóctono de Japón, similar a un mapache. También es una de las figuras más queridas e icónicas del folclore japonés. Se pueden encontrar estatuas de tanuki en escaparates, templos y hogares de todo el país, ya que son símbolos de buena suerte.

Este yōkai resulta un buen ejercicio para crear formas. En cada paso, añadiremos nuevas formas hasta crear el personaje.

1

Empieza dibujando un círculo achatado, que será la cabeza, y un cuadrado curvado para el cuerpo. Procura captar el dinamismo de la pose. Traza las líneas guía en el centro.

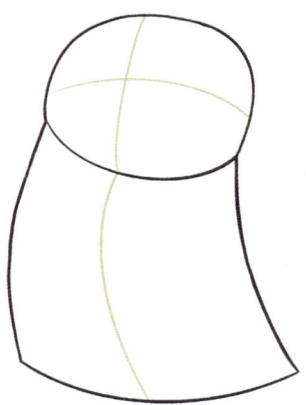

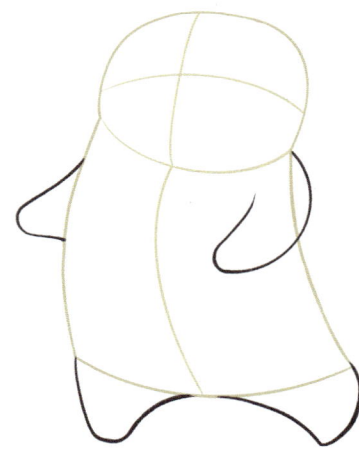

2

A cada lado del cuerpo, añade unas curvas para formar los cortos brazos y patas de la figura.

3

Con el cuerpo ya esbozado, añade las formas secundarias. Dibuja una curva grande para la cola y triángulos redondeados para crear las orejas y las patas.

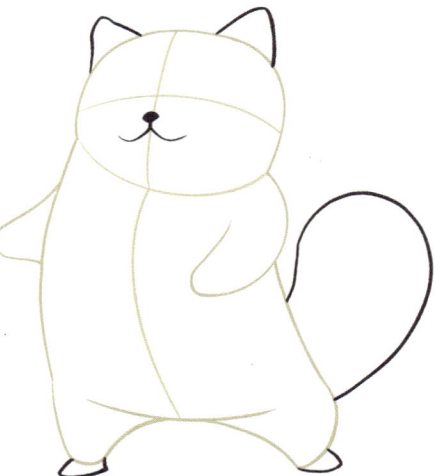

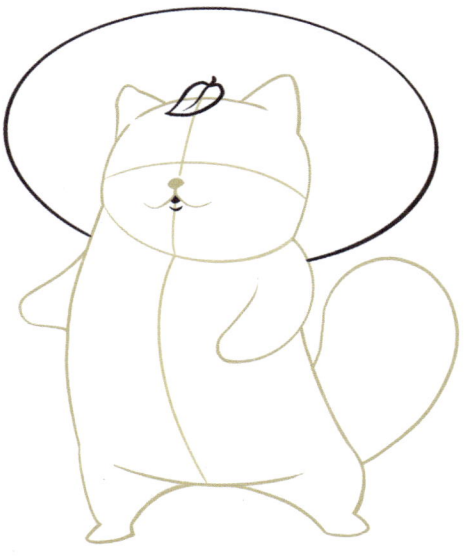

Para hacer el sombrero *sugegasa*, dibuja un óvalo grande. Añade una hoja en la frente del tanuki. Luego, traza una boca diminuta y el labio.

Dibuja tubos curvados para dar forma a la cuerda que sujeta el sombrero. Empieza con la parte que rodea el cuello, añade los bucles redondeados para el lazo y, por último, los dos extremos de la cuerda que cuelgan en el centro. Traza una forma alargada parecida a una alubia para crear la franja de pelaje oscuro que comprende los ojos.

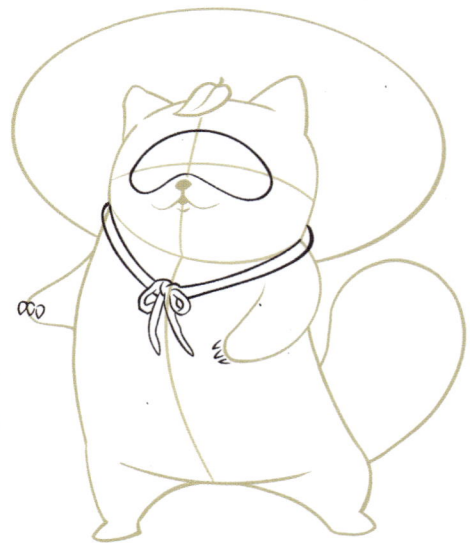

Dibuja curvas triangulares para los ojos y el interior de las orejas. Añade un óvalo grande para hacer la barriga; traza una línea discontinua.

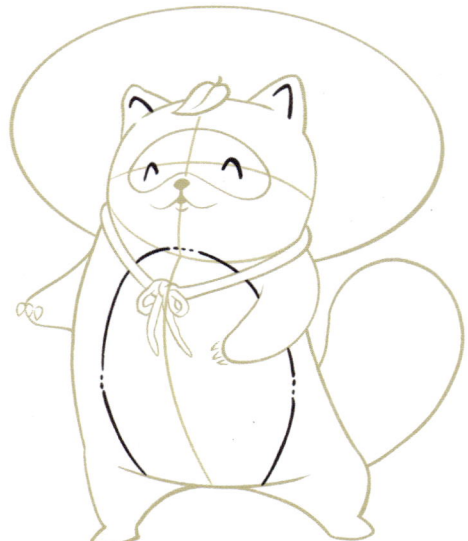

Con rectángulos curvos, dibuja
la linterna de papel y el asa.

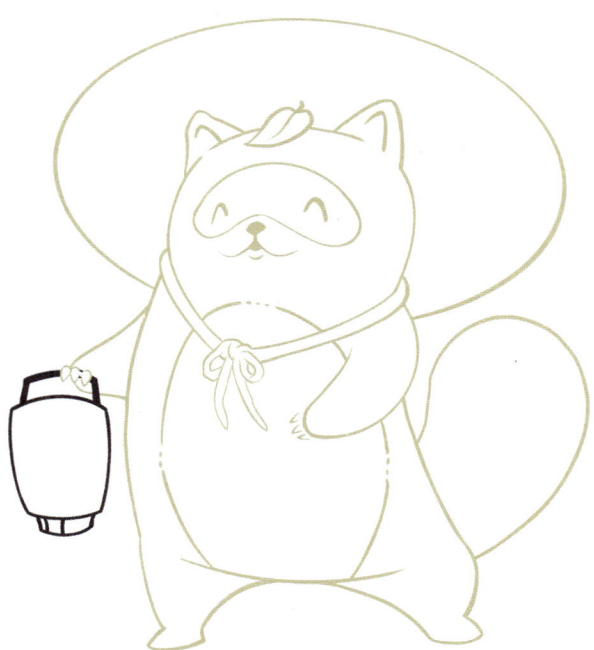

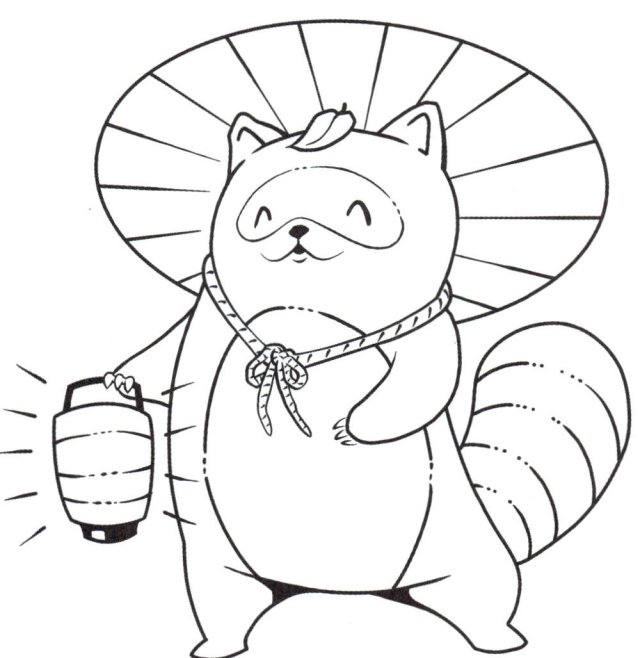

Para terminar el dibujo, utiliza líneas
curvas y espaciadas uniformemente
para dibujar las varillas que forman el
armazón de la linterna y las rayas de
la cola y la cuerda. Utiliza líneas rectas
para las varillas del *sugegasa*.

CHŌCHIN-OBAKE (ちょうちんおばけ)

El chōchin-obake es un tipo de *tsukumogami*, es decir, un yōkai que se origina a partir de objetos cotidianos. Esta traviesa linterna vuela por el cielo nocturno y se lanza en picado sobre su víctima solo para asustarla; nunca pretende hacerle daño. Algunas versiones tienen una lengua larga que utilizan para lamer a sus víctimas, lo que las asusta aún más. Otras también tienen brazos.

En el antiguo Japón, la gente usaba linternas hechas de papel para alumbrar sus casas. Parecían flotar en el aire de forma inquietante, ya que su luz era demasiado débil para iluminar a la persona que la sostenía. Te puedes imaginar de dónde surgió la idea para este yōkai. Las linternas de papel siguen siendo habituales en el Japón moderno y se utilizan para adornar las entradas de tiendas y restaurantes.

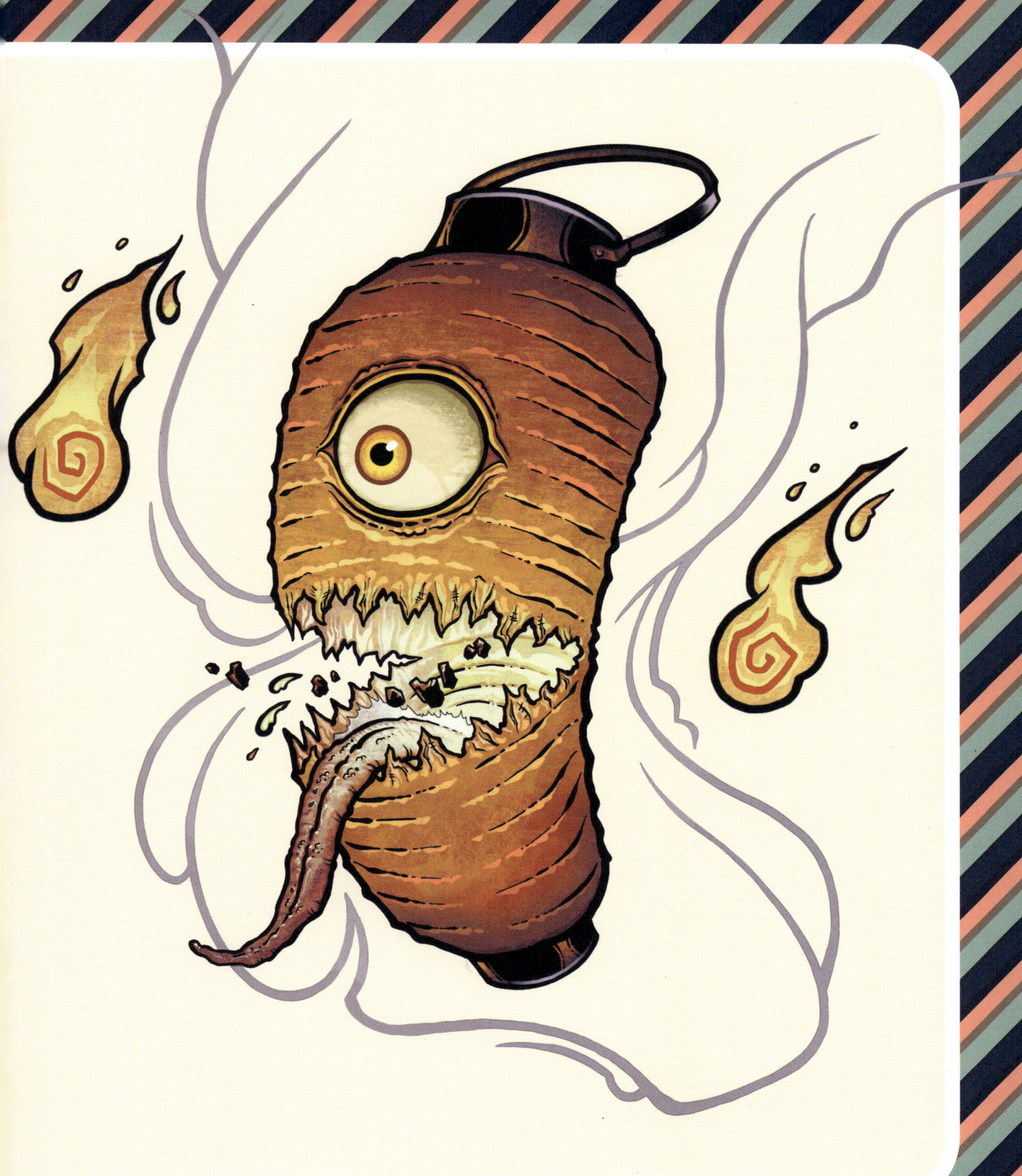

1

Dibuja el cuerpo rectangular y curvado de la linterna. Las curvas añadirán la sensación de movimiento al yōkai, como si estuviera volando por los aires. Traza dos líneas guía en el centro. Estas líneas indican la parte central de la cara y te servirán para colocar los rasgos faciales.

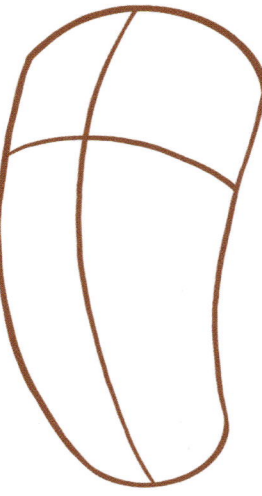

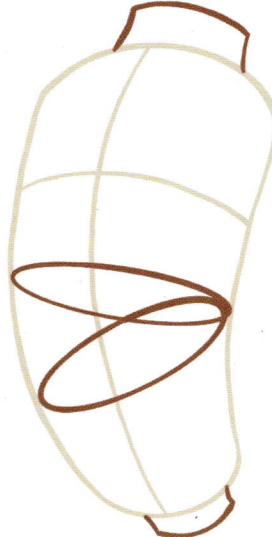

2

Añade una tapa curva en la parte superior del cuerpo y otra en la inferior. Luego, dibuja dos formas ovaladas superpuestas. Más tarde, te servirán de guía para hacer la parte superior e inferior de la boca.

3

Usa las líneas centrales como guía y dibuja un círculo para el globo ocular. Traza una línea festoneada en el contorno del cuerpo. Esta línea crea el efecto de que la linterna está hecha de papel tensado sobre varillas de bambú. Añade la forma de la lengua.

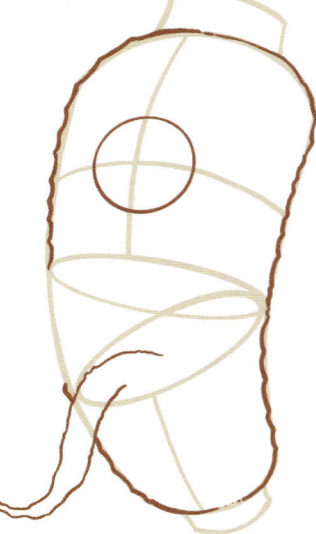

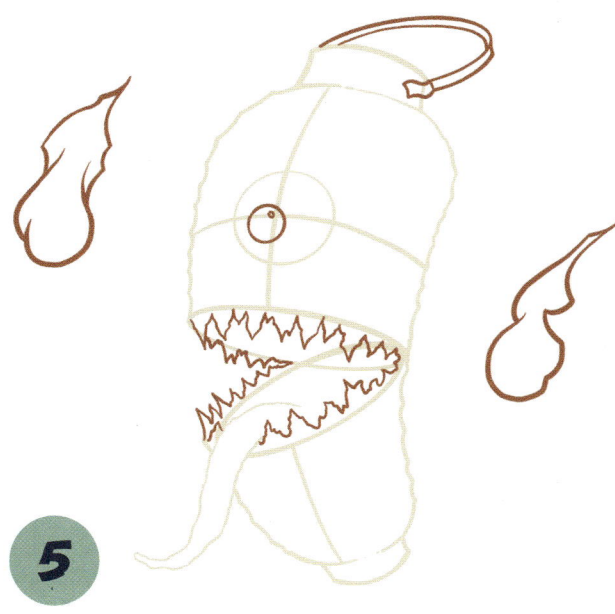

Ahora ya podemos empezar a añadir formas secundarias. Dibuja los dientes siguiendo las líneas de los óvalos que has dibujado en el paso 2. Haz que los dientes tengan un aspecto irregular, como si estuvieran hechos de papel rasgado. Por último, añade la pupila del ojo, dos bolas de fuego flotantes y el asa.

5

Utiliza líneas discontinuas para dibujar las varillas de bambú que se ven a través del papel. Dado que se trata de un monstruo y está hecho a mano, no queremos que estas líneas sean sólidas y rectas. Dales un toque personal.

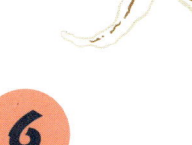

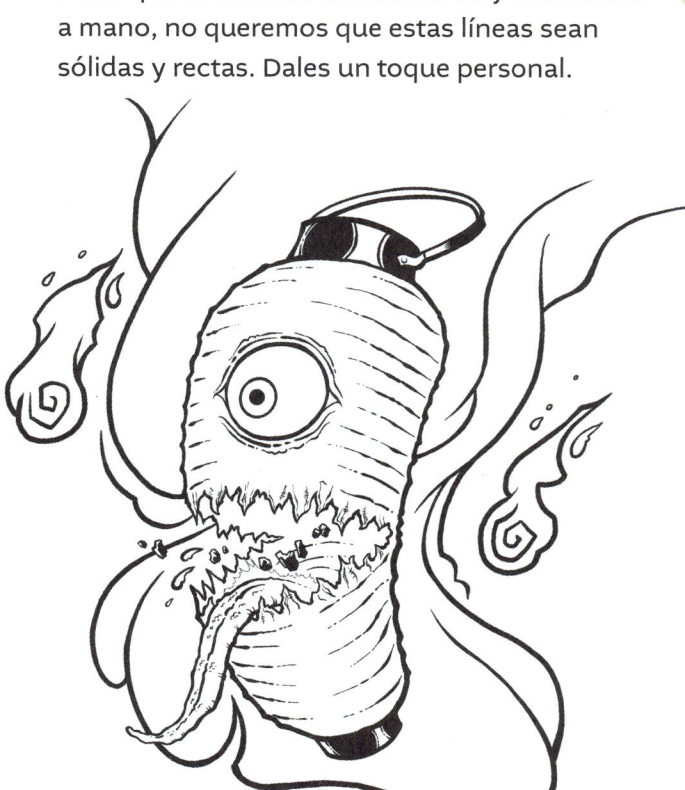

6

Por último, traza líneas curvas alrededor del chōchin-obake, como si estuviese exhalando humo. Dibuja algunos detalles finales, como las papilas gustativas de la lengua —parecerá más repugnante— y gotas de saliva saliendo de la boca.

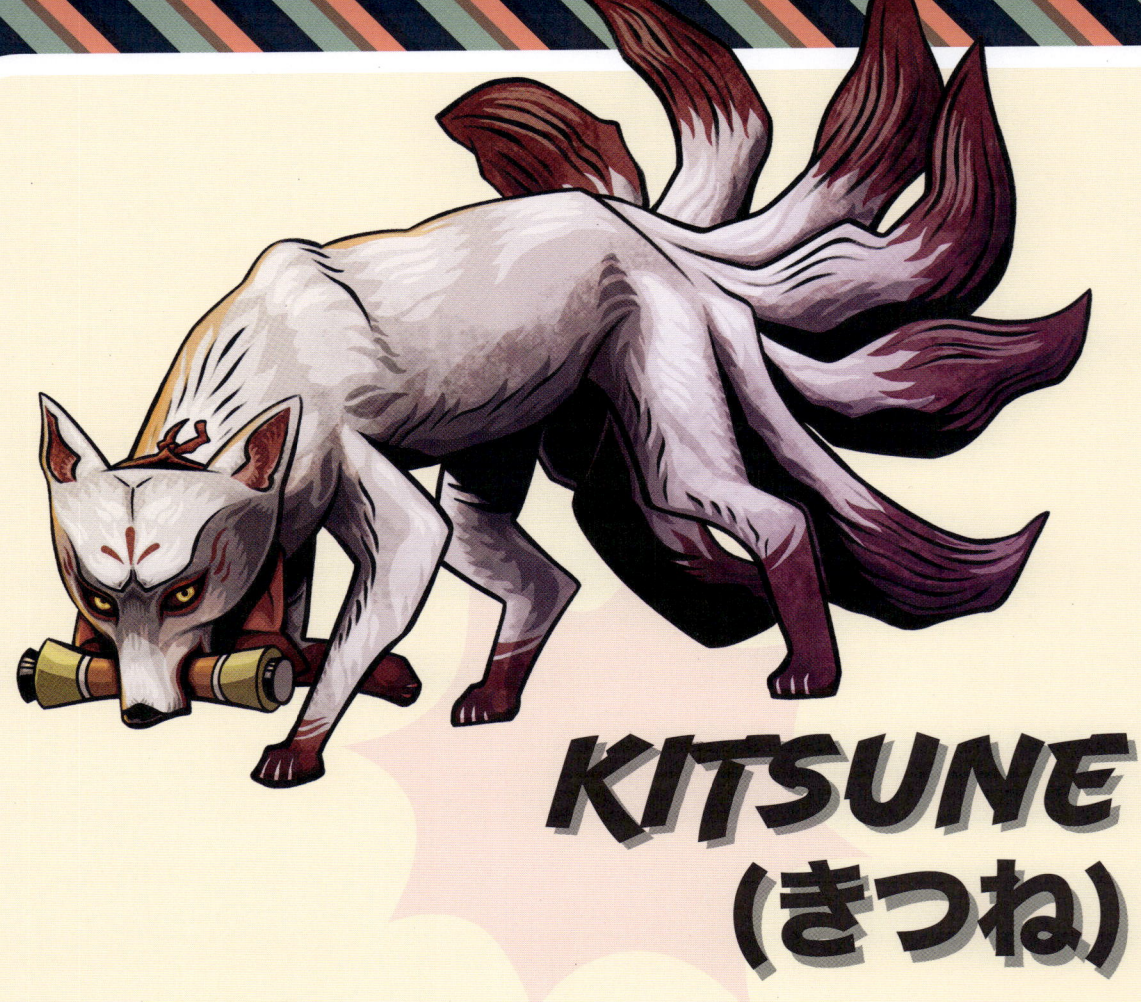

KITSUNE
(きつね)

En el folclore japonés, cuando algo alcanza los cien años de edad, puede adquirir poderes sobrenaturales. El kitsune es un zorro al que le crece una cola nueva por cada siglo de vida superado. Los kitsune más poderosos tienen nueve colas y son criaturas que han servido de inspiración para muchos personajes de anime y videojuegos.

Mientras que los tanuki tienen un carácter cómico, los kitsune suelen ser más astutos. A veces se los representa con diversos objetos junto a las patas o en la boca. Cada objeto simboliza un aspecto diferente del kitsune. En esta versión, aparece con un pergamino en la boca, lo que simboliza su papel como mensajero de Inari, el dios japonés del arroz.

Dibuja la línea curva que marca la acción. Fíjate en que cambia de dirección una vez que llegas a la cola. Crea una forma semicircular para la cabeza y añade las líneas guía en la cara. Para hacer las orejas del kitsune, traza dos triángulos encima del semicírculo.

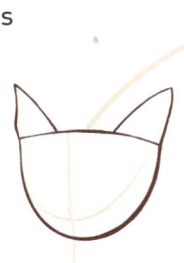

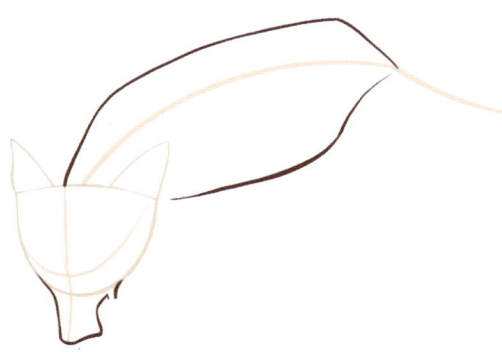

Toma la línea central de la cara como guía y forma el hocico del zorro. De la misma manera, dibuja el cuerpo del kitsune siguiendo la línea que marca la acción.

Usa líneas angulares para dibujar las patas del kitsune; presta atención a la posición de las articulaciones. Define el borde superior del cuerpo.

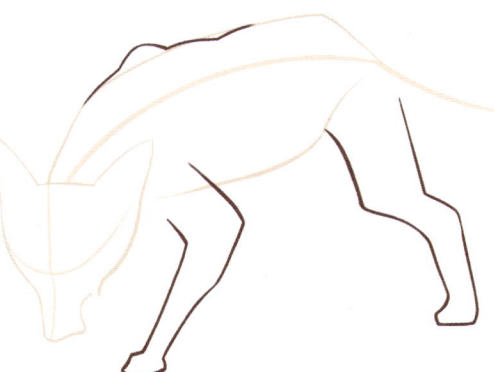

Dibuja el pergamino en la boca del zorro. Añade la pata trasera tal como se ha explicado en el paso 3. Añade la cola ondulada que cae hacia el suelo.

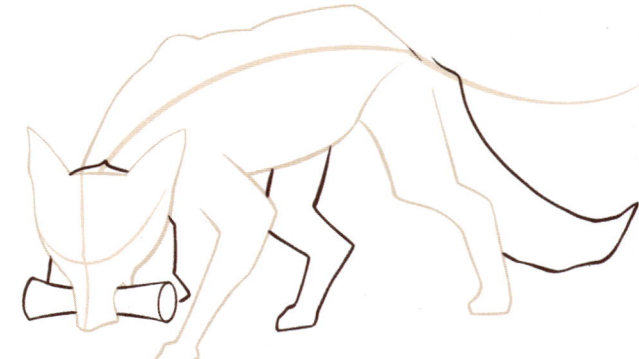

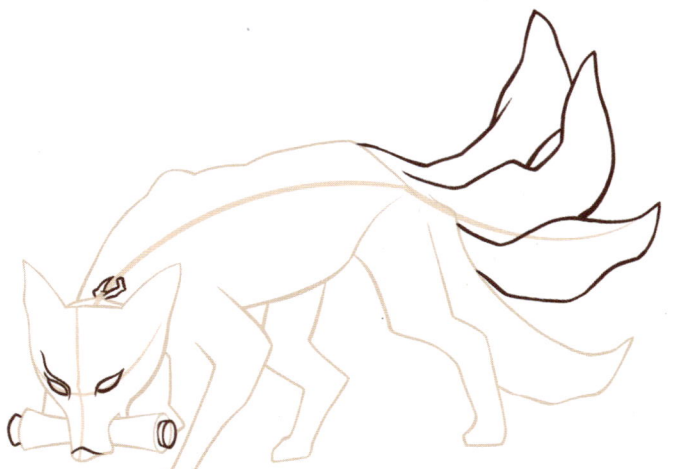

Dibuja los ojos rasgados del kitsune y añade más detalles al pergamino. Añade tres colas más; empieza por la que queda en primer plano y forma una espiral hacia atrás.

Añade dos colas más. Observa cómo estas forman una espiral en la parte trasera del cuerpo en sentido contrario a las agujas del reloj. Dibuja la última pata doblada en ángulo recto.

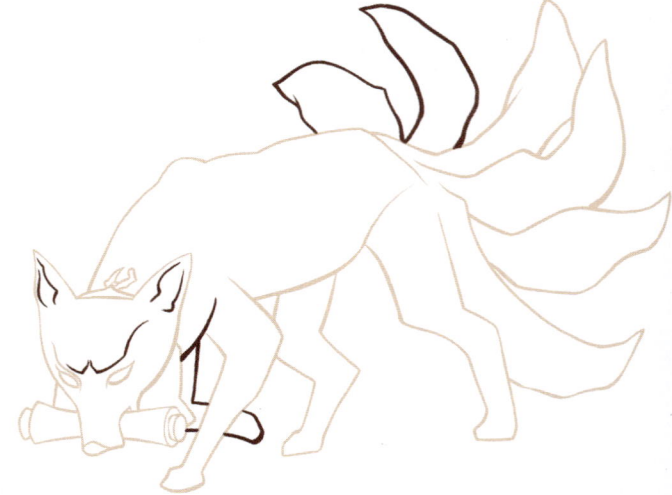

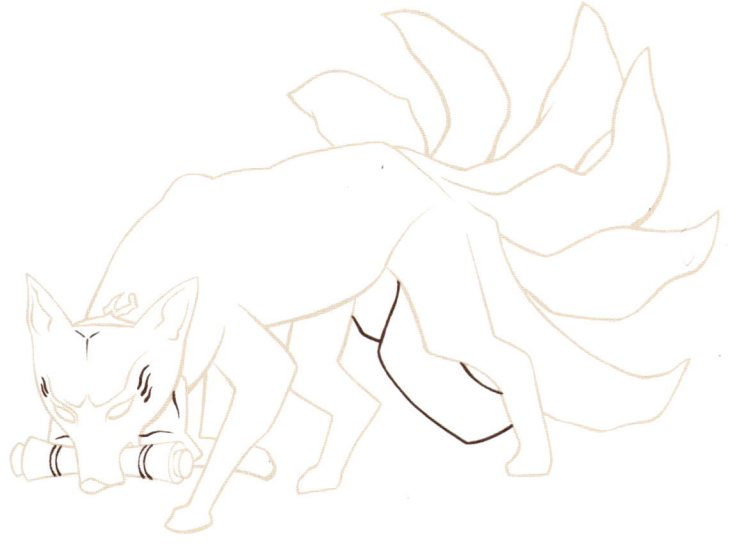

Dibuja las dos últimas colas entre las patas. Añade los detalles finales de la cara.

Para acabar, traza líneas curvas largas y cortas para crear la textura del pelaje del zorro. En las colas, me gusta dibujarlas desde las puntas. Asimismo, nunca olvido añadir unas rayitas en la parte inferior del abdomen.

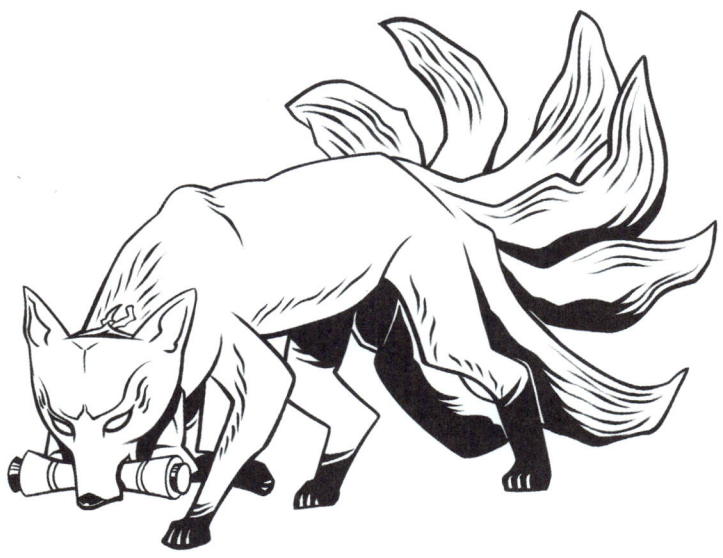

BAKEZŌRI (ばけぞうり)

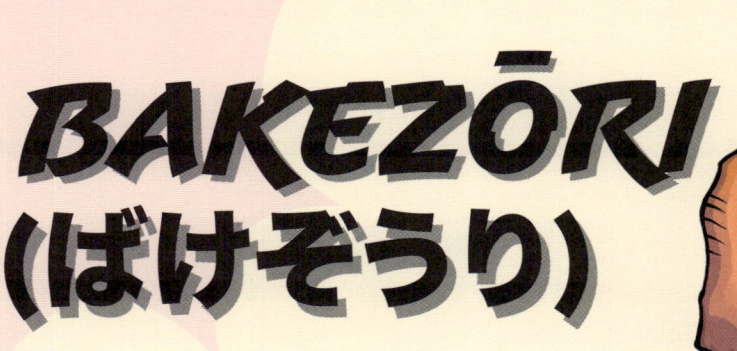

Los bakezōri son un tipo de yōkai *tsukumogami* (pág. 22), criaturas cómicas en las que los *zōri* de una persona cobran vida y huyen, dejándola con los pies fríos. Los zōri son las sandalias tradicionales japonesas y se fabrican con paja de arroz trenzada, aunque también pueden estar hechos de materiales más nobles, como madera lacada. Es un concepto similar a la idea contemporánea de que cuando falta un calcetín es porque se lo ha tragado la lavadora.

Los *tsukumogami* son objetos del mundo real que han cobrado vida. Este proceso puede darse de dos maneras: cuando los yōkai llegan a la venerable edad de cien años y adquieren poderes sobrenaturales, o cuando son descuidados e ignorados por los propietarios del objeto y cobran vida para atormentar a sus irrespetuosos dueños. Antes de la llegada de los *tsukumogami*, los yōkai eran criaturas nocturnas, que acechaban en la oscuridad y representaban una amenaza para cualquiera. Sin embargo, los *tsukumogami* hicieron que los yōkai entraran en los hogares de la gente y comenzaron a transformarlos en criaturas divertidas.

1

Traza una línea curva para marcar la acción. Dibuja una forma parecida a una alubia, que será el cuerpo del bakezōri, de manera que la línea quede centrada. Por último, haz una línea guía horizontal en la zona del ojo.

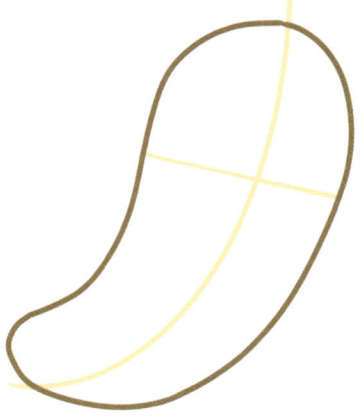

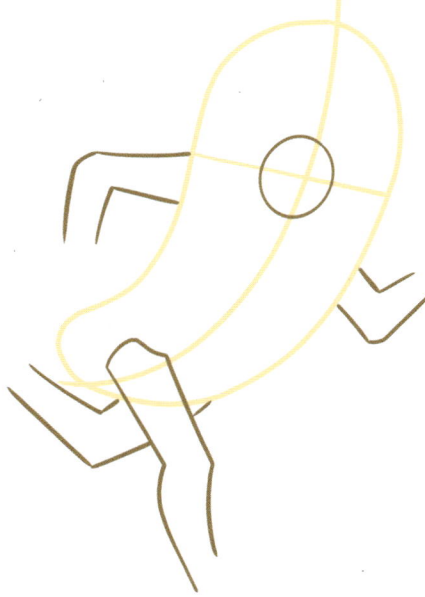

2

Dibuja los brazos y las piernas mediante líneas rectas formando ángulos redondeados. Presta atención a la flexión de las rodillas y los codos. Añade un círculo grande para el ojo.

3

Toma las líneas centrales como guía y traza líneas fluidas y curvas para dibujar los *hanao* (correas de la sandalia), que enmarcan la cara. Dibuja óvalos curvados para añadir las manos y los pies.

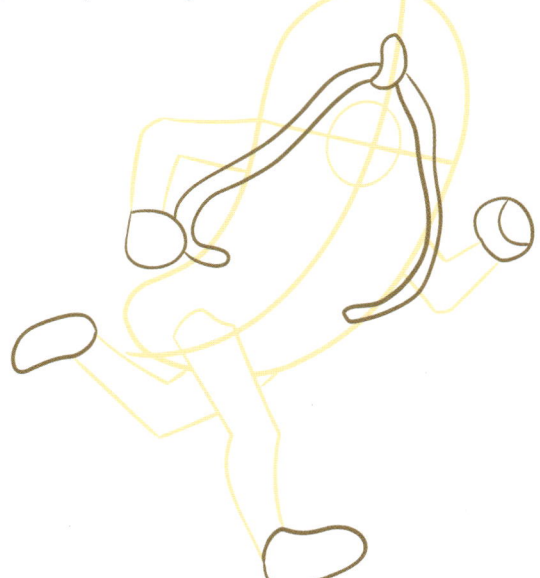

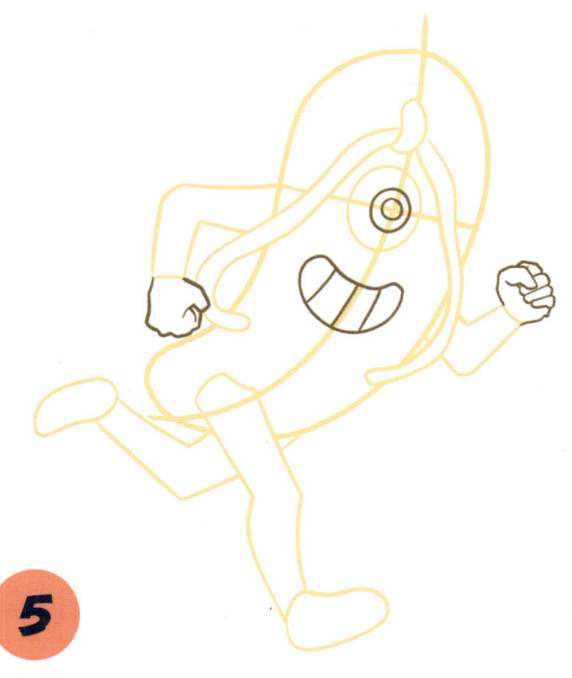

Dibuja una forma parecida a una alubia para que este personaje cómico pueda mostrar una gran sonrisa. Añade círculos pequeños en el interior del ojo para formar la pupila y el iris. Define la forma de las manos y añade los dedos.

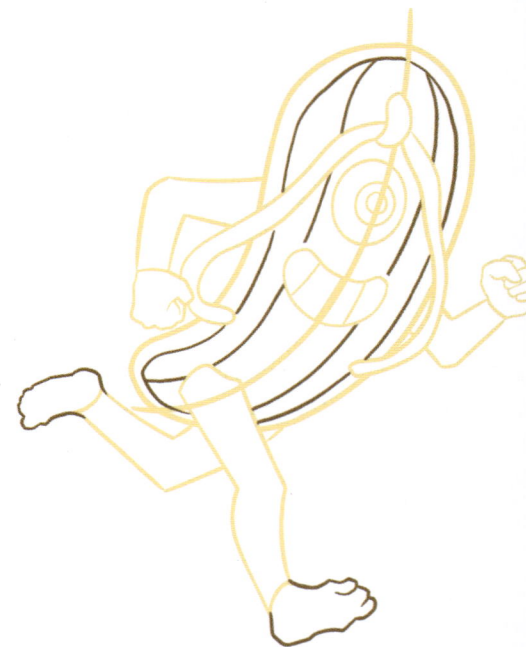

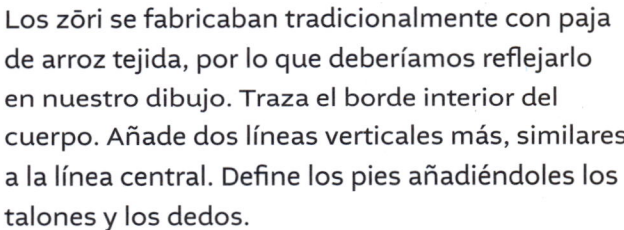

Los zōri se fabricaban tradicionalmente con paja de arroz tejida, por lo que deberíamos reflejarlo en nuestro dibujo. Traza el borde interior del cuerpo. Añade dos líneas verticales más, similares a la línea central. Define los pies añadiéndoles los talones y los dedos.

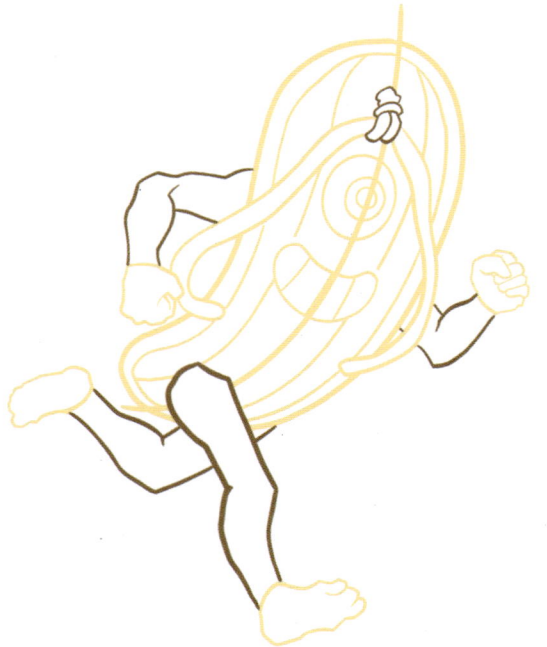

Remarca la forma de los brazos y las piernas y crea el efecto de volumen para indicar los músculos; no en vano, este yōkai siempre está corriendo. Utiliza líneas curvas para formar el nudo del *hanao*.

Con las líneas del cuerpo del paso 5 como guía, traza rayas discontinuas en diagonal para crear un patrón de tejido. Observa cómo las columnas van en direcciones opuestas. Define el contorno de los *hanao*.

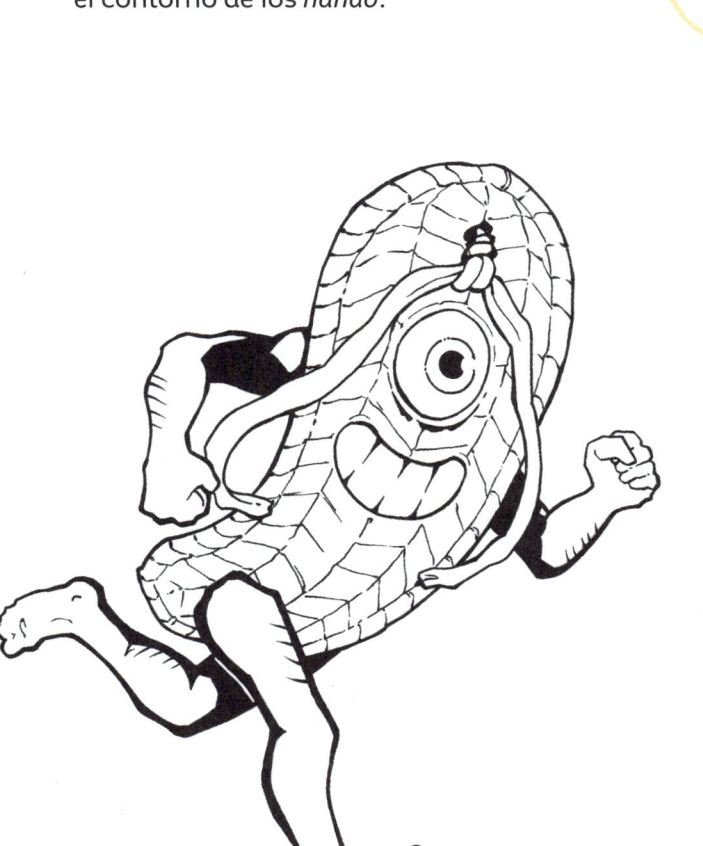

Dibuja la textura tejida en el borde del zōri añadiendo más líneas discontinuas. Para terminar, da grosor a los contornos principales del cuerpo y las extremidades.

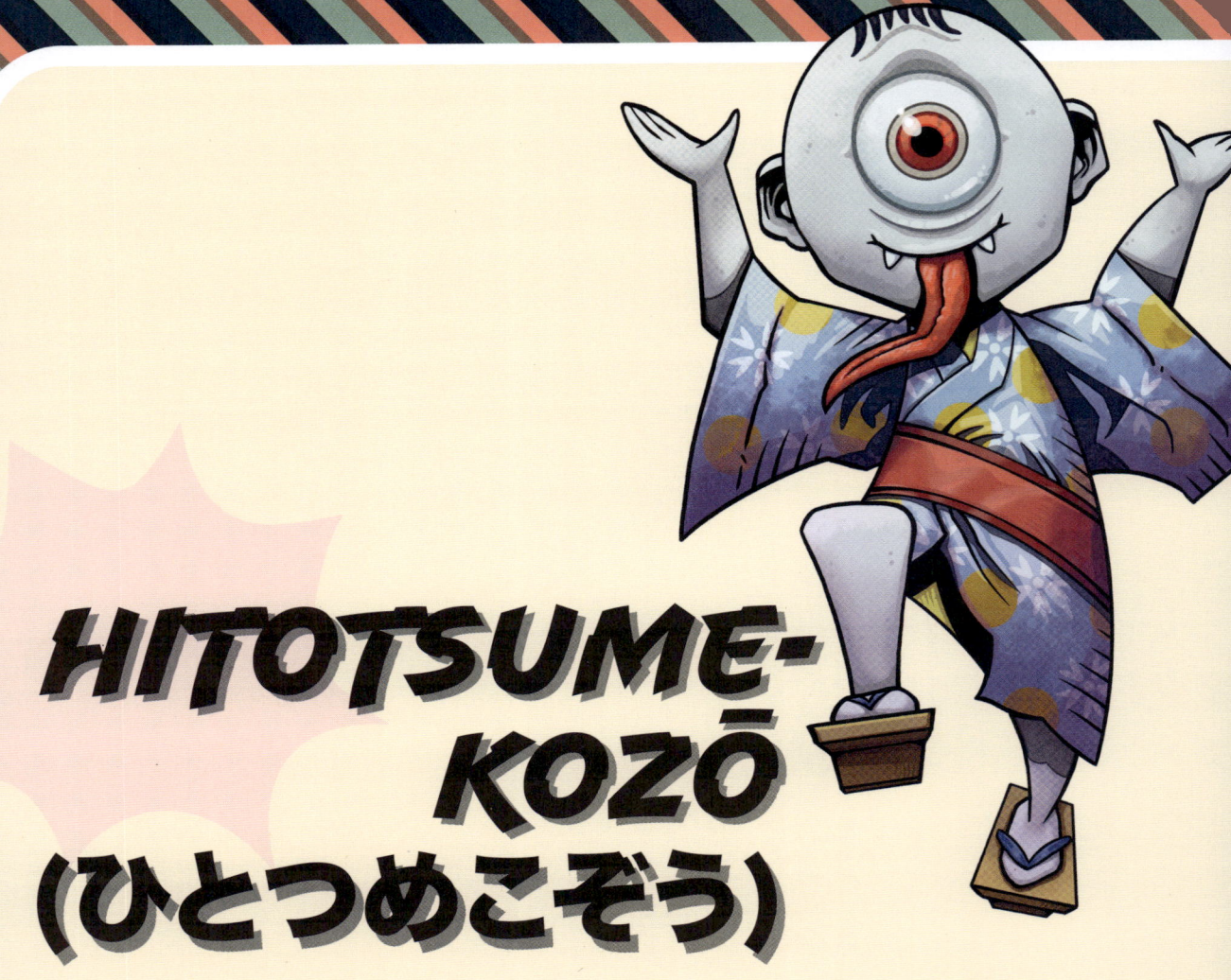

HITOTSUME-KOZŌ
(ひとつめこぞう)

El hitotsume-kozō es un yōkai inofensivo, pequeño y de aspecto infantil. Tiene un único ojo grande en el centro de la cara y, a veces, presenta una lengua larga. Suelen acercarse a la gente fingiendo ser niños normales, pero en cuanto pueden se dan la vuelta para mostrar su horrible aspecto y asustar a todo el mundo. En el arte tradicional de los yōkai, los hitotsume-kozō suelen representarse con túnicas de monje y se utilizan como personajes cómicos.

Al igual que el tanuki, este yōkai te servirá para practicar el uso de formas en la creación de un personaje.

1

Empieza con una línea de acción curva. Para hacer la cabeza dibuja un círculo con la línea guía. Para el cuerpo, haz una especie de rectángulo curvado que siga la misma dirección que la línea inicial.

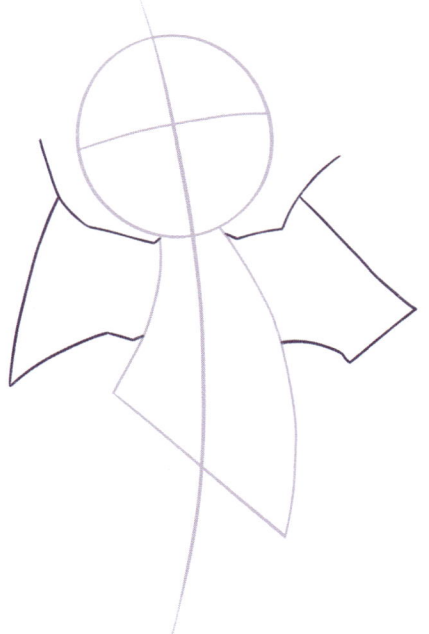

2

Traza unas líneas para la parte superior de los brazos. Dibuja las formas de las mangas a ambos lados del cuerpo de modo que cuelguen de dichas líneas.

3

En la parte inferior de la figura, dibuja las piernas. Para mostrar que la figura está bailando, una pierna debe elevarse del suelo, doblada por la rodila, y la otra, permanecer en el suelo, algo atrasada.

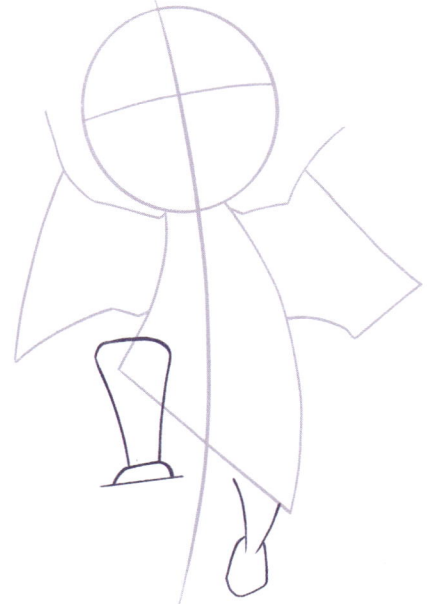

4

Partiendo de las formas de los pies del paso 3, dibuja las *geta* del hitotsume-kozō (unas sandalias tradicionales japonesas) mediante formas de cajitas apiladas. Sigue las curvas de los brazos para dibujar las manos.

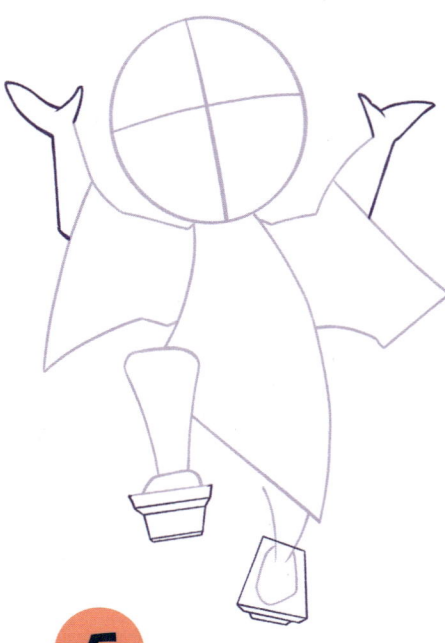

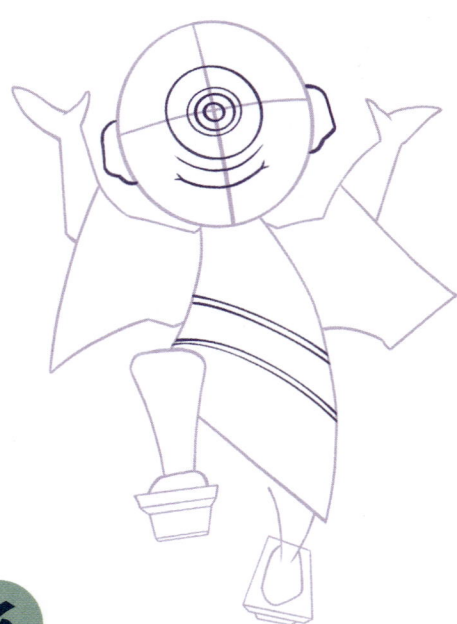

5

Dibuja el ojo con círculos concéntricos. Mediante líneas curvas, añade las orejas, la boca y el fajín *obi* que lleva en la cintura.

6

Define la cara. Añade detalles como la lengua larga y curvada, los colmillos redondeados y los pliegues interiores de las orejas. Dibuja la arruga en la parte superior de la cabeza del hitotsume-kozō y traza las líneas que marcan los dedos de las manos.

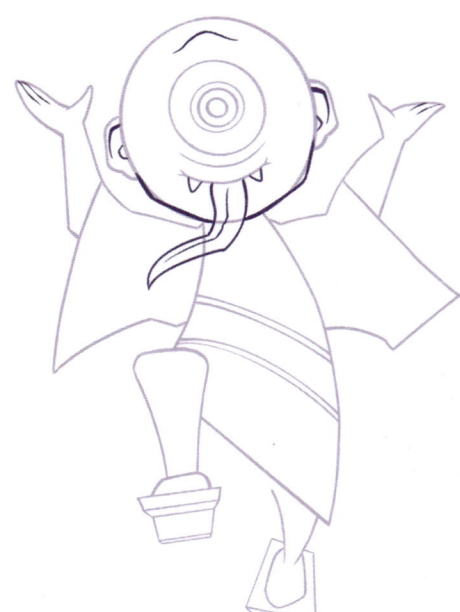

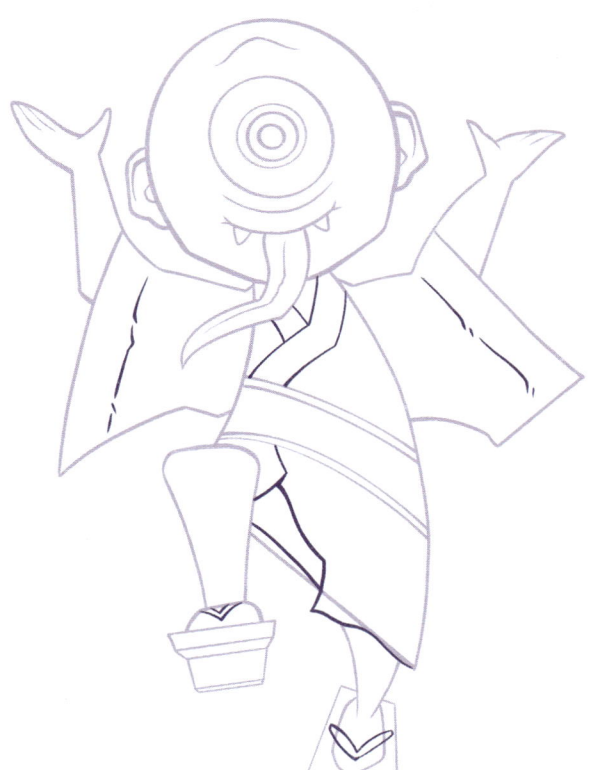

7

Empezando por el *obi*, dibuja los pliegues centrales del kimono y la amplia banda que rodea el cuello. Añade los dobladillos de las mangas y las tiras de las sandalias.

8

Para terminar tu hitotsume-kozō, dibuja unos pelos cortos y gruesos en la parte superior de la cabeza. Si quieres, puedes dibujar pliegues en las axilas para que el pecho destaque un poco más.

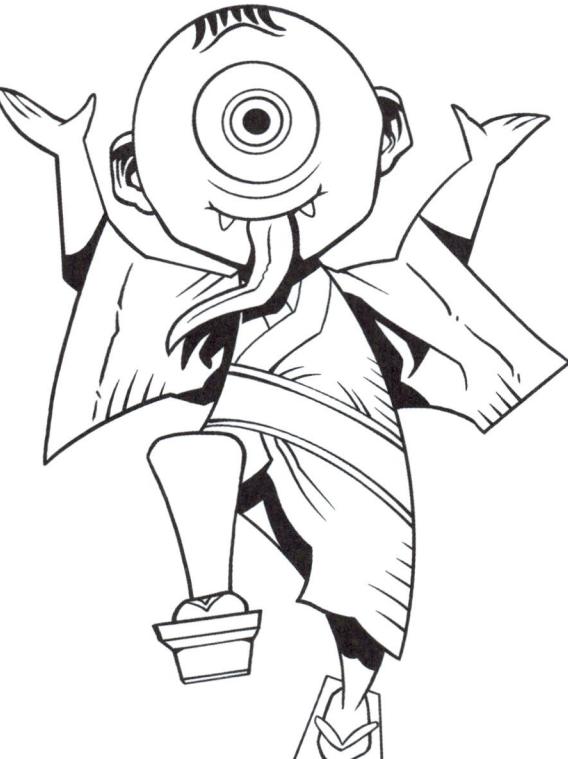

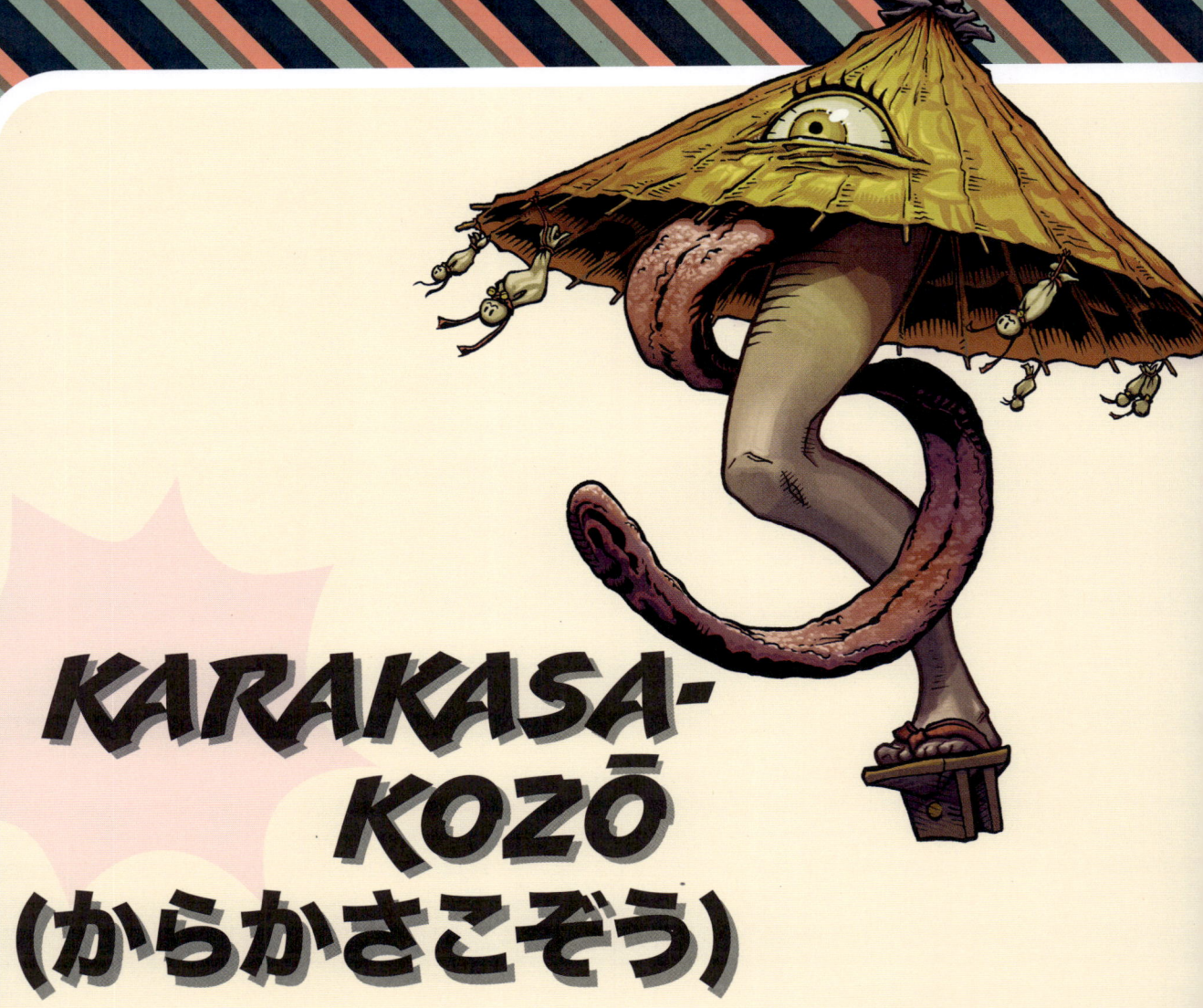

KARAKASA-KOZŌ
(からかさこぞう)

El karakasa-kozō es otro yōkai del tipo *tsukumogami*. Tiene su origen en un tradicional paraguas de papel impregnado en aceite. El karakasa-kozō salta sobre su única pata buscando sorprender y asustar a sus víctimas, a las que posiblemente les da un gran lametón con su larga lengua. Se le suele ver a menudo con el chōchin-obake (página 22) y comparte con él su carácter alegre. Este yōkai, al igual que su apariencia, es ridículo por naturaleza.

Aunque no hay leyendas particulares sobre este yōkai, lleva apareciendo en multitud de ilustraciones desde 1625. Algunas versiones tienen brazos y/o una boca en el papel rasgado.

1

Dibuja una línea de acción curva. Úsala como punto de referencia para hacer la parte superior de un triángulo ancho, que será el *kasa* (palabra japonesa que significa «paraguas»). Une los puntos inferiores del triángulo con un círculo ovalado para completar el *kasa*.

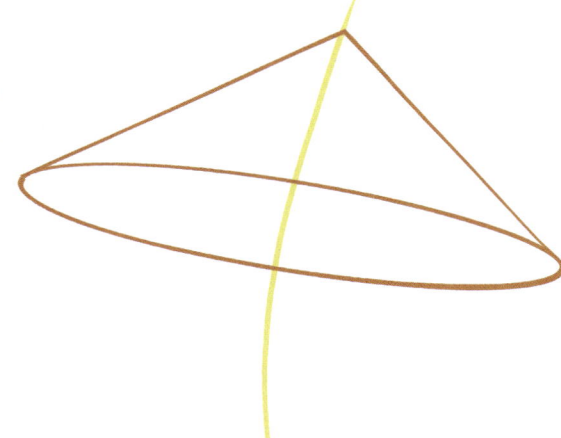

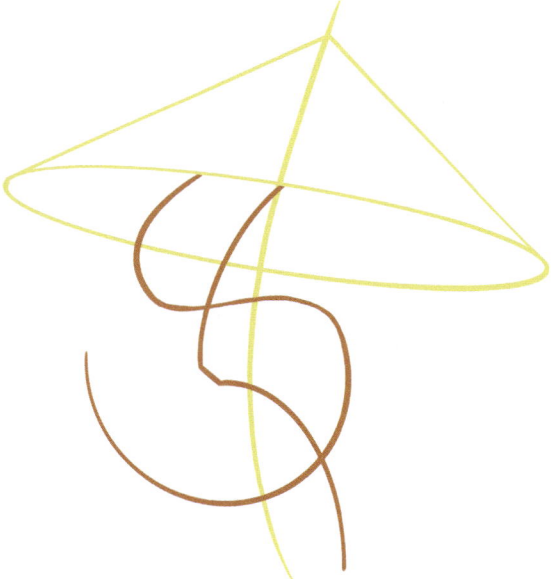

2

A continuación, dibuja las líneas de acción de la pierna y la lengua. La de la pierna debe reflejar el movimiento de la misma dando saltos, mientras que la de la lengua tiene que revelar una actividad rápida.

3

Dibuja un semicírculo y el párpado inferior donde irá el globo ocular. Traza líneas curvas que cuelguen del borde del *kasa*.

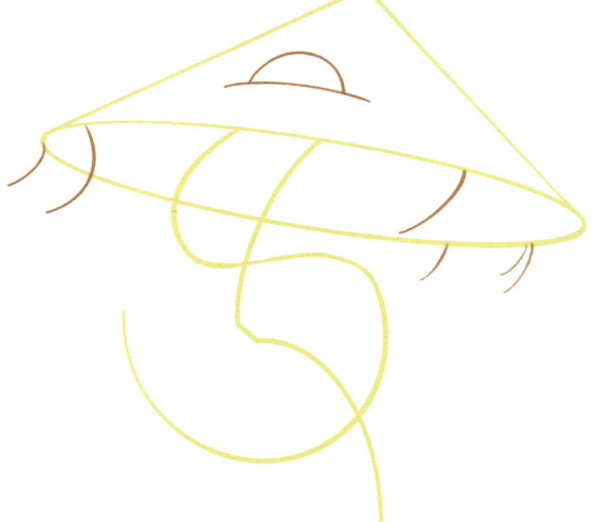

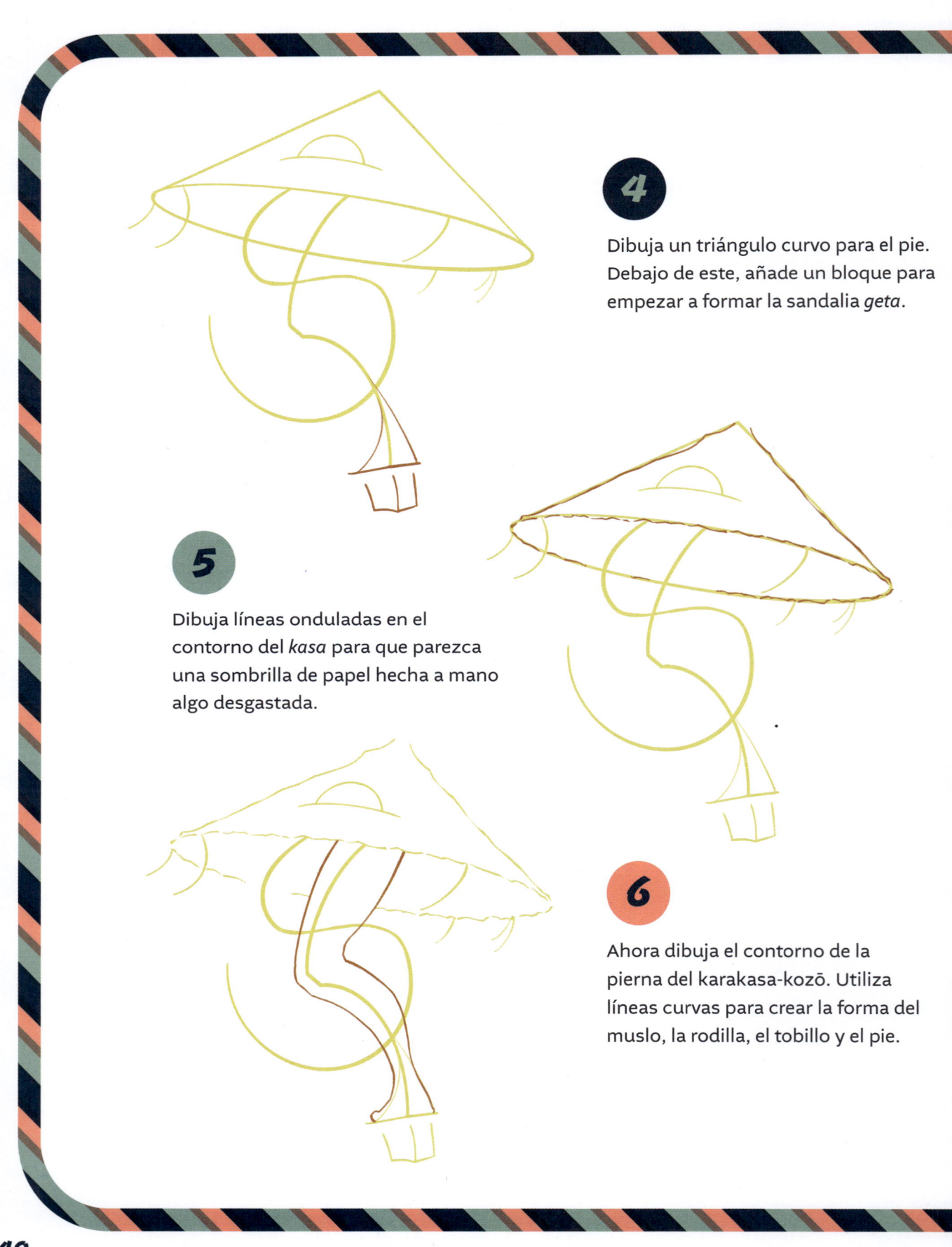

4

Dibuja un triángulo curvo para el pie. Debajo de este, añade un bloque para empezar a formar la sandalia *geta*.

5

Dibuja líneas onduladas en el contorno del *kasa* para que parezca una sombrilla de papel hecha a mano algo desgastada.

6

Ahora dibuja el contorno de la pierna del karakasa-kozō. Utiliza líneas curvas para crear la forma del muslo, la rodilla, el tobillo y el pie.

Los *teru teru bōzu*, unos muñecos tradicionales que sirven para ahuyentar la lluvia, adornarán los *kasa*. Se cuelgan boca abajo para atraer la lluvia, de modo que el karakasa-kozō pueda salir a acechar a la gente. Usa líneas onduladas más pequeñas para perfilar los cuerpos de los muñecos y dibuja círculos en los extremos para representar las cabezas.

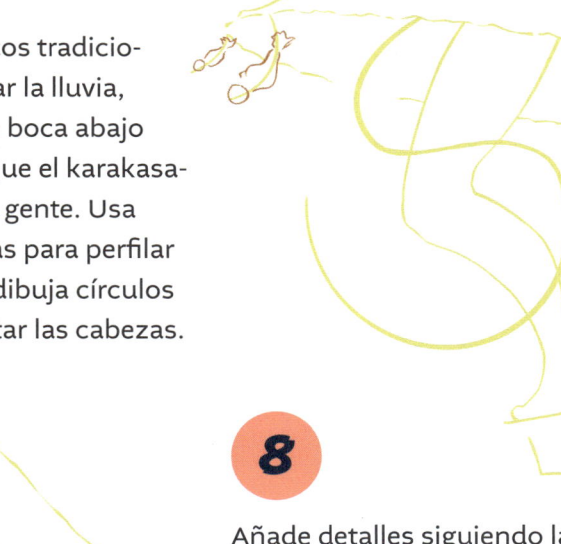

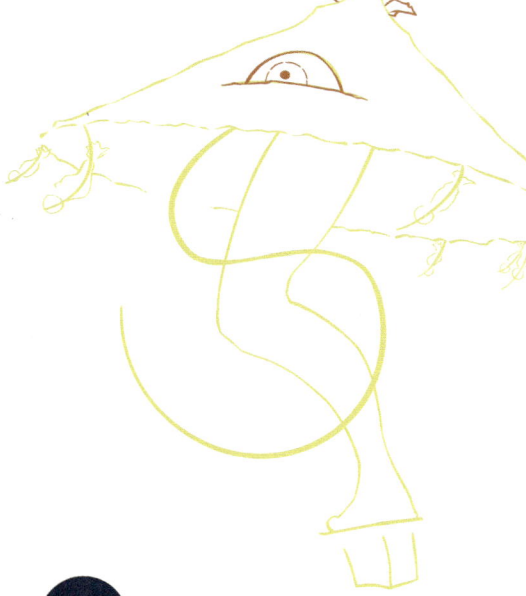

8

Añade detalles siguiendo la estructura que hemos creado hasta ahora. Empezando por arriba, dibuja el *zukami*, un trozo de papel que cubre la parte superior del *kasa*. Añade la pupila y el iris en el enorme ojo del karakasa-kozō.

9

Usa líneas curvas para crear la forma irregular y ondulada de la lengua. Observa cómo se mueve y rodea la pierna.

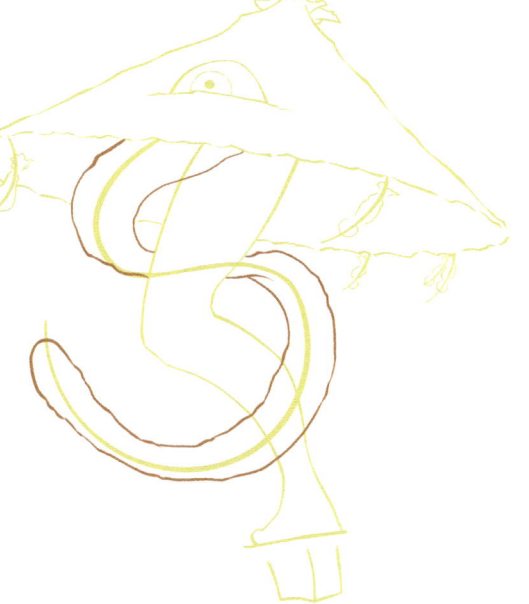

10

Dibuja pequeños palitos rectangulares en el borde del *kasa* para indicar los extremos de las varillas de bambú que sobresalen.

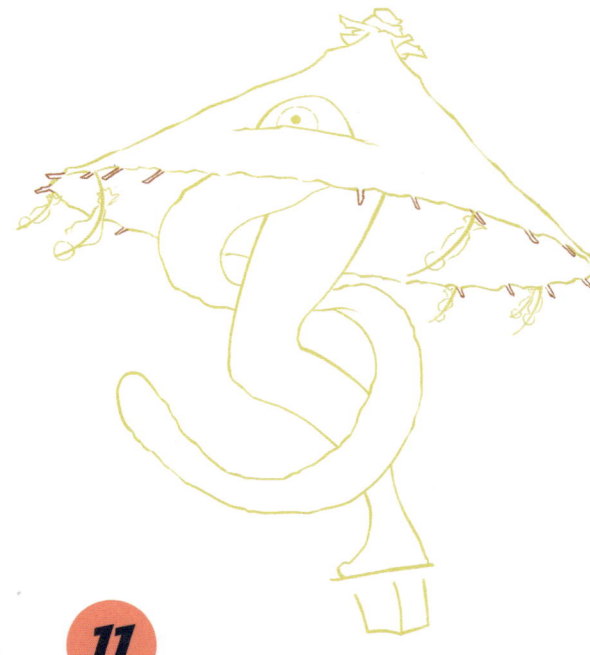

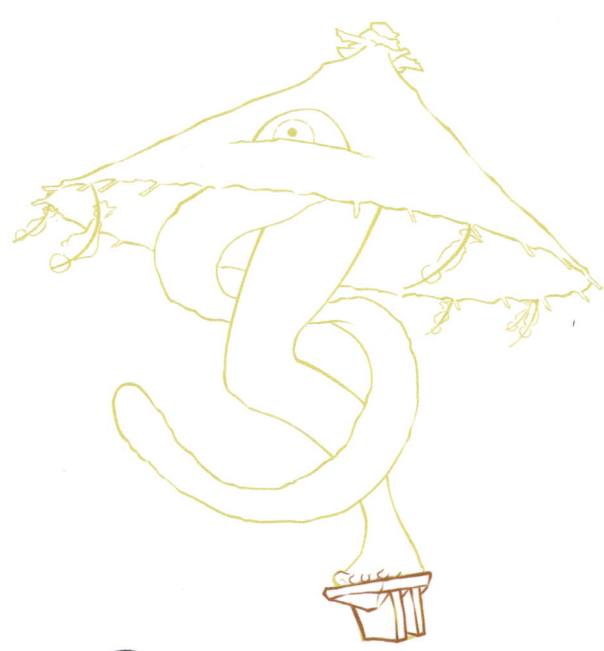

11

Para crear las *geta* del karakasa-kozō, dibuja un rectángulo plano y delgado debajo del pie para la suela. Luego, añade dos cuadrados verticales finos debajo de la suela.

12

Empieza a añadir detalles: utiliza líneas discontinuas y desiguales para dibujar las varillas del *kasa*, de modo que salgan desde arriba y desciendan por el cuerpo. Añade las cuerdas que atan los *teru teru bōzu* al paraguas. Dibuja las pestañas y las tiras de las sandalias *geta*.

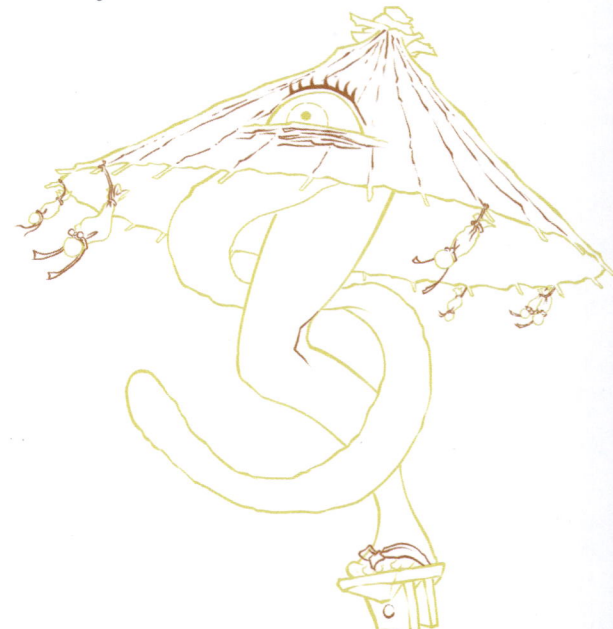

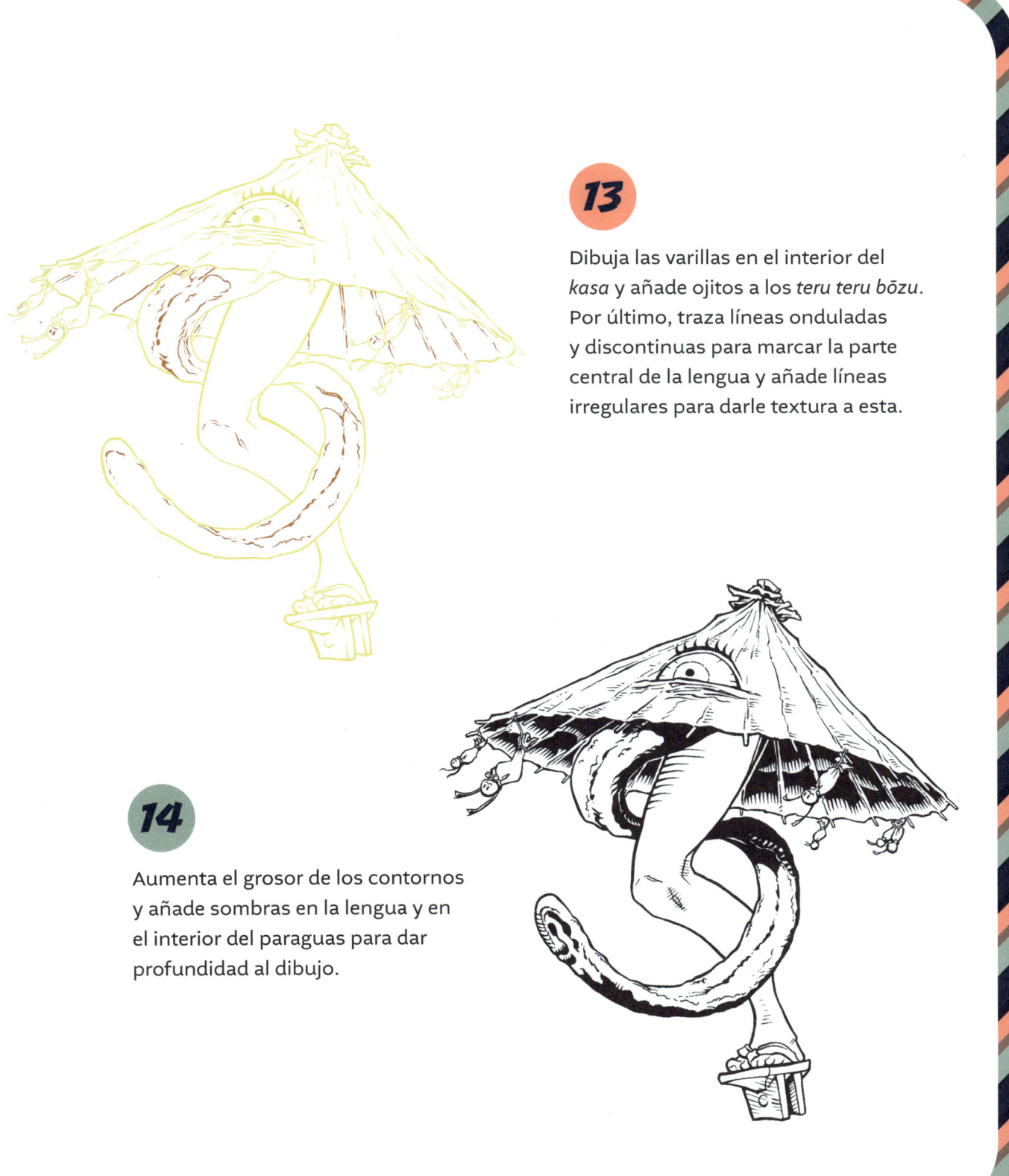

13

Dibuja las varillas en el interior del *kasa* y añade ojitos a los *teru teru bōzu*. Por último, traza líneas onduladas y discontinuas para marcar la parte central de la lengua y añade líneas irregulares para darle textura a esta.

14

Aumenta el grosor de los contornos y añade sombras en la lengua y en el interior del paraguas para dar profundidad al dibujo.

YŌKAI DE LA NATURALEZA Y ANIMALES

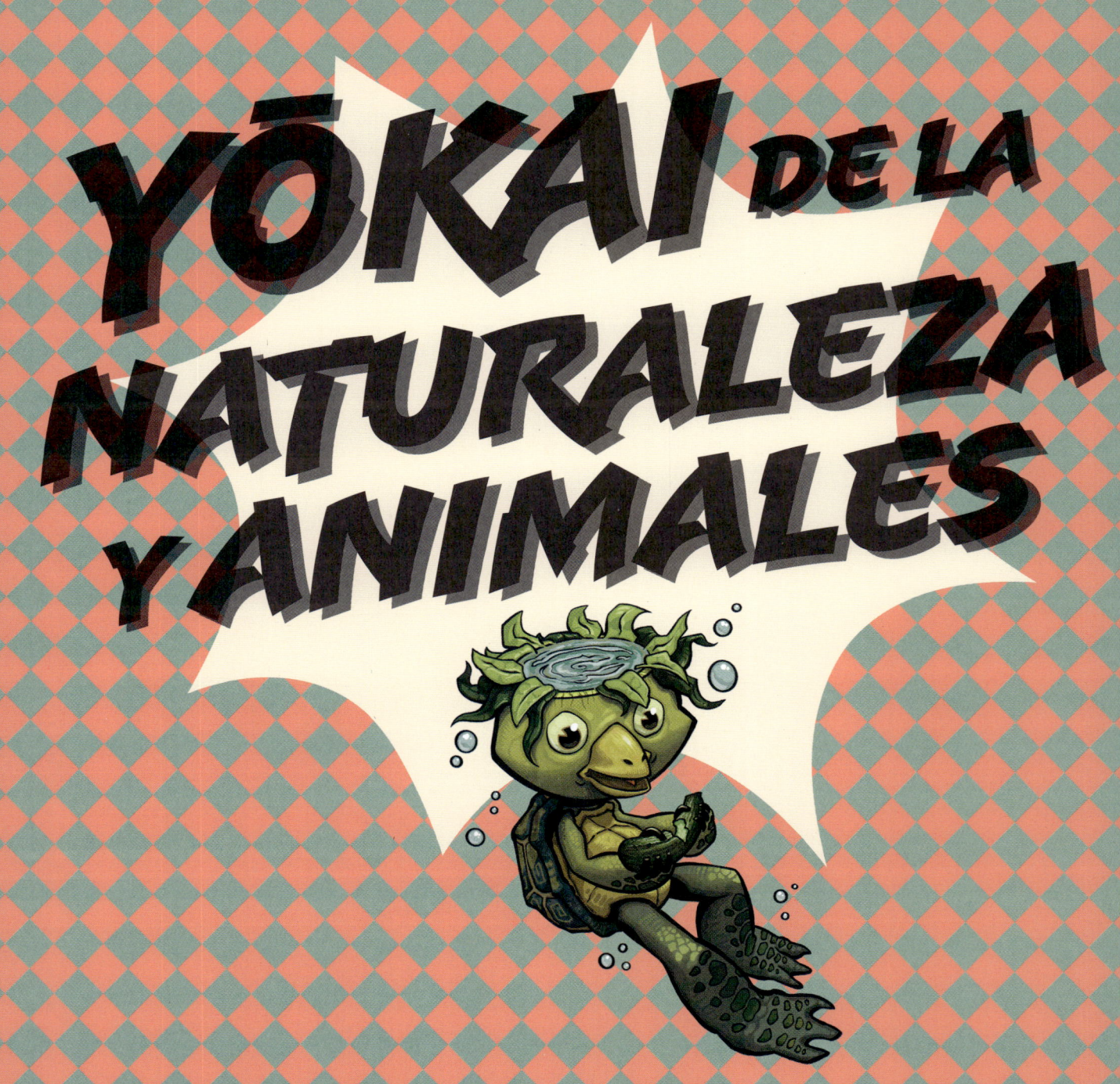

Desde montañas envueltas en niebla hasta bosques antiguos y mares imponentes, Japón es un país de una belleza natural escarpada con profundas conexiones culturales con la naturaleza y los animales que viven en él. Estos valores tienen su origen en la creencia sintoísta de que todas las plantas, los animales y los objetos tienen un espíritu, y en las prácticas de culto a la naturaleza aún más antiguas. No es de extrañar, por tanto, que en el amplio mundo de los yōkai, muchas de estas criaturas tengan su origen en animales y plantas cotidianos, o en aspectos de la naturaleza que cobran vida. En este capítulo dibujaremos algunos de estos misteriosos yōkai nacidos en plena naturaleza.

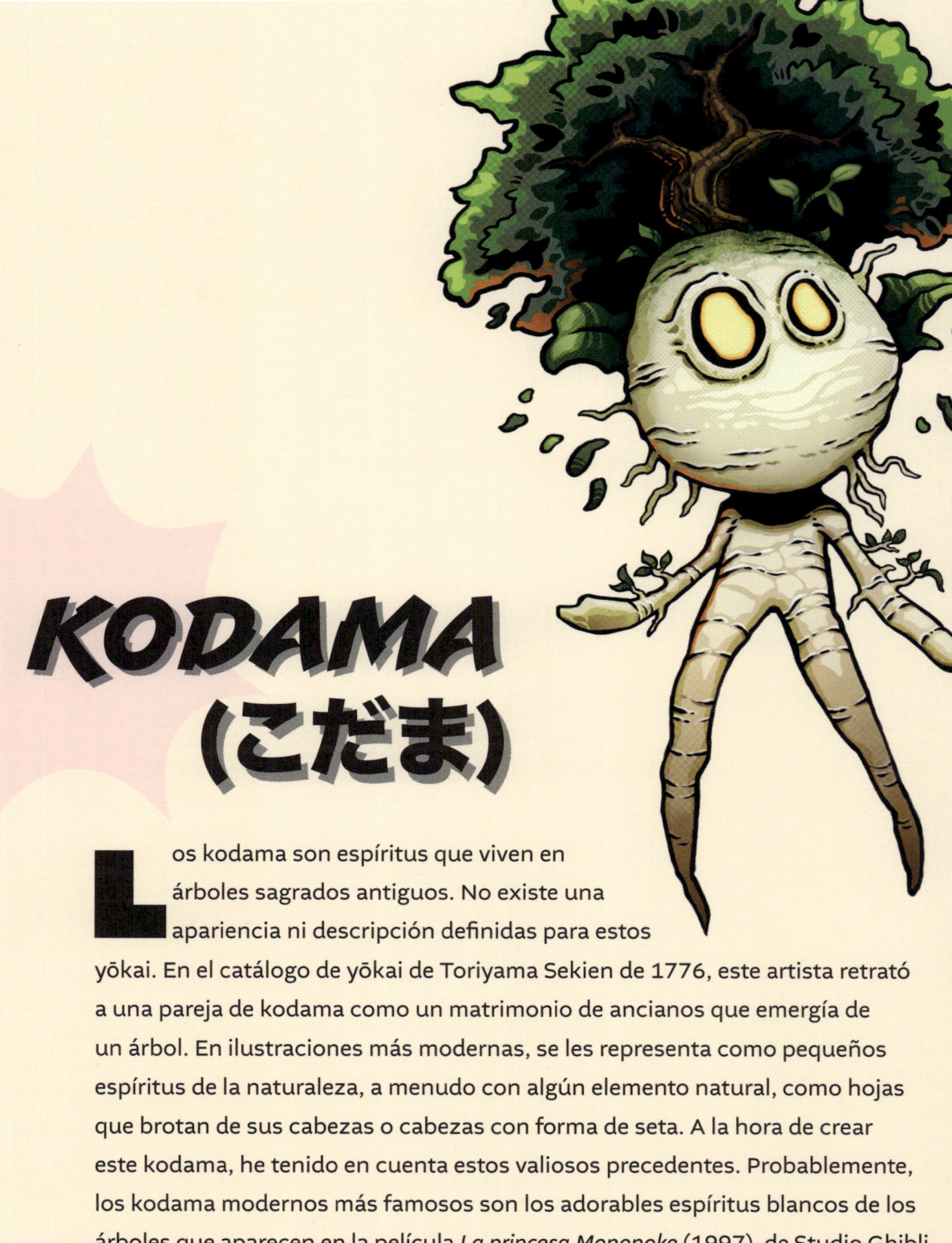

KODAMA
(こだま)

Los kodama son espíritus que viven en árboles sagrados antiguos. No existe una apariencia ni descripción definidas para estos yōkai. En el catálogo de yōkai de Toriyama Sekien de 1776, este artista retrató a una pareja de kodama como un matrimonio de ancianos que emergía de un árbol. En ilustraciones más modernas, se les representa como pequeños espíritus de la naturaleza, a menudo con algún elemento natural, como hojas que brotan de sus cabezas o cabezas con forma de seta. A la hora de crear este kodama, he tenido en cuenta estos valiosos precedentes. Probablemente, los kodama modernos más famosos son los adorables espíritus blancos de los árboles que aparecen en la película *La princesa Mononoke* (1997), de Studio Ghibli.

Dibuja una línea larga y curva que marcará la acción. Añade la forma circular de la cabeza y traza las líneas guía.

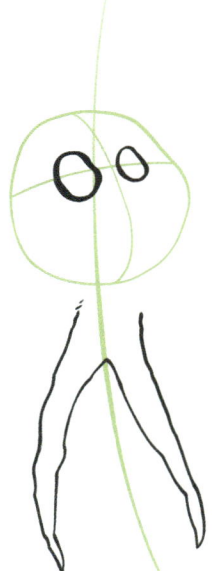

Dibuja las piernas mediante líneas onduladas para representar la forma de las raíces. Añade unos ojos desiguales.

Dibuja los brazos, también mediante líneas onduladas, y redondea los extremos para que parezcan manos. Añade hojas a ambos lados de la cabeza a modo de orejas.

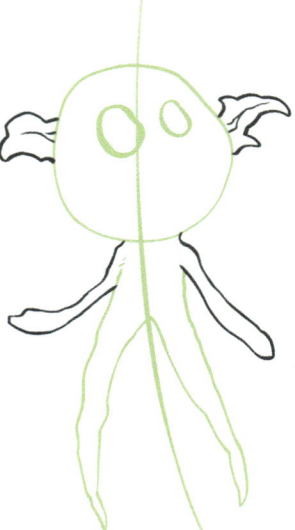

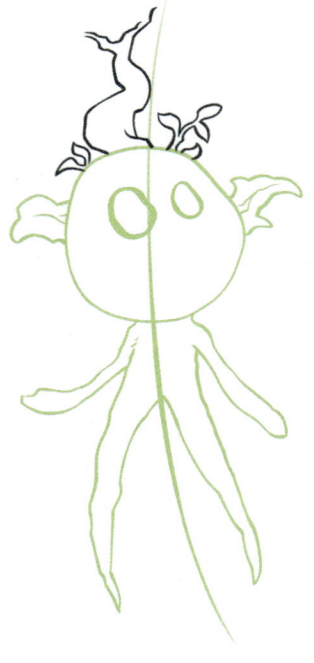

Empieza a dar forma al bonsái que el kodama lleva sobre la cabeza. Para ello, dibuja el tronco curvado del árbol con algunas hojas a cada lado.

Traza líneas sinuosas y ondulantes para formar las dos ramas del tronco del bonsái. Añade hojas que broten de la parte superior de los brazos.

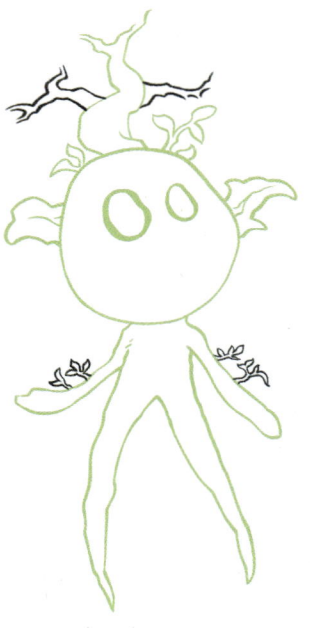

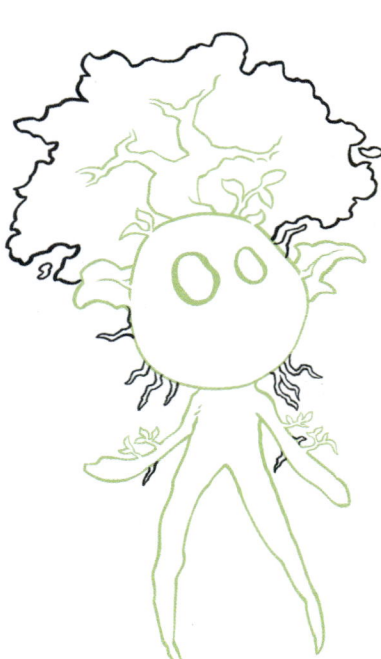

Dibuja una forma grande parecida a un brócoli alrededor del árbol para representar la copa del mismo. Añade raíces en la parte inferior de la cara y los brazos utilizando formas similares a las de las piernas.

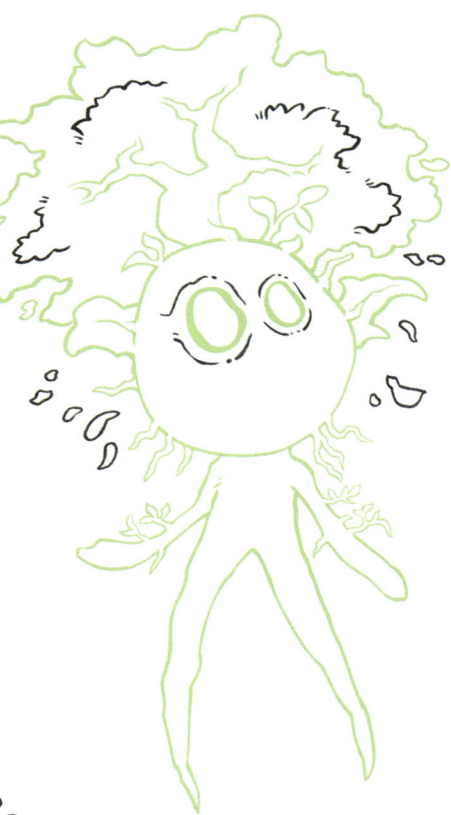

Añade otra capa de hojas dentro del «brócoli» del paso 6. Dibuja hojas y pétalos flotando en el aire.

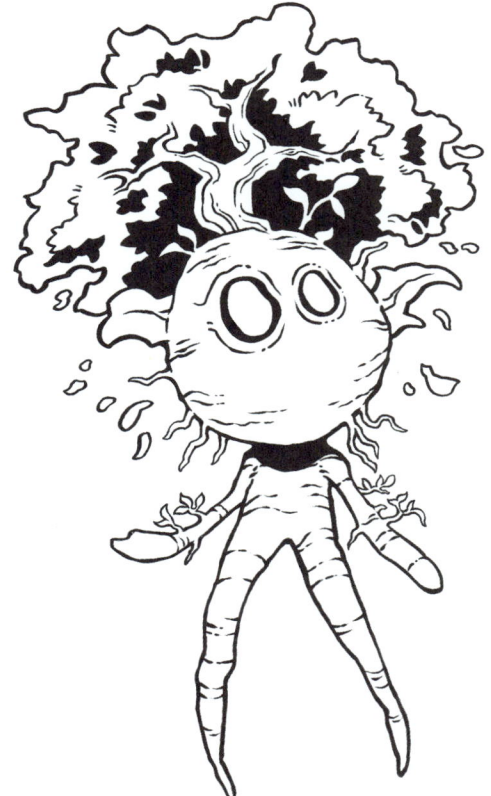

Termina el kodama dándole al cuerpo una textura similar a la de la chirivía o la zanahoria. Para ello, traza líneas cortas que sigan la curva de la cabeza, el cuerpo y los brazos.

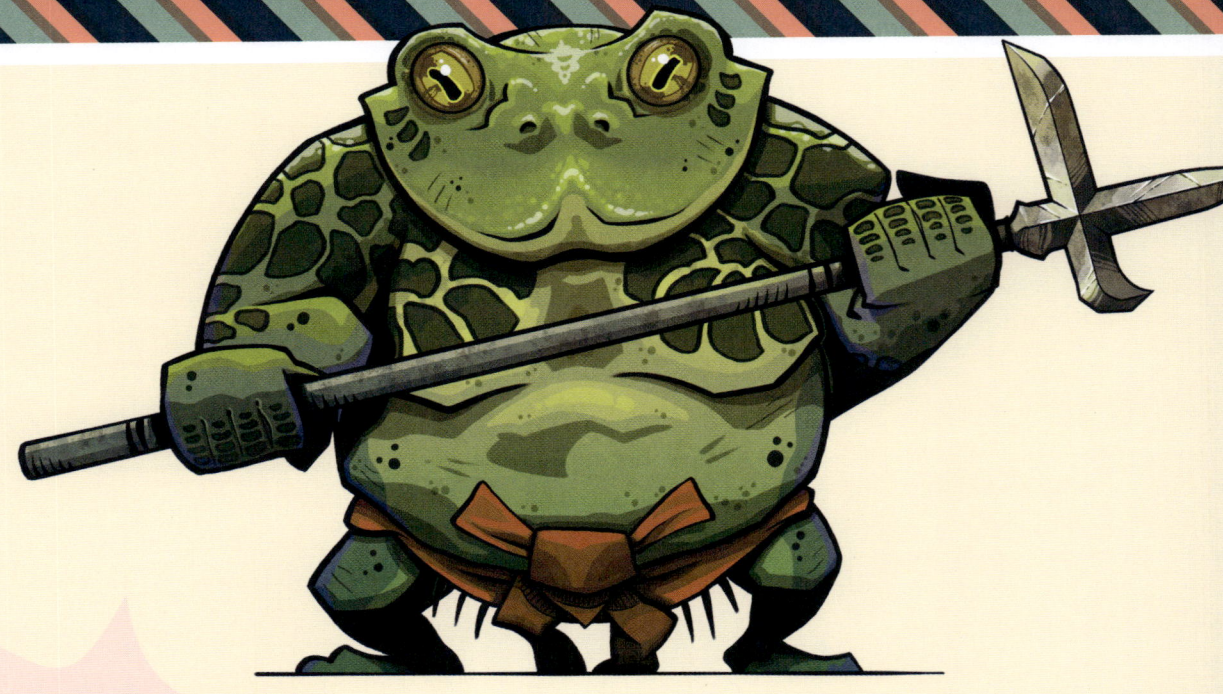

ŌGAMA
(おおがま)

El ōgama es un sapo que al cumplir los mil años de edad obtiene poderes sobrenaturales. Estas criaturas siguen creciendo a medida que envejecen, por lo que cuanto más mayores son, más grandes y peligrosos resultan. Los ōgama más grandes y ancianos no solo cazan animales de mayor tamaño que ellos para alimentarse, sino que también comen seres humanos. Viven en las profundidades de las montañas, así como en ríos y arroyos. Se sabe que estos sapos viejos y listos usan lanzas y son capaces de cambiar de forma, lo que les permite disfrazarse de humanos para acechar a sus presas.

1

Empieza trazando una línea vertical que marque la acción y una línea horizontal que representará el suelo. Dibuja un óvalo alto y ancho para el cuerpo de nuestro sapo.

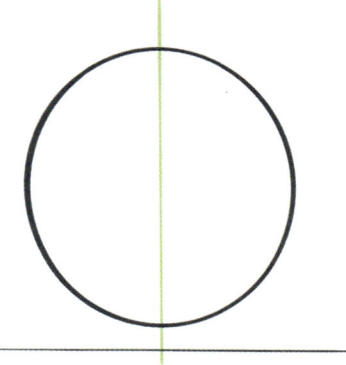

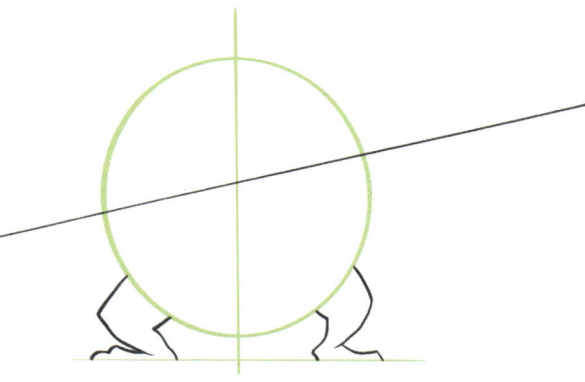

2

Añade una línea larga y oblicua para indicar dónde irá la lanza. Dibuja las patas cortas y torcidas del ōgama.

3

Dibuja dos recuadros redondeados para formar las manos que sujetarán la lanza. Añade una forma grande y curvada para la cabeza; haz una pequeña muesca en el centro de la parte inferior para marcar la boca.

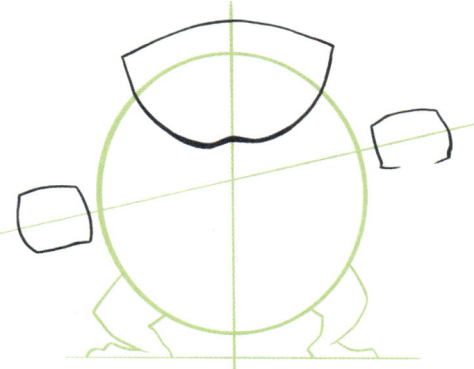

4

Usa líneas curvas para dibujar los brazos grandes y fuertes del ōgama, y une las formas de las manos al cuerpo. Añade óvalos angulados para los ojos y haz el mango de la lanza con un rectángulo fino.

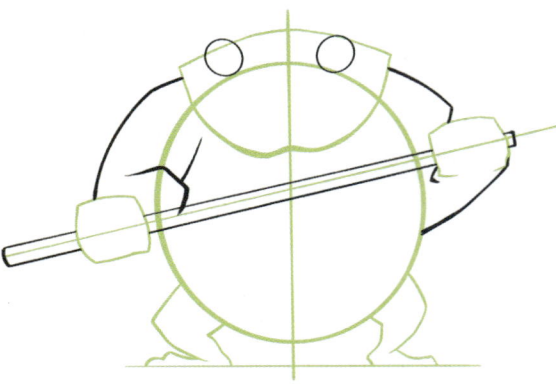

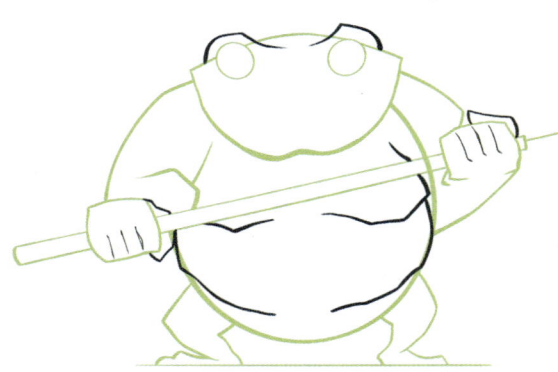

5

Define la forma general del cuerpo y añade un arco irregular sobre cada ojo. Indica el pecho y la barriga como ves en el dibujo. Traza líneas curvas para dibujar los pulgares y marcar los dedos.

6

Añade detalles a la cara, como las pupilas rectangulares tan características de los sapos. Dibuja el lazo de la tela que envuelve la cintura del ōgama, inspirada en el *mawashi* que llevan los luchadores de sumo. Para hacer la punta de la lanza, usa una forma tubular puntiaguda.

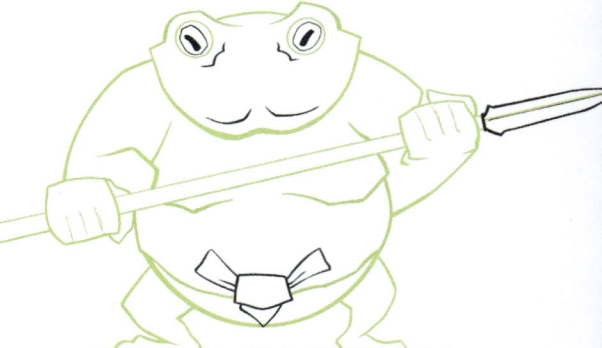

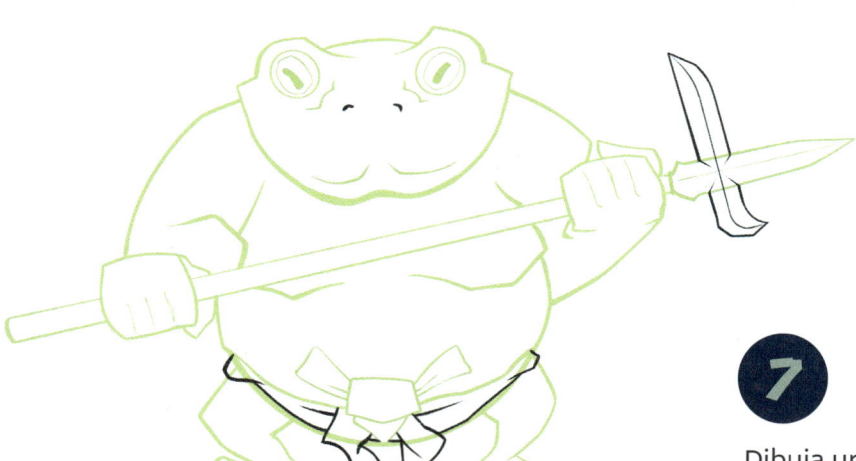

7

Dibuja una hoja transversal en la punta de la lanza. Este tipo de arma japonesa se llama *katakama yari*. Sigue dando forma a la tela que envuelve la cintura y deja que las dos puntas cuelguen hasta el suelo, junto a las patas.

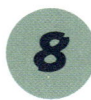

Para terminar, dibuja las manchas del cuerpo y de los brazos como más te guste; este será tu toque personal. Aquí, las manchas imitan vagamente los diseños tradicionales japoneses que suelen tatuarse en el pecho.

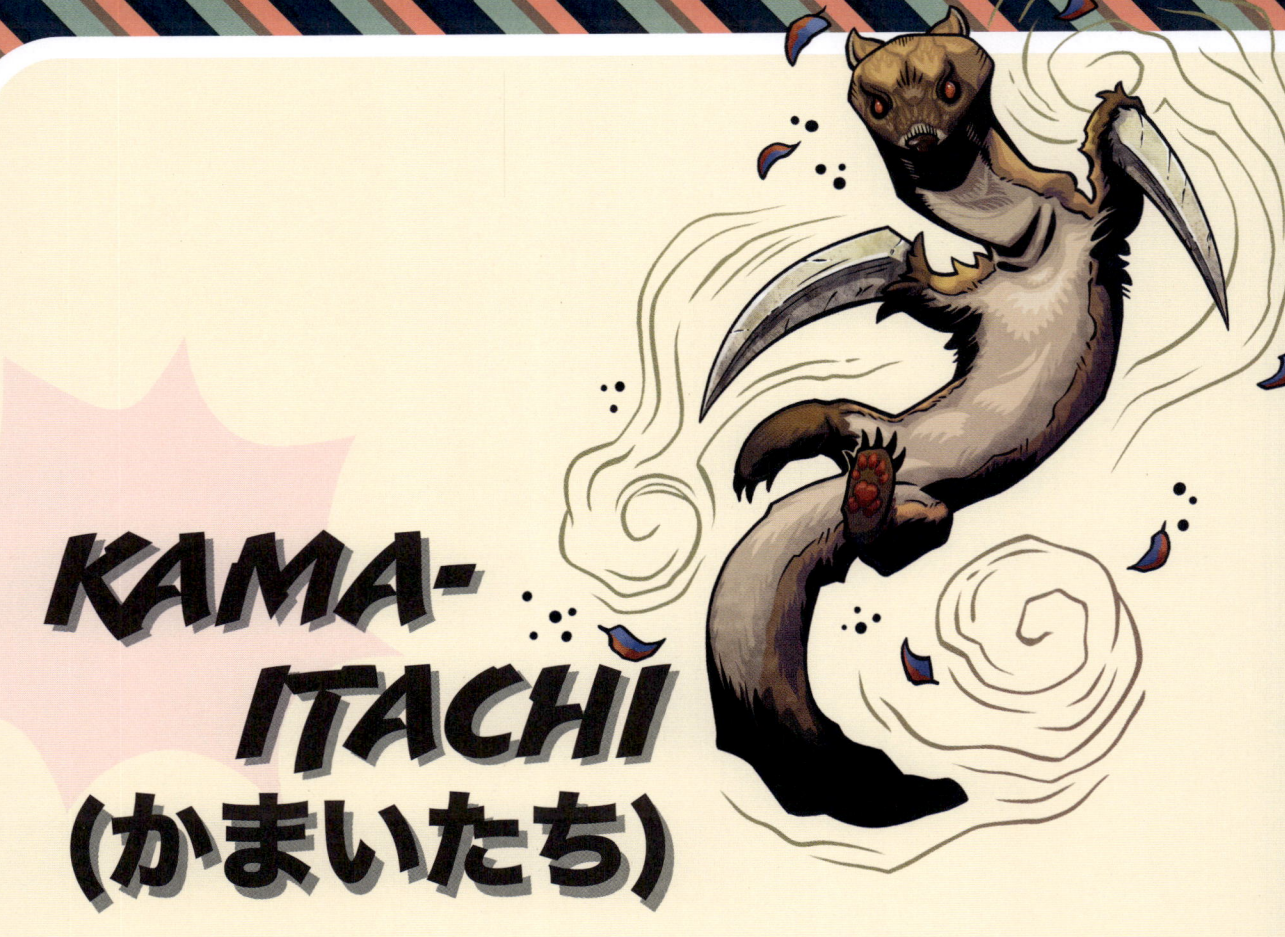

KAMA-ITACHI (かまいたち)

El kama-itachi se creó para explicar un fenómeno bien conocido en todo Japón: la formación de un torbellino que aparece de repente y provoca pequeños cortes en las piernas y las espinillas de sus víctimas. En realidad, se trata de un ataque del kama-itachi. Visualmente, este yōkai se basa en un animal real: la comadreja japonesa. *Kama* significa «hoz» (de ahí las grandes garras en forma de hoz de sus patas) e *itachi* significa «comadreja».

Los kama-itachi son muy rápidos y se desplazan sobre poderosos torbellinos. En obras artísticas, suelen aparecer en el centro de estos tempestuosos remolinos. En algunas regiones, se dice que viajan en grupos de tres. Es un yōkai muy popular, especialmente en la industria del entretenimiento y los videojuegos. Se cree que el Pokémon Sneasel y su forma evolucionada, Weavile, están inspirados en este yōkai.

1

Empieza con una línea de acción larga y fluida. Observa cómo cambia de dirección en la base del cuello y la cola. Dibuja una cabeza triangular redondeada con la línea guía, y un óvalo largo y curvado para el cuerpo.

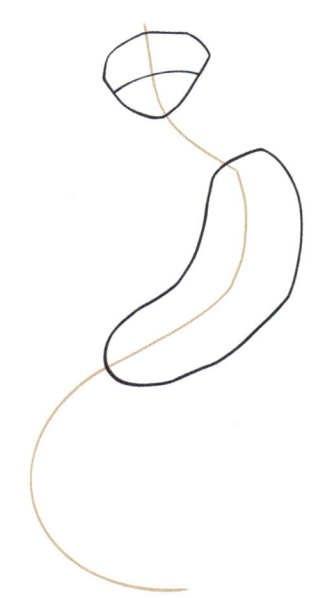

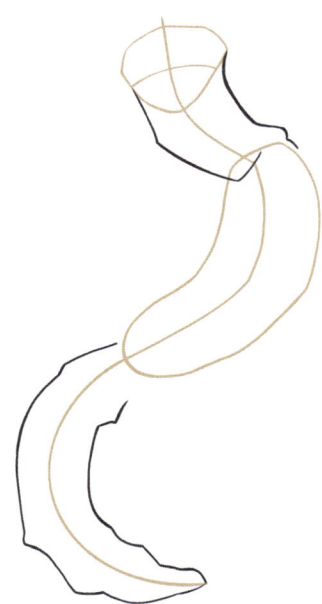

2

Siguiendo la línea de acción, dibuja el cuello curvado y la cola larga y ondulada.

3

Partiendo de la forma del cuerpo, añade las curvas ascendentes de los brazos. A continuación, haz las piernas flexionadas de forma que sigan el movimiento del cuerpo.

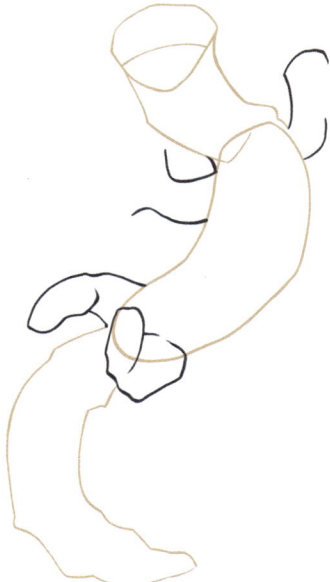

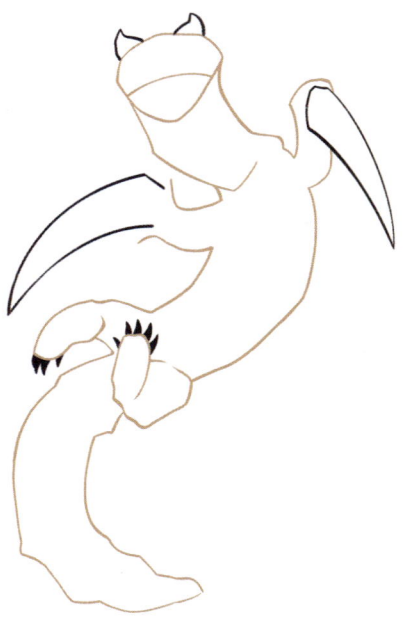

Usa líneas curvas para dibujar el rasgo distintivo de este yōkai: las largas y afiladas cuchillas en forma de hoz que tiene en los brazos. Añade las orejas triangulares y las garras.

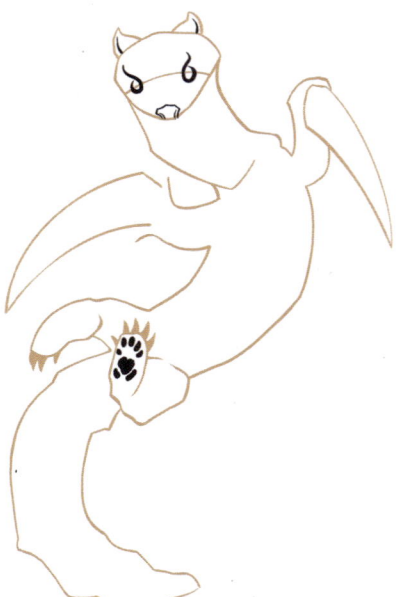

Una vez esbozada la forma exterior del yōkai, añade detalles interiores, como las curvas de los ojos y la nariz. Dibuja las almohadillas redondas en la planta del pie que queda visible.

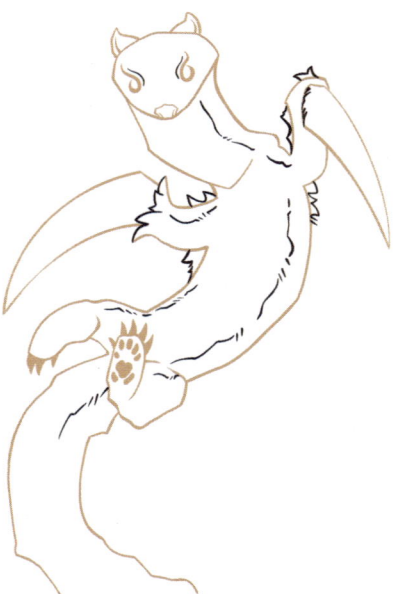

Este paso se centra en el pelaje. Define el contorno de los brazos con formas triangulares para mostrar su pelaje. Utiliza líneas discontinuas dentro del cuerpo para indicar que el pelaje es más corto a lo largo del abdomen y el cuello.

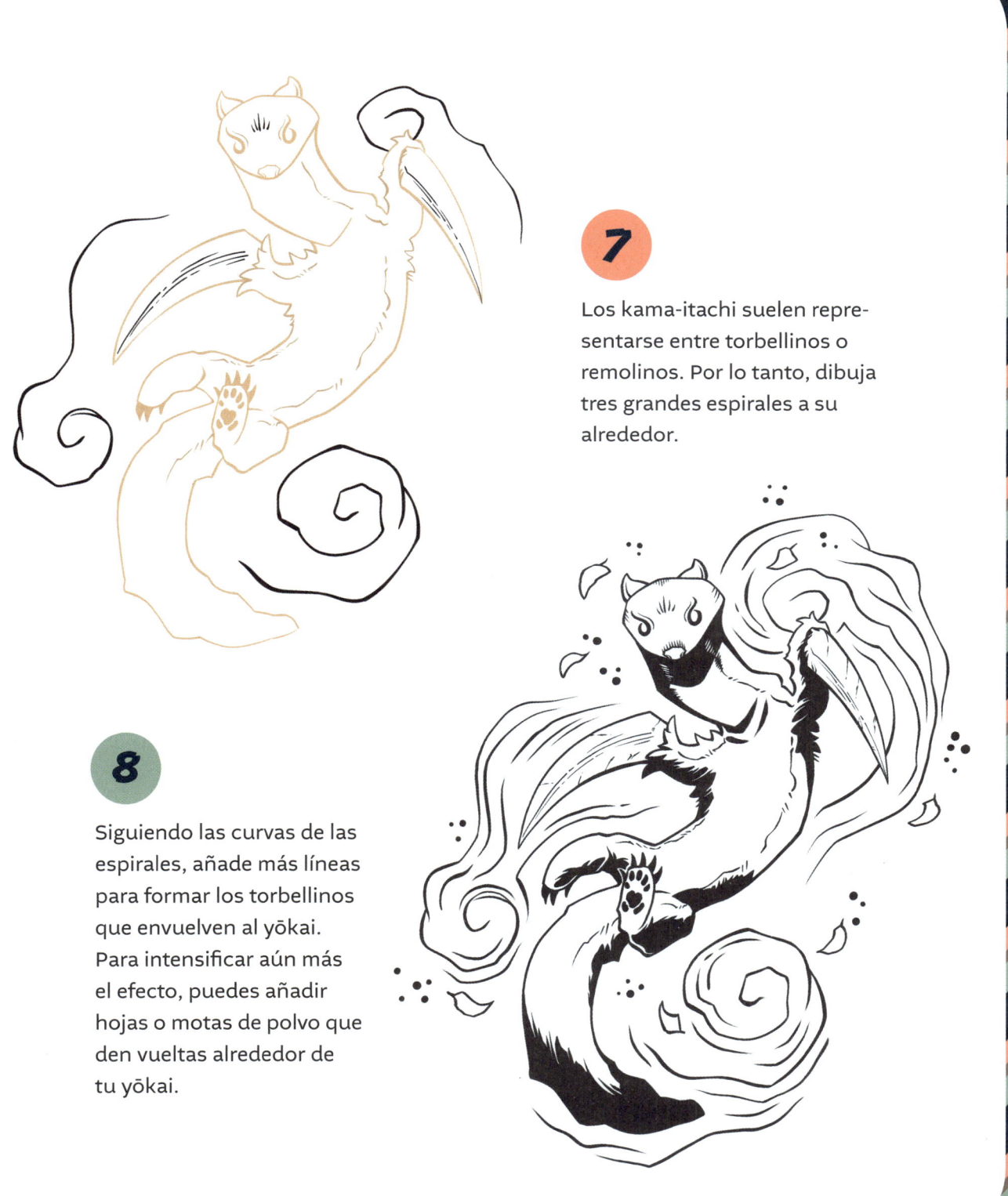

7

Los kama-itachi suelen representarse entre torbellinos o remolinos. Por lo tanto, dibuja tres grandes espirales a su alrededor.

8

Siguiendo las curvas de las espirales, añade más líneas para formar los torbellinos que envuelven al yōkai. Para intensificar aún más el efecto, puedes añadir hojas o motas de polvo que den vueltas alrededor de tu yōkai.

NEKOMATA
(ねこまた)

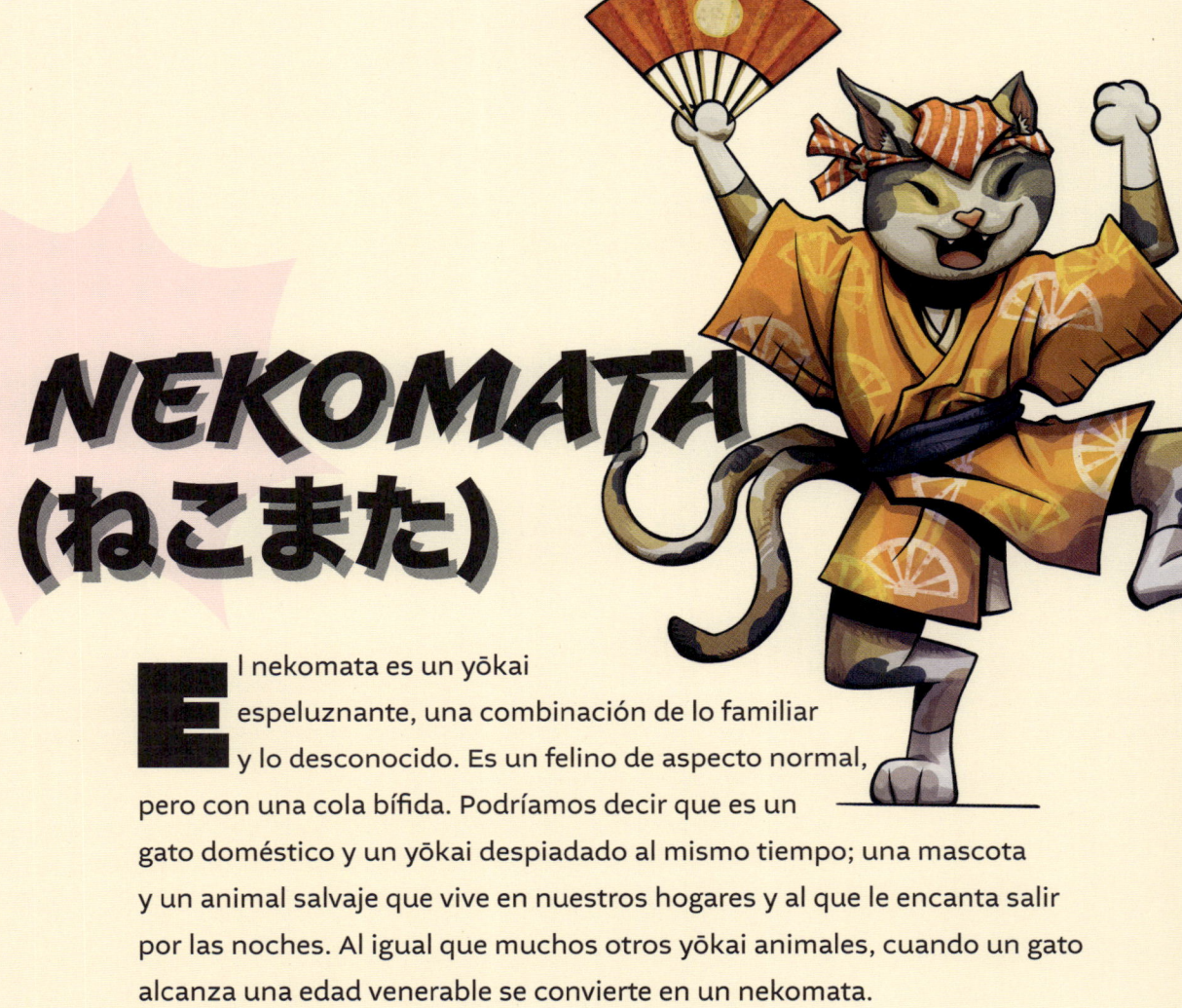

El nekomata es un yōkai espeluznante, una combinación de lo familiar y lo desconocido. Es un felino de aspecto normal, pero con una cola bífida. Podríamos decir que es un gato doméstico y un yōkai despiadado al mismo tiempo; una mascota y un animal salvaje que vive en nuestros hogares y al que le encanta salir por las noches. Al igual que muchos otros yōkai animales, cuando un gato alcanza una edad venerable se convierte en un nekomata.

Estos yōkai felinos son traviesos y actúan con malicia. Por ejemplo, pueden utilizar sus habilidades para cambiar de forma y engañar a la gente, matar a su dueño y controlar cadáveres. No obstante, en contextos más divertidos (como este libro), los nekomata pueden representarse bailando en los desfiles nocturnos de yōkai, tal y como ocurre en los pergaminos ilustrados japoneses llamados *hyakkiyagyō emaki*.

Nuestro nekomata está bailando y lo dibujaremos siguiendo la técnica del hitotsume-kozō (página 34).

58

Empieza con una línea de acción curva. Dibuja una forma ovalada para la cabeza y las líneas guía. A continuación, utiliza tres rectángulos curvos para crear la forma básica del cuerpo: uno siguiendo la línea de acción y los otros haciendo que salgan hacia ambos lados para formar las patas.

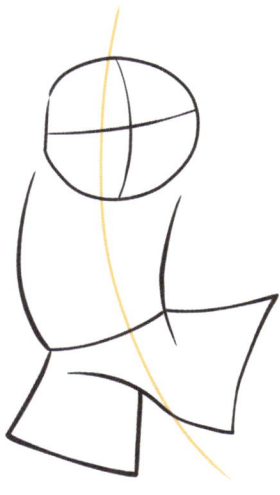

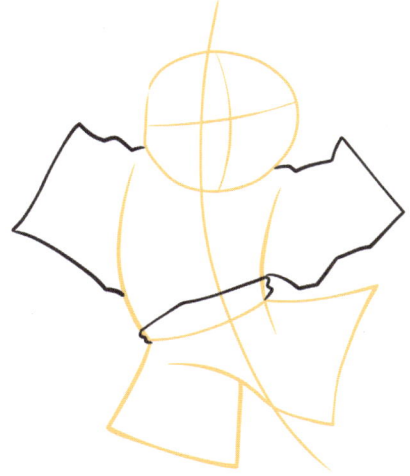

Dibuja las formas de las mangas a ambos lados del cuerpo. Añade una línea para el fajín *obi* alrededor de la cintura del nekomata.

Este paso consiste en dar forma a los tubos. Utiliza estas formas tubulares para dibujar los brazos y las patas, así como las dos largas colas del nekomata. Ahora ya se empieza a ver cómo baila.

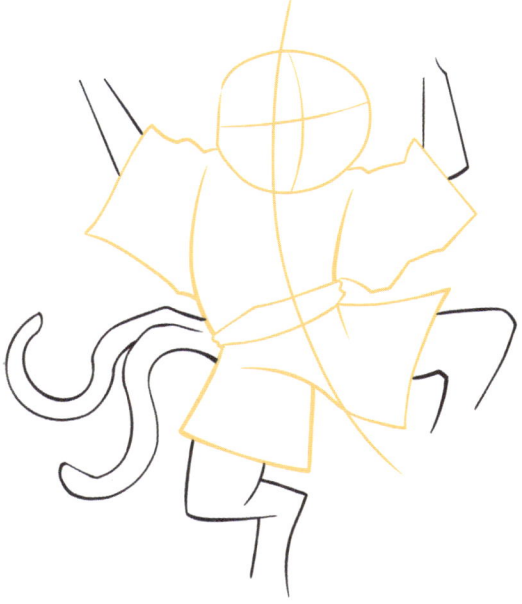

4

Traza rectángulos redondeados para dibujar los pies y una serie de círculos abiertos superpuestos para las manos.

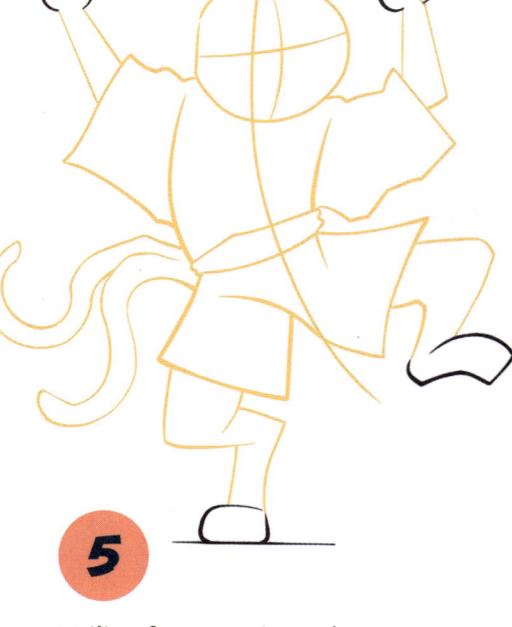

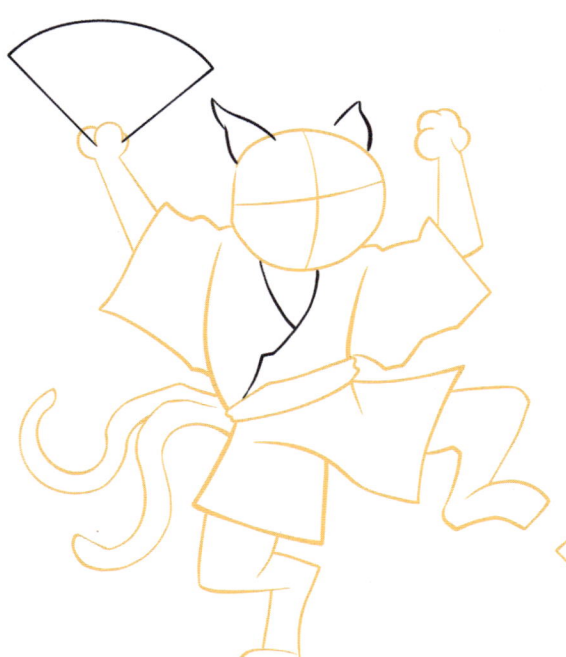

5

Utiliza formas triangulares para definir la figura de este yōkai felino: sus orejas, el abanico y, por último, el cuello de su kimono.

6

Una vez esbozadas las formas principales, ya podemos añadir detalles en el interior. Empieza con trazos curvos para los ojos y los dedos de los pies. Utiliza formas angulares para la nariz y el pañuelo que lleva en la cabeza.

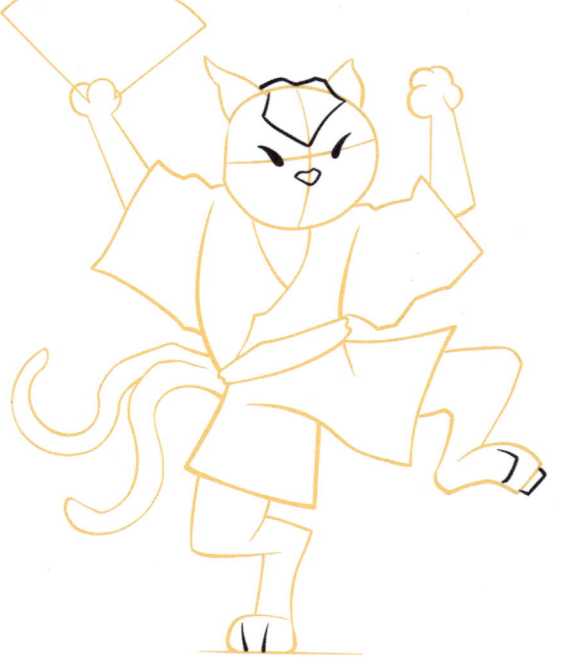

7

Termina de dibujar el pañuelo. Dibuja la boca con una línea ondulada en forma de W para el labio superior y una U para el inferior. Añádele los dientes y la lengua.

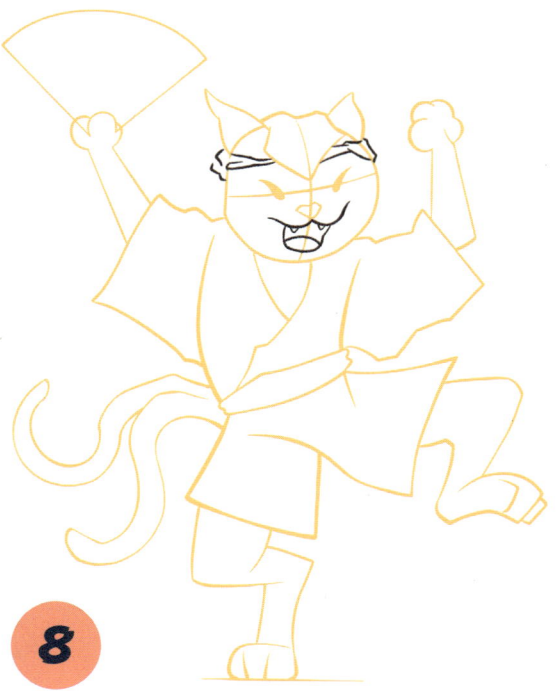

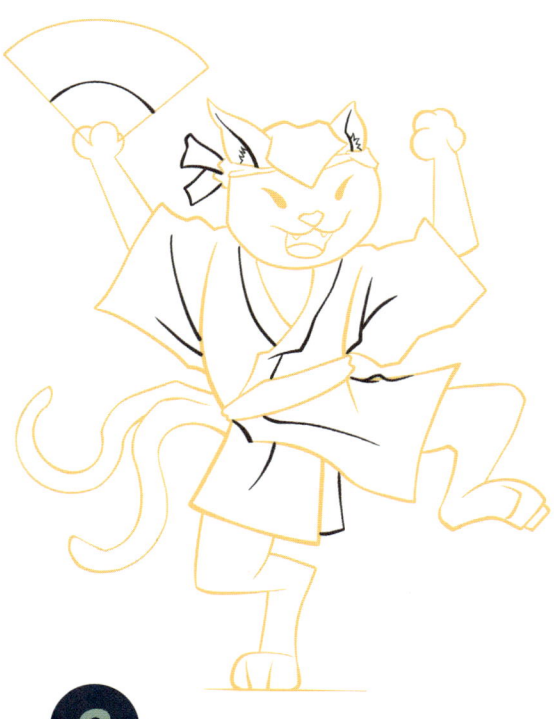

8

Sigue añadiendo detalles: arrugas en el kimono, pequeños mechones de pelo en las orejas, la parte de papel o tela del abanico y los extremos rectangulares del pañuelo que lleva en la cabeza.

9

Para terminar, dibuja las varillas del abanico y adórnalo con el estampado que desees. Yo he elegido un motivo sencillo en forma de círculo. Crea una sombra redondeada debajo de la cabeza para que esta resalte más.

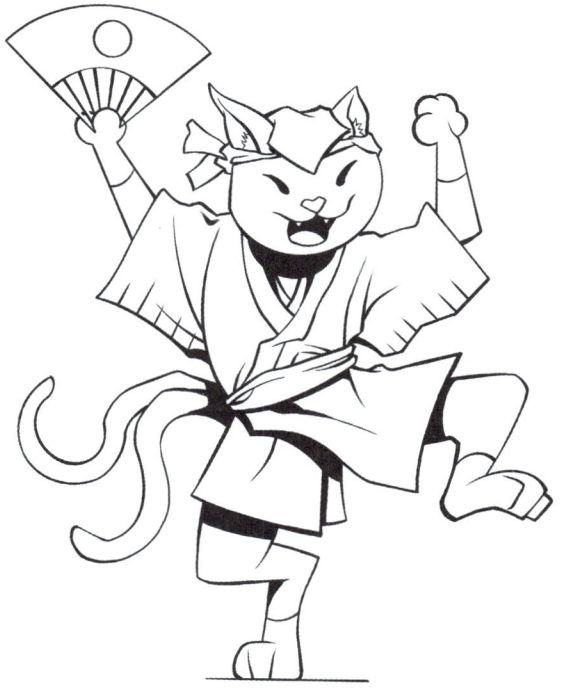

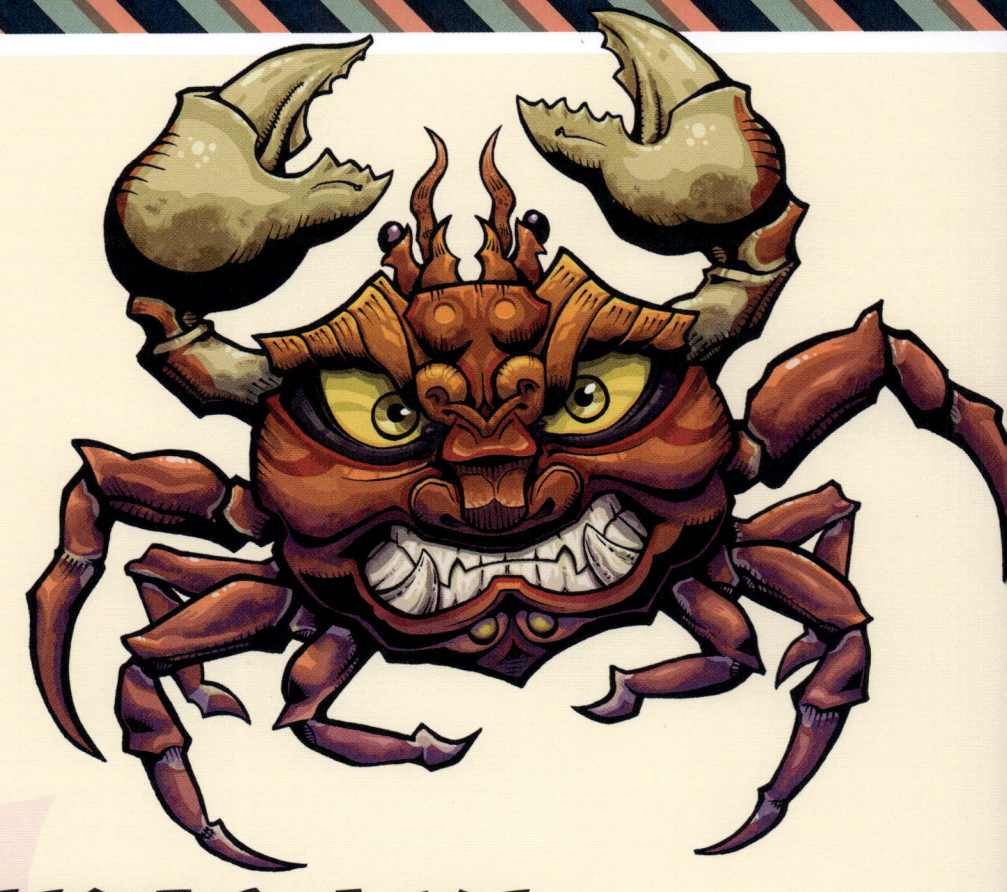

HEIKEGANI
(へいけがに)

Al igual que el tanuki (página 18), este yōkai está basado en un animal real de Japón. Se trata de una especie de cangrejo cuyo caparazón se asemeja a la cara de un samurái. Los pescadores de la zona creen que estos cangrejos son la reencarnación de los guerreros del clan Heike, que fueron derrotados en una batalla naval que tuvo lugar en el mar interior de Seto. Observándolos, no es difícil entender por qué los pescadores llegaron a la conclusión de que estos crustáceos estaban poseídos por los espíritus enfurecidos de los samuráis que cayeron en combate.

Dibuja un óvalo grande para la cabeza y añade las líneas guía. Traza líneas de acción para cada una de las diez patas del cangrejo, de modo que se extiendan desde el cuerpo. Fíjate bien dónde se doblan y se superponen.

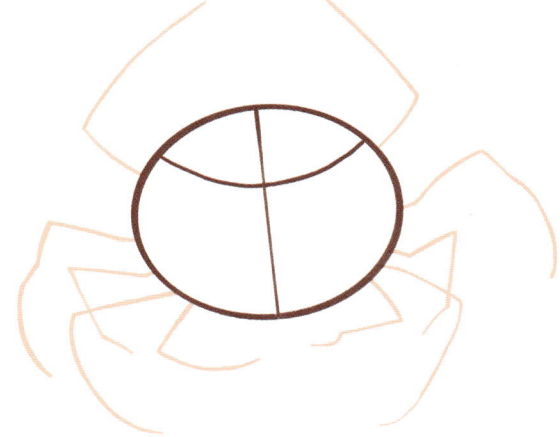

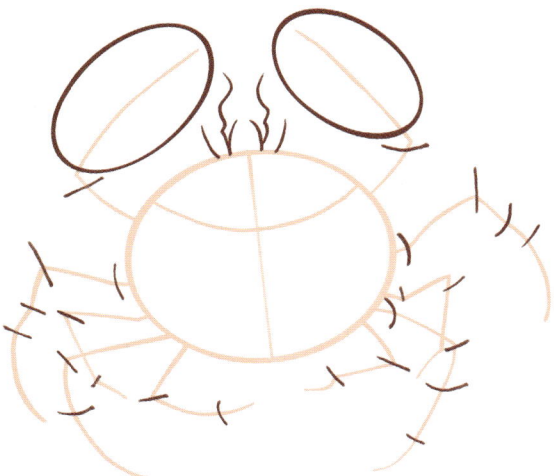

Dibuja óvalos para las pinzas. Añade unas líneas en cada juntura de las patas. Así te será más fácil dibujarlas. Traza unas líneas curvas en la parte superior de la cabeza del heikegani; serán las antenas.

Mediante una serie de líneas festoneadas, dibuja el contorno del caparazón. Presta atención a los puntos en los que las líneas se curvan hacia fuera y hacia dentro. Añade formas en V para crear las aberturas de las pinzas. Utiliza las líneas centrales para dibujar la boca y la parte inferior de la nariz.

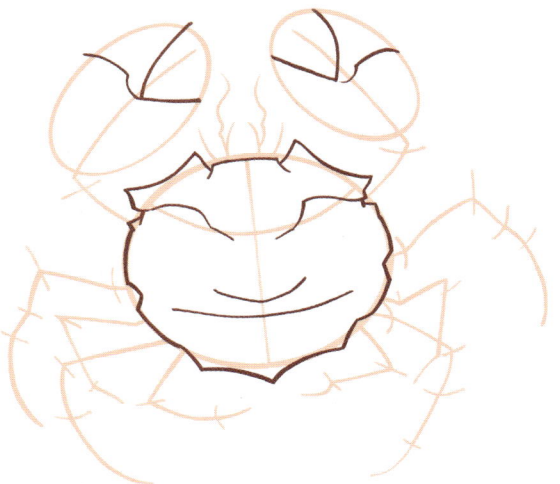

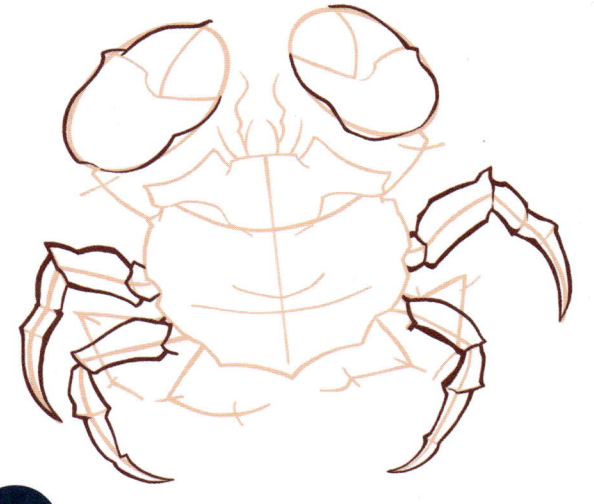

Con líneas similares a las utilizadas para crear el caparazón, dibuja las cuatro patas más grandes del cangrejo. Cada pata está compuesta por las mismas formas, un ejemplo más de formas recurrentes. Usa líneas suaves y curvas para hacer el contorno de las pinzas.

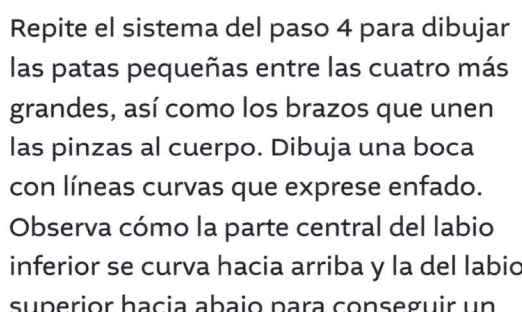

Repite el sistema del paso 4 para dibujar las patas pequeñas entre las cuatro más grandes, así como los brazos que unen las pinzas al cuerpo. Dibuja una boca con líneas curvas que exprese enfado. Observa cómo la parte central del labio inferior se curva hacia arriba y la del labio superior hacia abajo para conseguir un aspecto de criatura feroz.

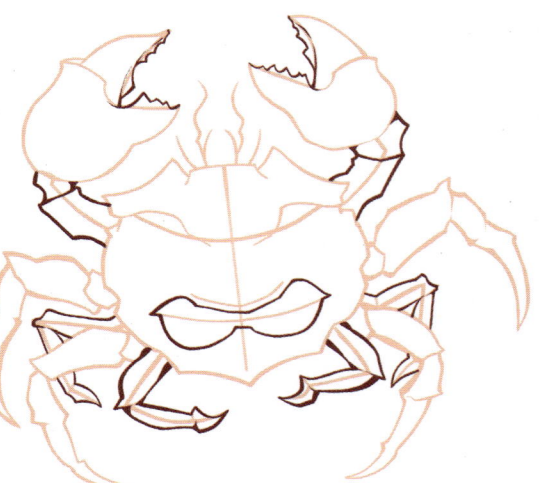

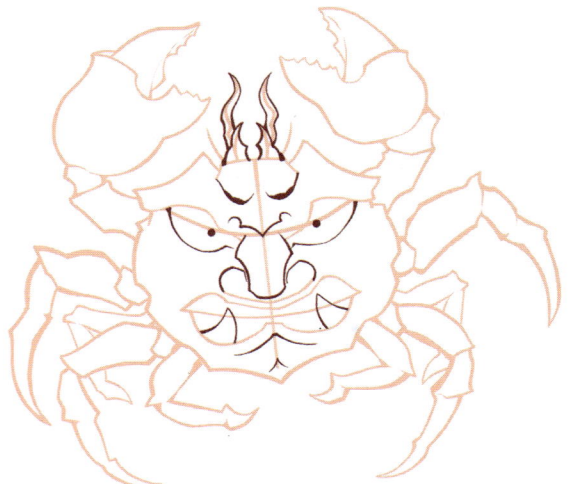

Empieza a dibujar los rasgos simétricos de la cara: los ojos, la nariz y los dos colmillos en la parte inferior de la boca. Define las antenas de la parte superior de la cabeza. Este yōkai tiene una expresión furiosa y agresiva, por lo que la mayoría de las formas que dibujamos acaban en puntas afiladas.

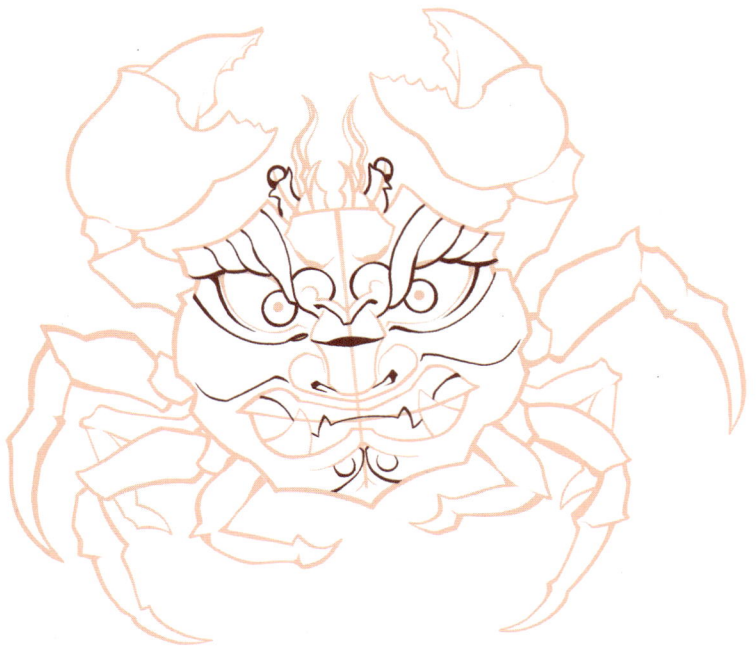

Utiliza una serie de curvas repetidas para dibujar las cejas del heikegani y las arrugas que presenta debajo de los ojos y en las mejillas.

Para terminar, aumenta el grosor de los contornos del cuerpo y de las patas.

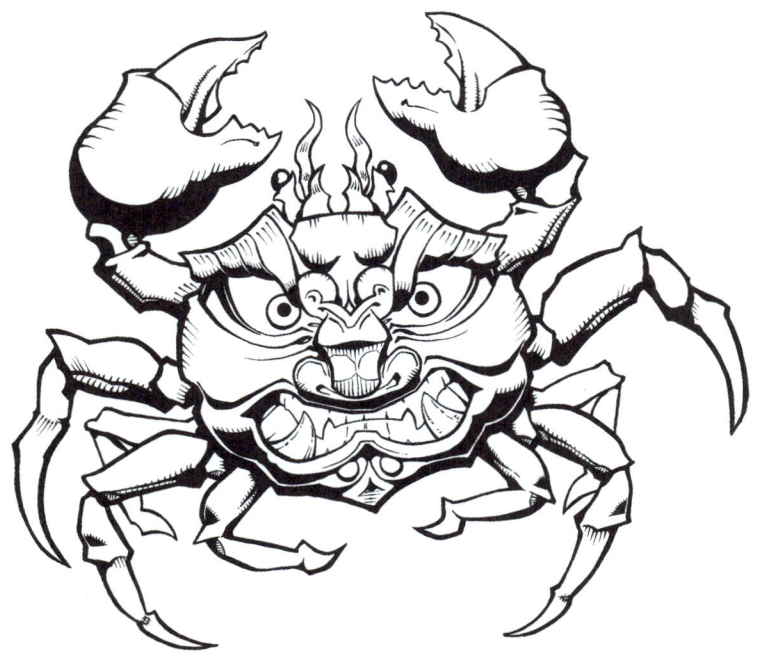

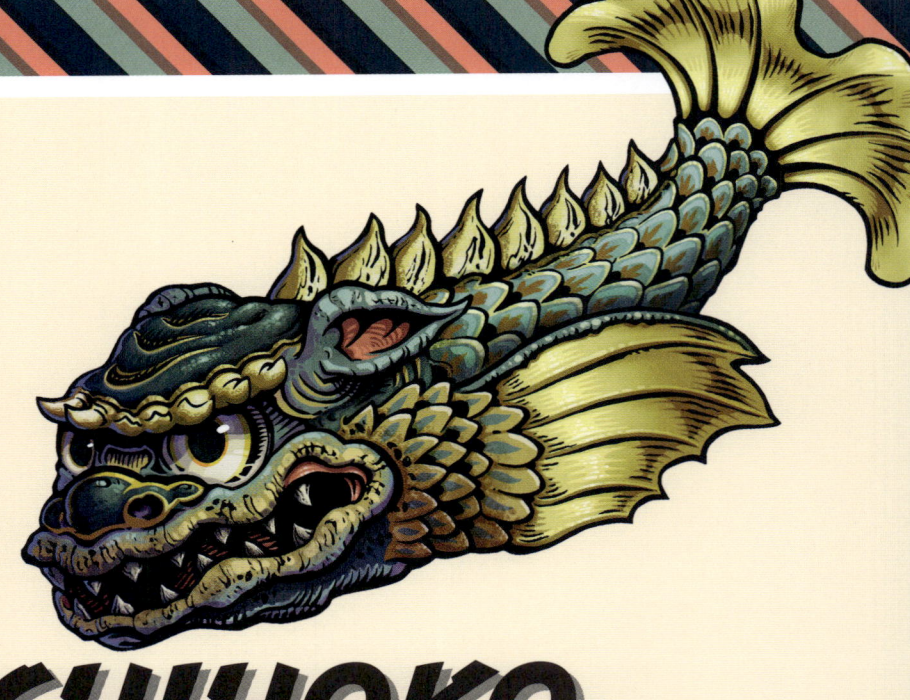

SHACHIHOKO
(しゃちほこ)

El shachihoko es un monstruo marino del folclore japonés que tiene la cabeza de tigre y el cuerpo de carpa. Se cree que posee el poder de invocar la lluvia, por lo que las estatuas de estos yōkai ocupan los tejados de numerosos castillos, templos y otros edificios destacados de Japón como objeto protector ante los incendios.

El folclore y los mitos de una cultura viajan con las personas que emigran a nuevos países. Así, hay muchas criaturas mitológicas que han sido importadas de países vecinos, como la India o China, y que luego han evolucionado con el tiempo hasta convertirse en yōkai exclusivos de Japón. El shachihoko es uno de ellos. Por ello, las numerosas variantes que ofrece un yōkai dependen de la zona geográfica en la que han crecido.

1

Dibuja la forma básica del yōkai. Haz un círculo para la cabeza y traza las líneas guía centrales. Dibuja un tubo largo y curvado para el cuerpo y una forma de media luna para la cola.

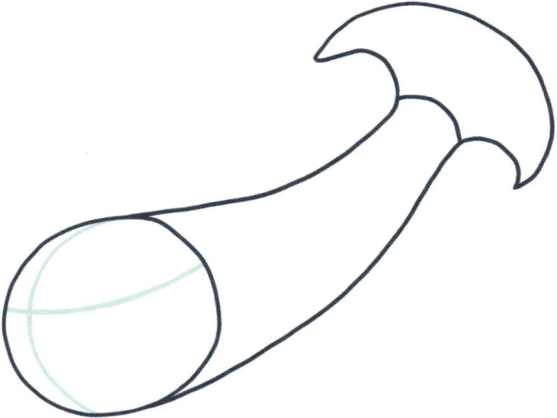

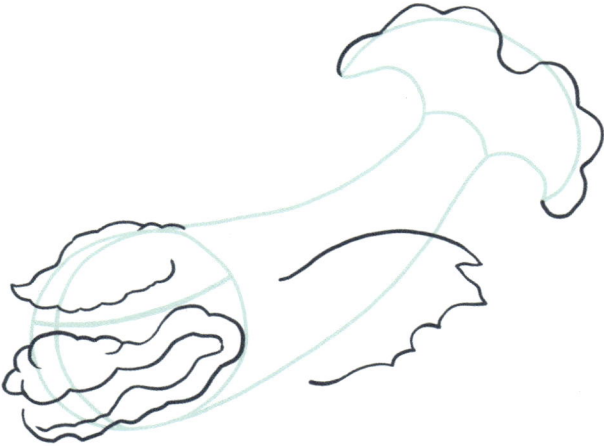

2

Usa formas similares a nubes para dibujar la parte superior de la cabeza, los labios y la nariz abultados, y la forma de la cola. Para la parte superior de la aleta utiliza una curva suave y para el borde irregular de la aleta una línea festoneada.

3

Dibuja las orejas y la parte inferior del yōkai con líneas y formas similares a nubes.

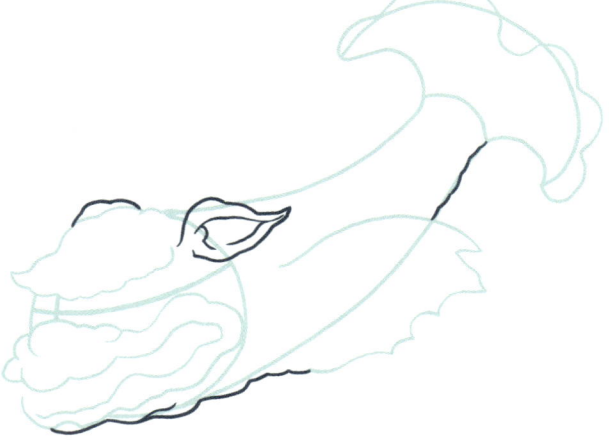

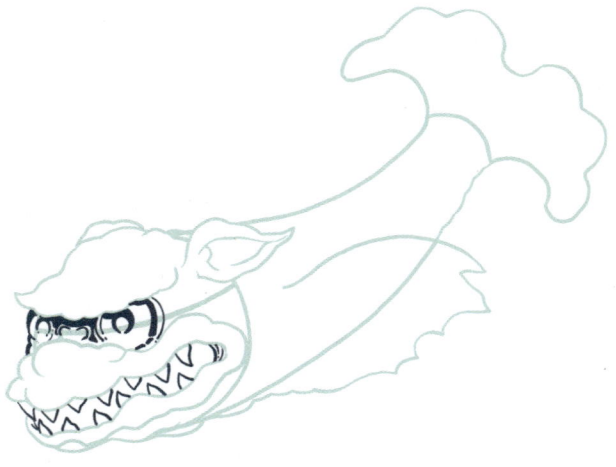

Para los dientes, dibuja triángulos curvos. Traza dos círculos grandes para los ojos y haz las pupilas con círculos más pequeños.

Empezando por la parte posterior de la cabeza, dibuja la primera aleta dorsal. A continuación, repite la forma y sigue avanzando hacia la cola. Utiliza formas curvas similares para añadir púas a lo largo de la frente del shachihoko.

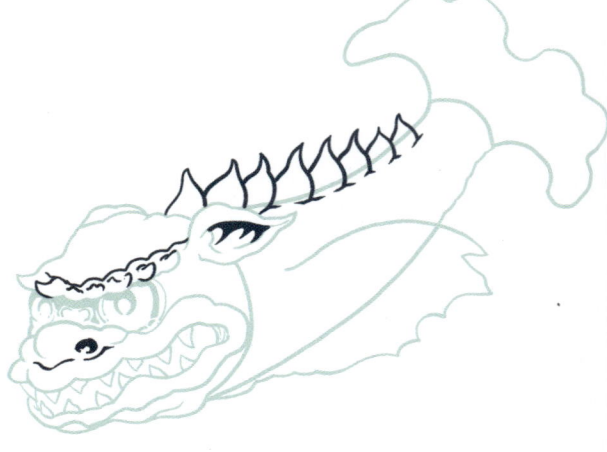

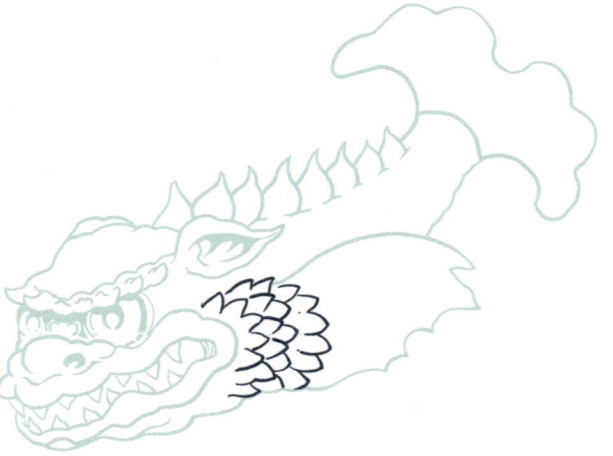

Usa triángulos redondeados para dibujar la primera fila de escamas que hay cerca de la boca. Retrocediendo, dibuja la siguiente fila de escamas. Ten en cuenta que cada fila se alinea con el vértice de la fila anterior.

7

Sigue añadiendo escamas al cuerpo. Esta vez, empieza por la parte posterior de la cabeza y continúa hacia atrás, en dirección a la cola.

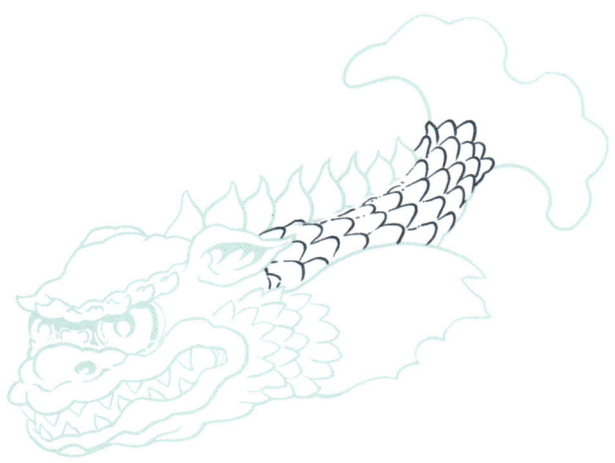

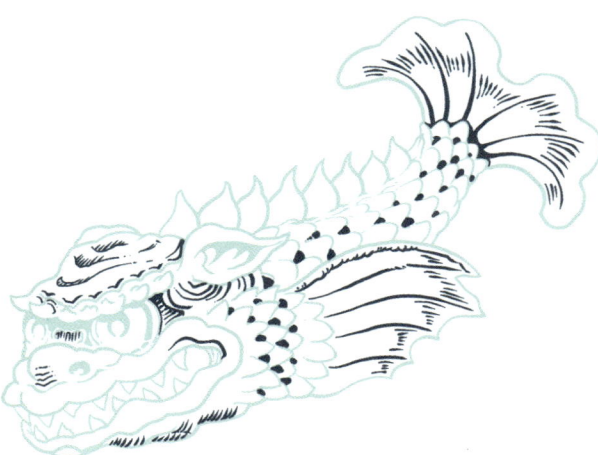

8

Añade tantos detalles como quieras. Pueden ser las crestas de las aletas, las arrugas alrededor de las orejas y la frente, o pequeñas sombras entre las escamas.

9

Da más grosor al contorno de la parte inferior del abdomen y de la frente. Sombrea la boca.

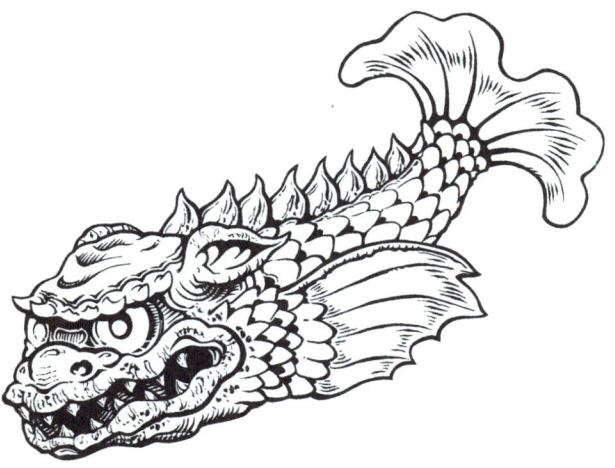

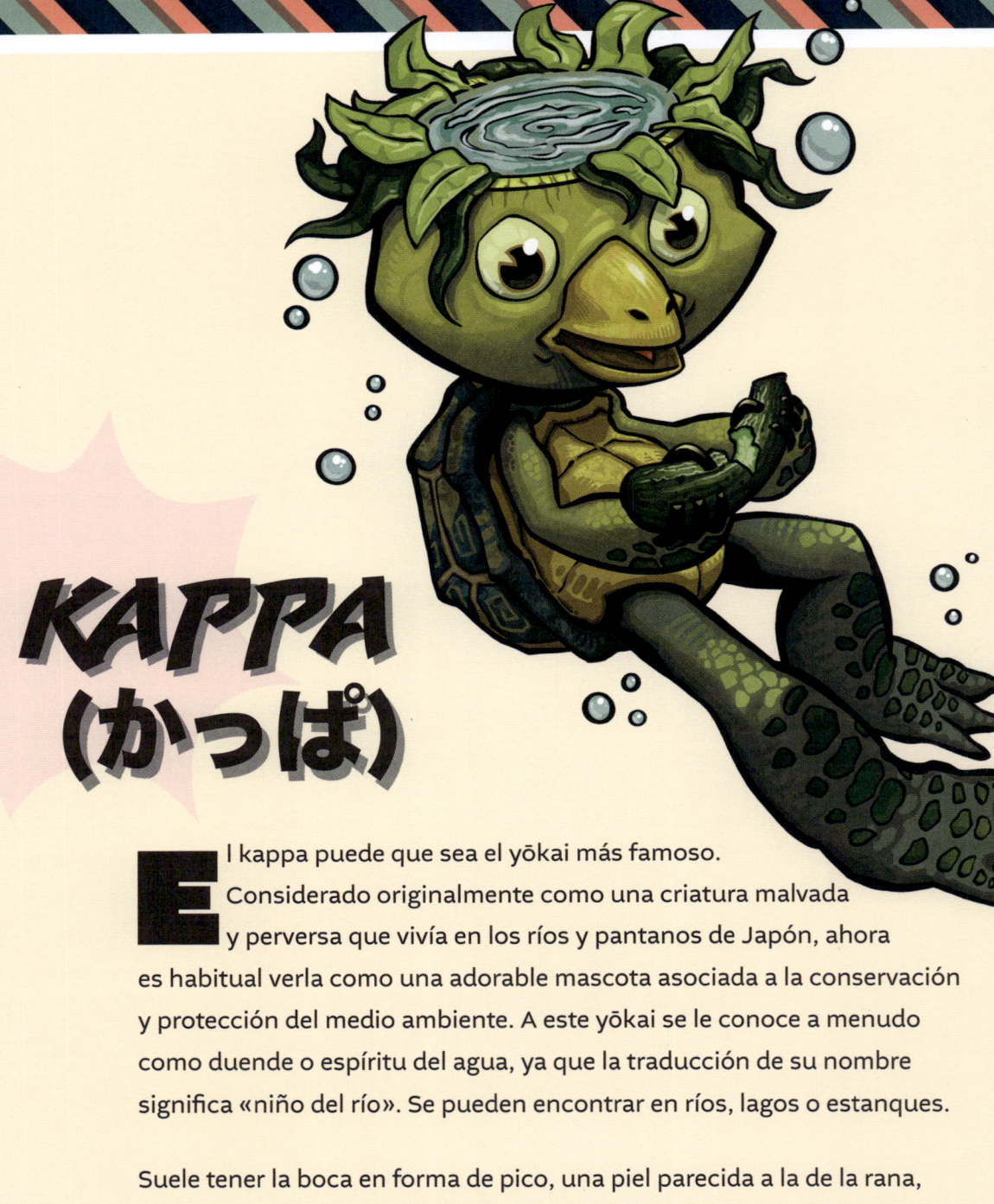

KAPPA (かっぱ)

El kappa puede que sea el yōkai más famoso. Considerado originalmente como una criatura malvada y perversa que vivía en los ríos y pantanos de Japón, ahora es habitual verla como una adorable mascota asociada a la conservación y protección del medio ambiente. A este yōkai se le conoce a menudo como duende o espíritu del agua, ya que la traducción de su nombre significa «niño del río». Se pueden encontrar en ríos, lagos o estanques.

Suele tener la boca en forma de pico, una piel parecida a la de la rana, un caparazón de tortuga y, lo más importante, una especie de cuenco lleno de agua en la cabeza. Si el agua se derrama, el kappa quedará muy debilitado. Dato curioso: los pepinos son su comida favorita, por lo que el rollito de sushi de pepino se llama *kappa-maki*.

Empieza con una línea de acción larga. Dibuja un óvalo grande y ancho con las líneas guía para la cabeza y una forma de alubia para el cuerpo con una barriguita redonda.

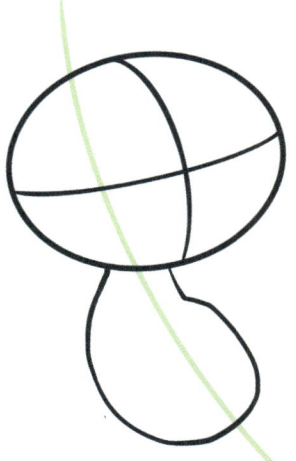

Dibuja formas tubulares cónicas para crear los brazos y las piernas: delgadas donde se unen al cuerpo y más anchas a medida que se acercan a las manos o los pies. Presta atención a las curvas de las articulaciones.

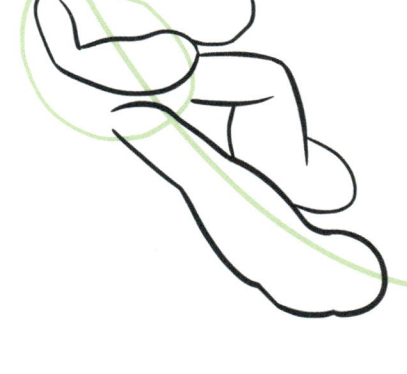

Dibuja dos círculos concéntricos en la parte superior de la cabeza. Serán el borde del cuenco que lleva el kappa. Entre sus manos, dibuja un pepino.

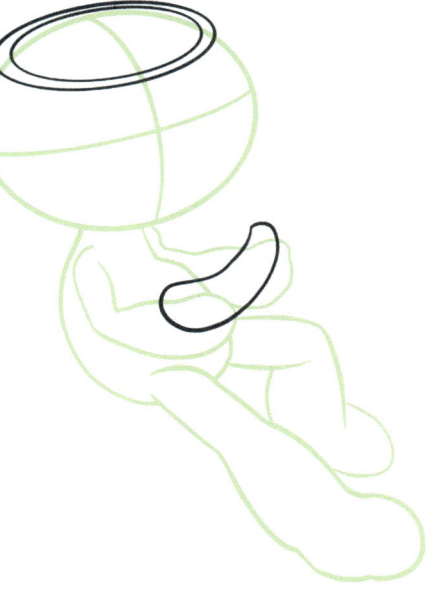

4

Para terminar con las partes principales de la figura, dibuja la forma semicircular del caparazón y únelo al cuerpo mediante un borde.

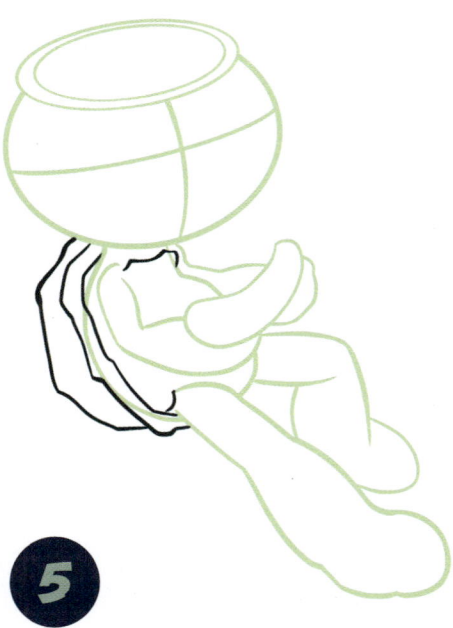

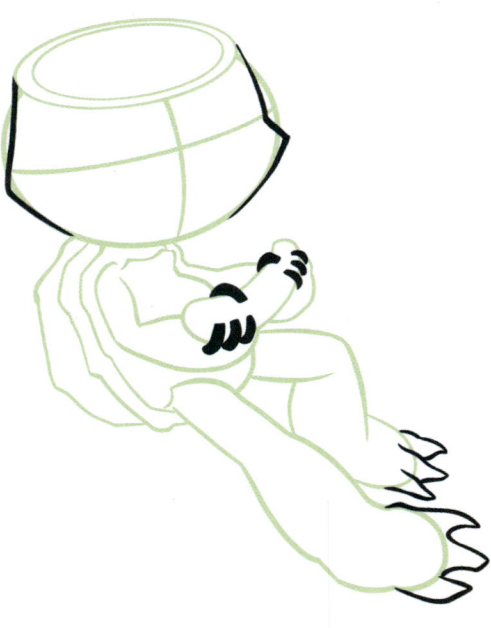

5

Define la forma de la cabeza de manera que las mejillas acaben en punta. Añade dedos y garras puntiagudos sujetando el pepino.

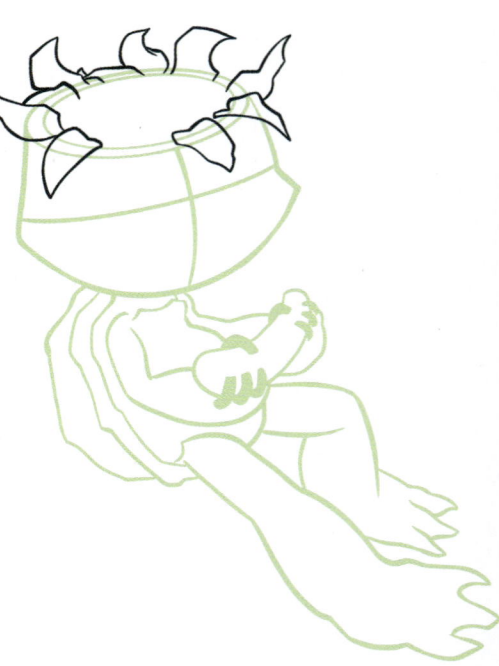

6

En lugar de cabello, el kappa tendrá hojas dispuestas en dos filas alrededor de la cabeza. Dibuja triángulos irregulares formando un círculo alrededor del borde.

7

Dibuja la segunda fila de hojas debajo de la primera. Estas hojas son más largas, más parecidas a las algas, mientras que las de la primera fila son hojas de árbol.

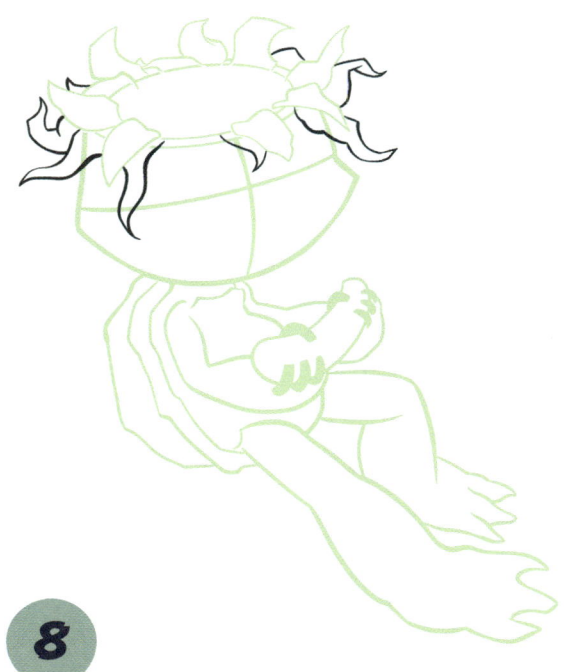

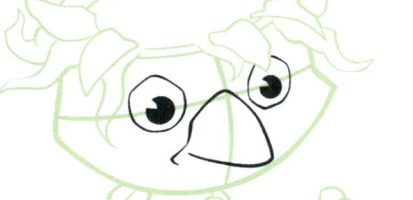

8

Para los rasgos faciales del kappa, dibuja unos ojos bien redondos y un triángulo redondeado para la parte superior del pico.

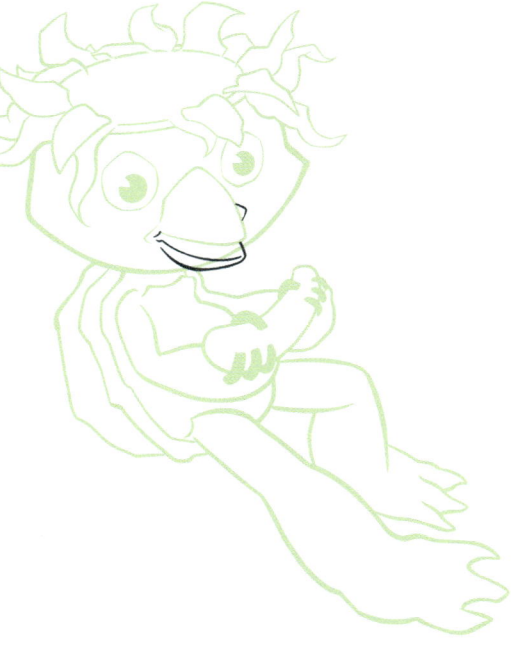

9

Dibuja la mitad inferior del pico con curvas amplias.

10

En los pasos siguientes, añadiremos detalles al kappa. Dibuja las nervaduras centrales de las hojas, la lengua y las fosas nasales.

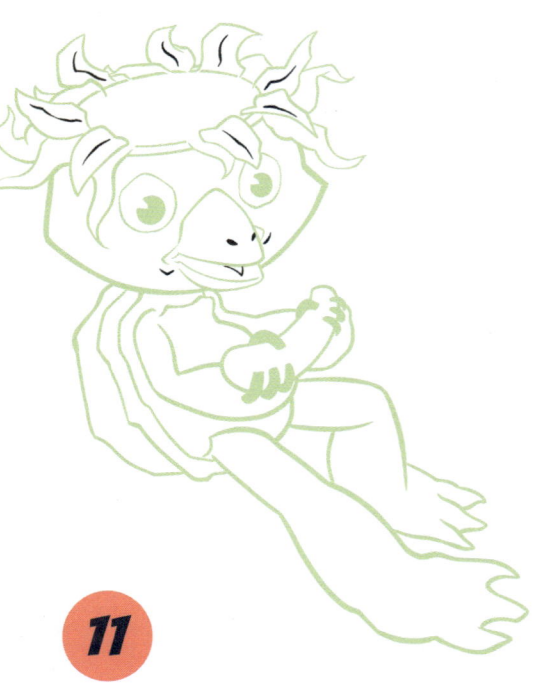

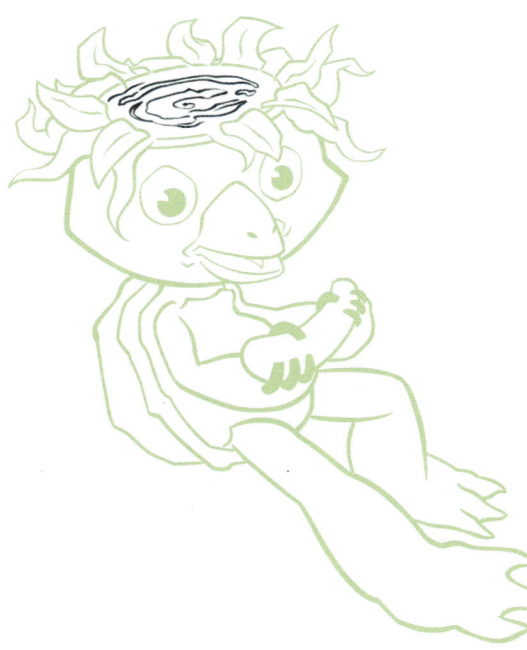

11

El cuenco que lleva en la cabeza está lleno de agua. Para que se vea, dibuja líneas en espiral, comenzando en el centro, que imiten las ondas del agua.

12

Dibuja el estampado del caparazón de la tortuga, tanto la parte de la espalda como la del abdomen.

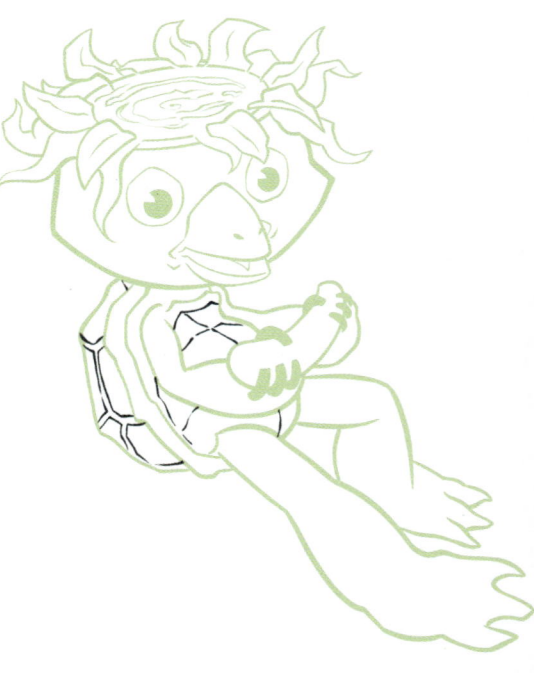

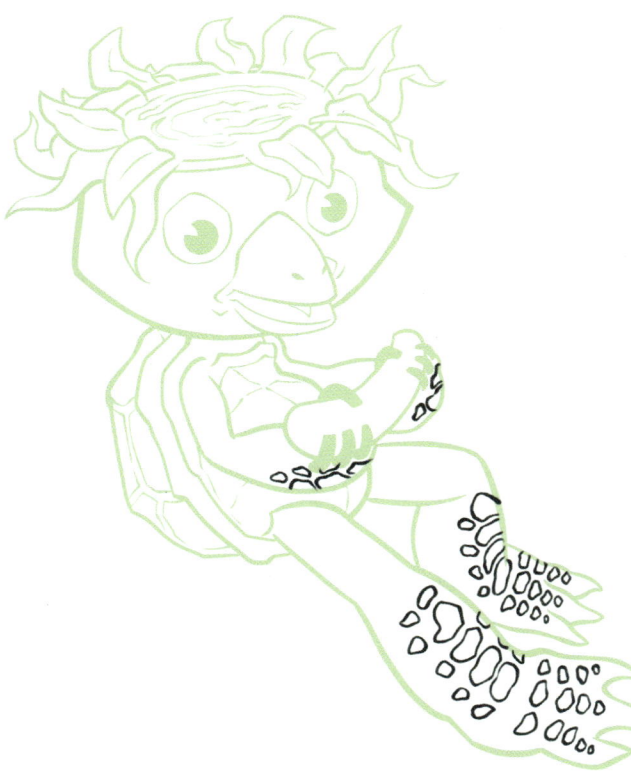

13

Usa formas recurrentes para dibujar las escamas que cubren los antebrazos, las espinillas y los pies de nuestro amigo. Fíjate en que las del centro son más grandes y las que hay a los lados más pequeñas.

14

Para terminar el kappa, dibuja unas burbujas redondas para mostrar que está nadando bajo el agua. Haz la marca de un mordisco en el pepino para ilustrar que el kappa está disfrutando de su comida favorita.

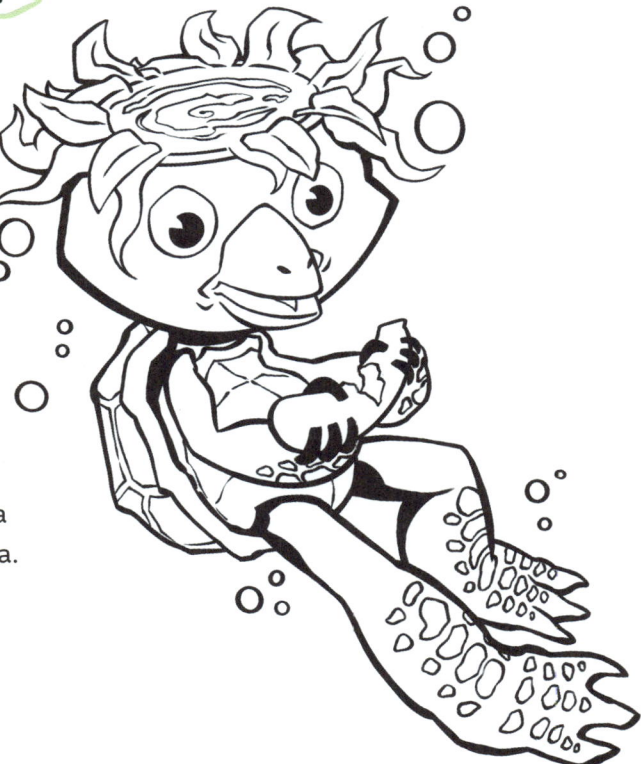

NINGYO (にんぎょ)

Un yōkai marino parecido a una sirena, cuyo nombre significa «pez humano». El diseño tradicional de un ningyo es el de una criatura marina, con cabeza de persona y cuerpo de pez. También se ha descrito como una criatura pequeña, parecida a un animal, con la parte superior del cuerpo similar a la de un mono y la parte inferior a la de un pez. En versiones más modernas, inspiradas en las representaciones occidentales de las sirenas, se les describe como seres hermosos, mitad humanos y mitad peces.

Existen muchas leyendas curiosas en torno a los ningyo. La gente creía que si comías un ningyo, podías vivir mucho tiempo o incluso convertirte en inmortal. También pensaban que toparse con una de estas criaturas era señal de buena suerte. Sin embargo, también se decía que capturar un ningyo podía provocar grandes catástrofes. En algunas historias, si un pescador atrapaba a este yōkai, podía traer una gran desgracia a su aldea.

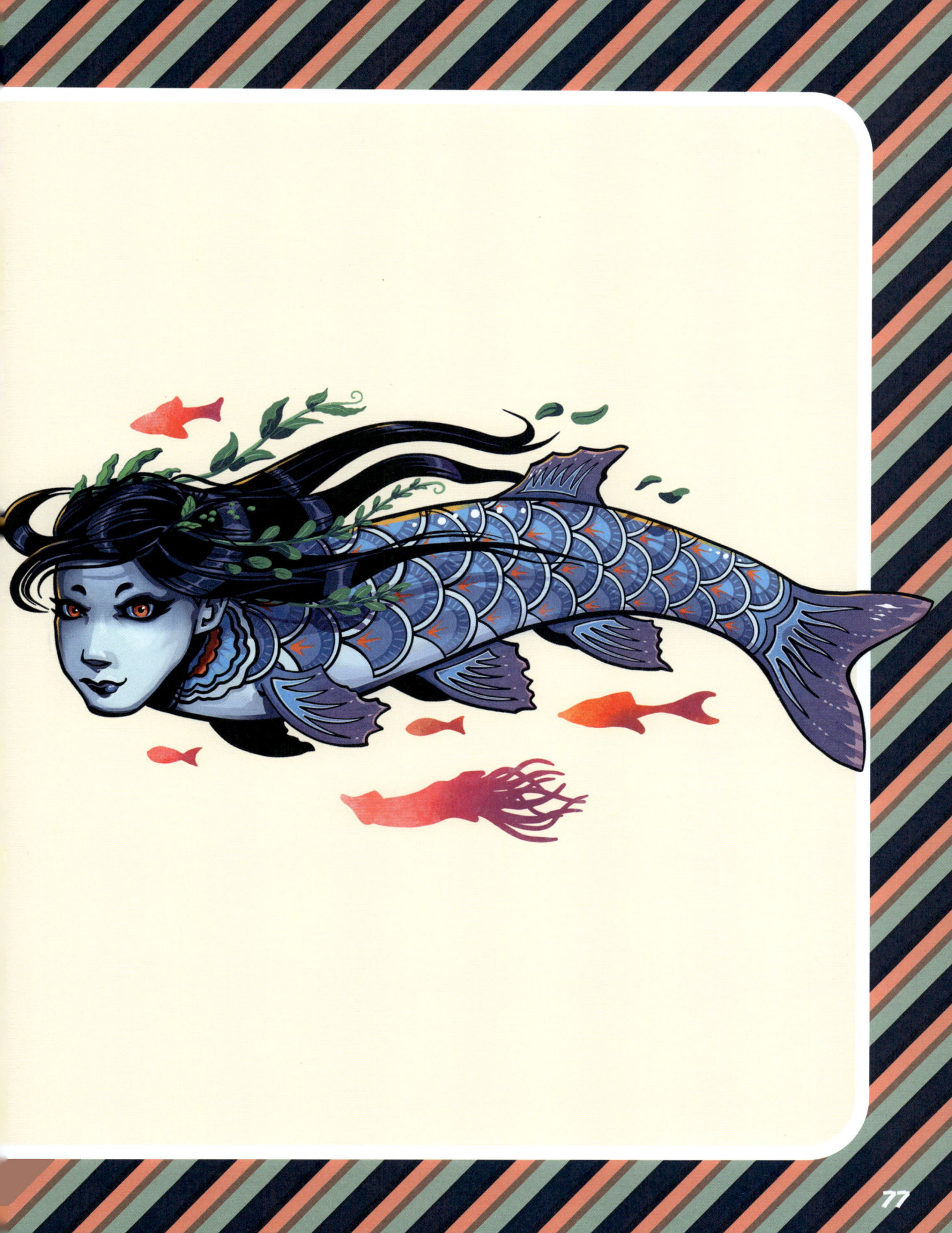

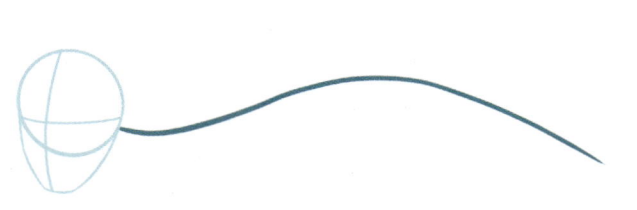

Dibuja la forma básica de la cabeza con un círculo y haz la barbilla en forma de U; traza las líneas guía centrales. Desde la cabeza, haz que la línea de acción fluida se extienda hacia afuera.

Para el cuerpo, dibuja una forma tubular que siga la línea de acción.

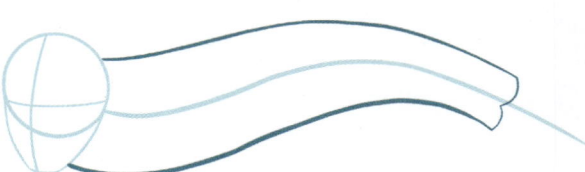

Utiliza óvalos alargados para los ojos. A continuación, dibuja las pestañas.

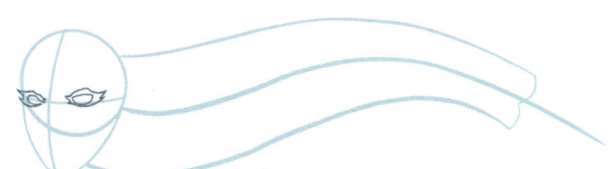

Dibuja la nariz con líneas angulares justo debajo del punto donde el círculo de la cabeza se une con la línea central. Debajo de la nariz, dibuja la boca. Une los extremos del cuerpo del tubo con la cola.

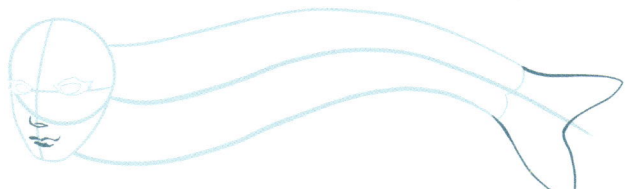

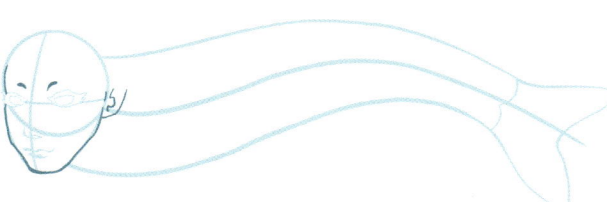

Define el contorno de la cara acentuando las mejillas y el mentón. Dibuja la oreja con líneas angulares.

Crea las aletas dibujando una curva suave para la parte de arriba y una línea irregular festoneada para la parte inferior.

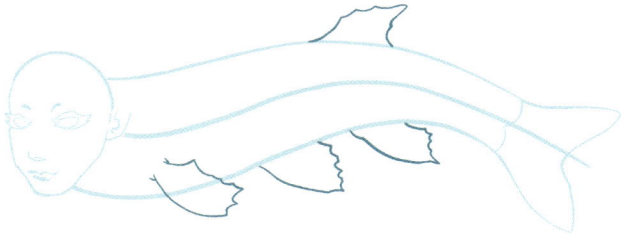

Utiliza curvas fluidas para dibujar
los mechones de cabello, empezando
por la frente. Ve avanzando hacia
la parte posterior de la cabeza,
superponiendo un mechón sobre
otro. El cabello debe caer hacia atrás
a lo largo del cuerpo. Añade tres
curvas para mostrar las aletas de
la parte posterior.

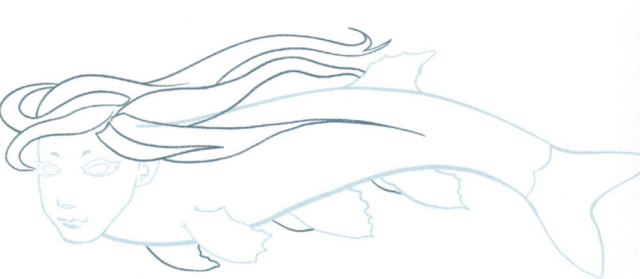

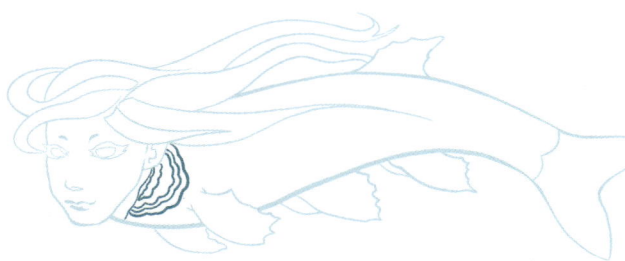

Dibuja las branquias utilizando
formas recurrentes similares a
nubes.

Dibuja los detalles de las aletas
internas trazando curvas en forma
de pincho que coincidan con
el flujo de cada aleta.

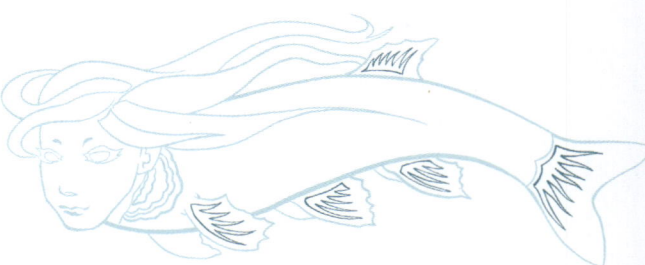

Dibuja semicírculos para las escamas; empieza por la cabeza y avanza hacia la cola. Como detalle adicional, dibuja una diminuta línea semicircular dentro de cada escama.

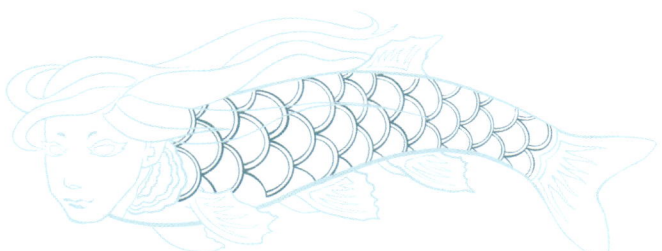

PARA DIBUJAR LAS ESCAMAS

1. **Dibuja una fila de semicírculos; todas las formas deben tener el mismo tamaño.**
2. **Dibuja la siguiente fila de semicírculos empezando por el punto más elevado de la fila anterior.**
3. **Repite.**

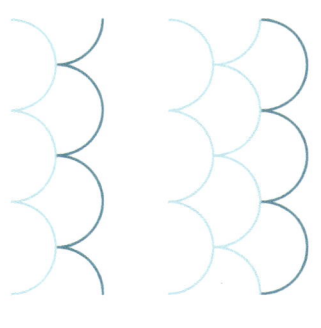

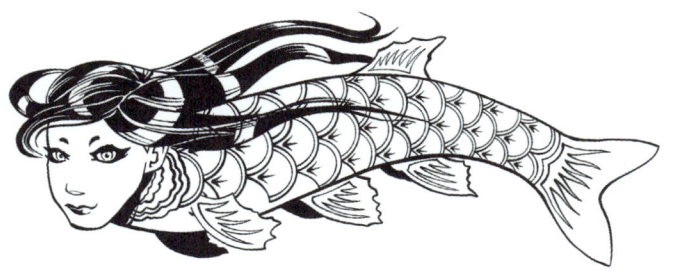

11

Usa formas recurrentes para dibujar los motivos similares a una flecha dentro de cada escama. Para dar un toque adicional de profundidad, sombrea el cabello y las aletas de la parte posterior del cuerpo.

YŌKAI DOMÉSTICOS Y COTIDIANOS

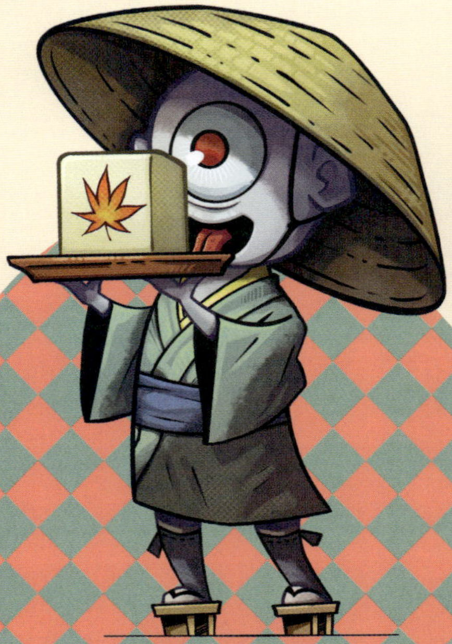

En este capítulo, conoceremos a los yōkai relacionados con la vida cotidiana, tanto del pasado como del presente. Muchos de estos yōkai viven en las casas, mientras que otros forman parte de la vida cotidiana de los japoneses. Los yōkai tienen una gran variedad de formas y tamaños, por eso es tan divertido dibujarlos. Pueden nacer de cubos de madera, teteras, tazas de té, instrumentos y gongs, o incluso de personas que sufren una maldición o un maleficio.

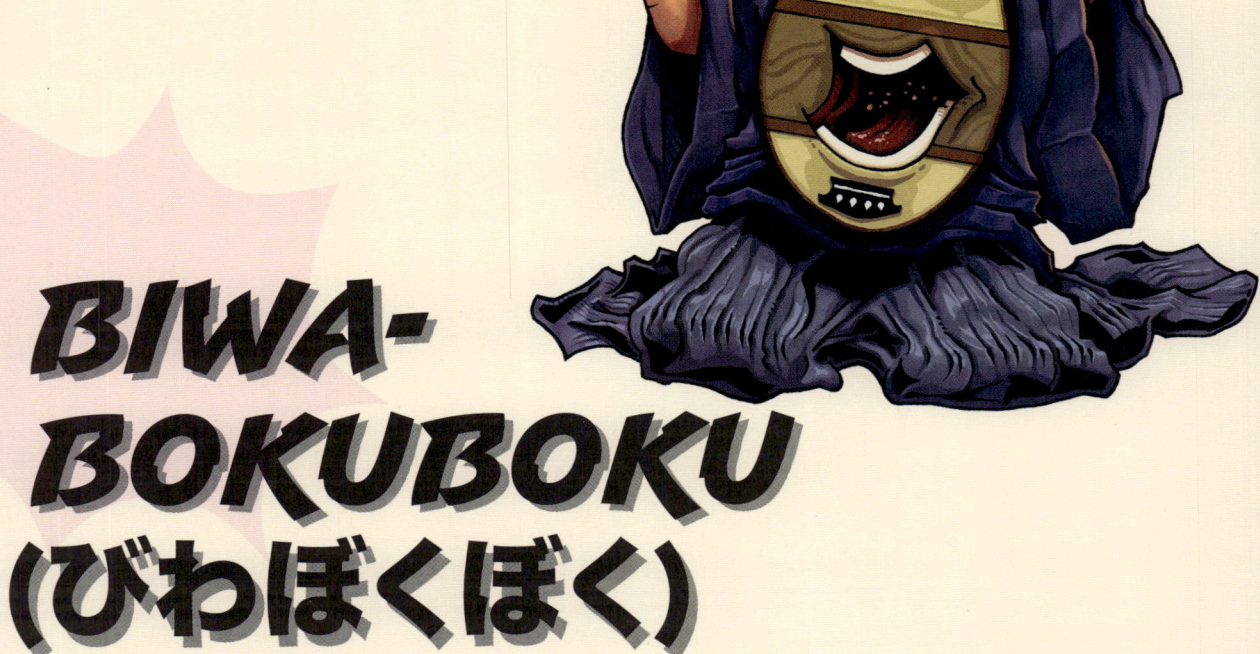

BIWA-BOKUBOKU (びわぼくぼく)

El biwa-bokuboku es un *tsukumogami* (página 22) que surge de un laúd tradicional japonés llamado *biwa*. Hecho de madera, el *biwa* tiene un mástil corto y se toca con una púa llamada *bachi*. Este divertido yōkai suele aparecer bailando en los grabados japoneses; va vestido con un *mino*, un impermeable tradicional japonés hecho de paja, y toca el *koto-furunushi*, un instrumento similar al *koto* que ha cobrado vida en forma de yōkai. (El *koto* es un instrumento de cuerda tradicional japonés, similar a una cítara).

Si no estás familiarizado con el *biwa* o con cualquier otro tema que estés dibujando, es recomendable que investigues un poco antes de empezar. Si lo haces, seguro que tu yōkai quedará perfecto.

84

1

Dibuja una línea de acción diagonal. Para la cabeza del biwa, traza un óvalo con las líneas guía.

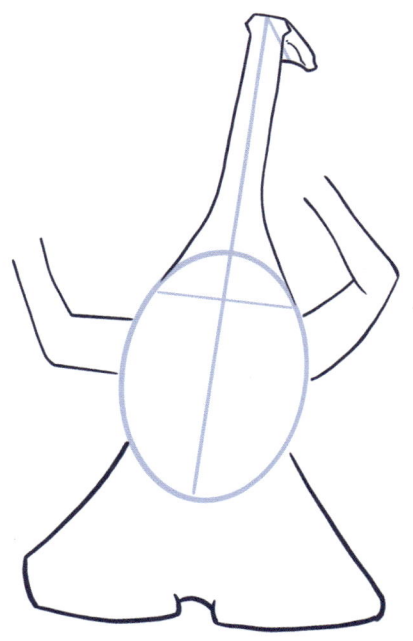

2

Traza formas tubulares rectas y curvas para los brazos y el cuello. El biwa-bokuboku estará arrodillado en el suelo y llevará un kimono. Para afrontar esta pose, dibuja la parte inferior del cuerpo con una forma triangular y redondeada.

3

Utiliza formas redondeadas para dibujar las manos. Añade el fajín *obi* alrededor de la cintura, prestando atención a cómo se eleva sobre cada pierna. Añade las partes laterales del kimono que tocan el suelo a ambos lados de las rodillas.

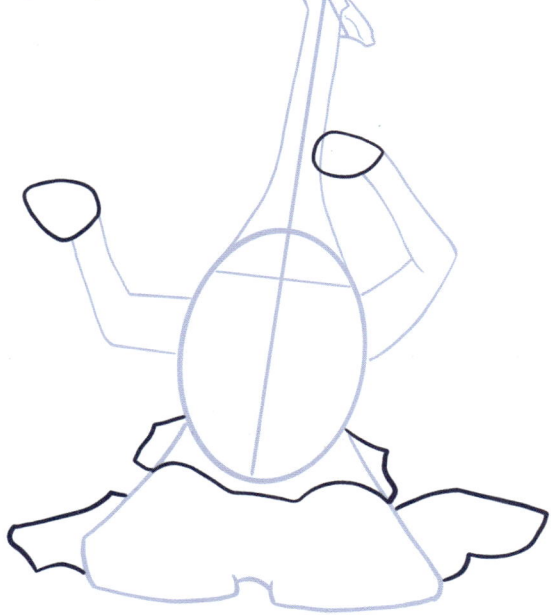

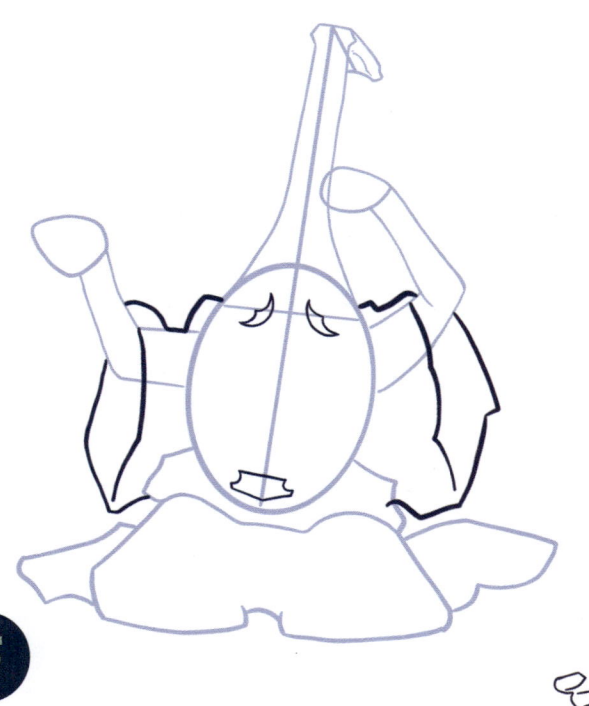

4

Dibuja las mangas abiertas del kimono que cuelgan de los brazos. Haz unos trazos angulares en forma de media luna para los ojos. Dibuja el puente (*fukuju*) del laúd en la base de la cabeza.

5

Completa las manos dibujando los dedos doblados; presta atención a la posición de cada dedo. Utiliza dos curvas descendentes para la parte superior e inferior de la boca. Únelas mediante dos curvas más hacia dentro; serán los lados de la boca.

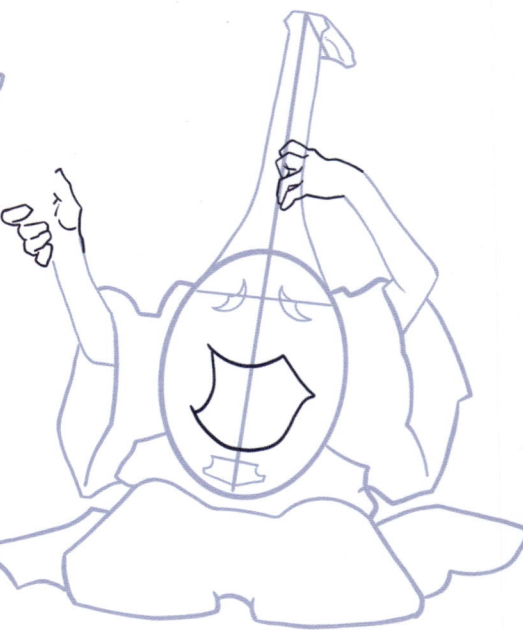

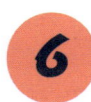

6

Define la forma del kimono alrededor de las rodillas. Dibuja el *bachi* con su parte superior triangular y un mango estrecho y curvado. Añade los dientes siguiendo las curvas de la boca.

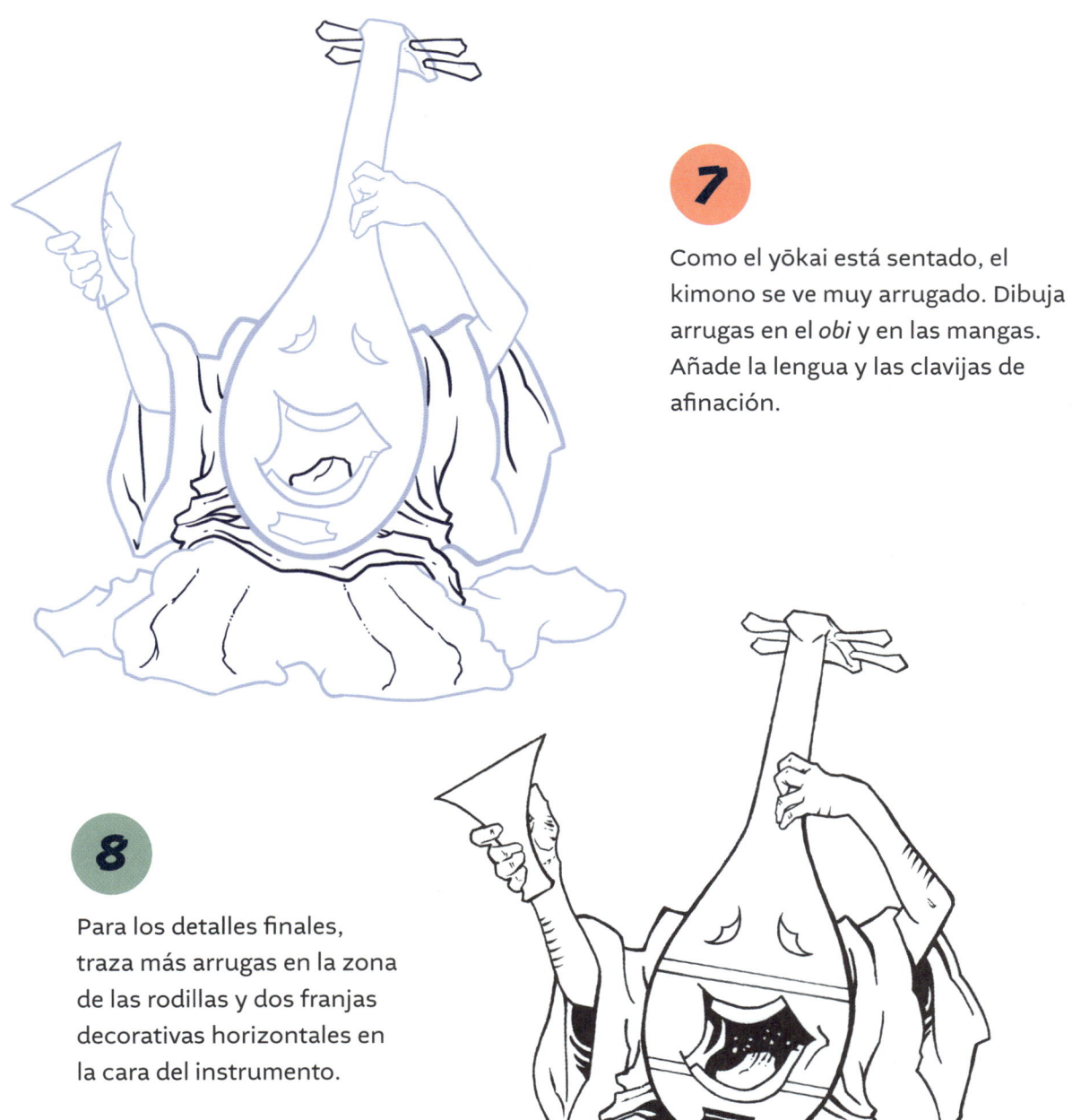

7

Como el yōkai está sentado, el kimono se ve muy arrugado. Dibuja arrugas en el *obi* y en las mangas. Añade la lengua y las clavijas de afinación.

8

Para los detalles finales, traza más arrugas en la zona de las rodillas y dos franjas decorativas horizontales en la cara del instrumento.

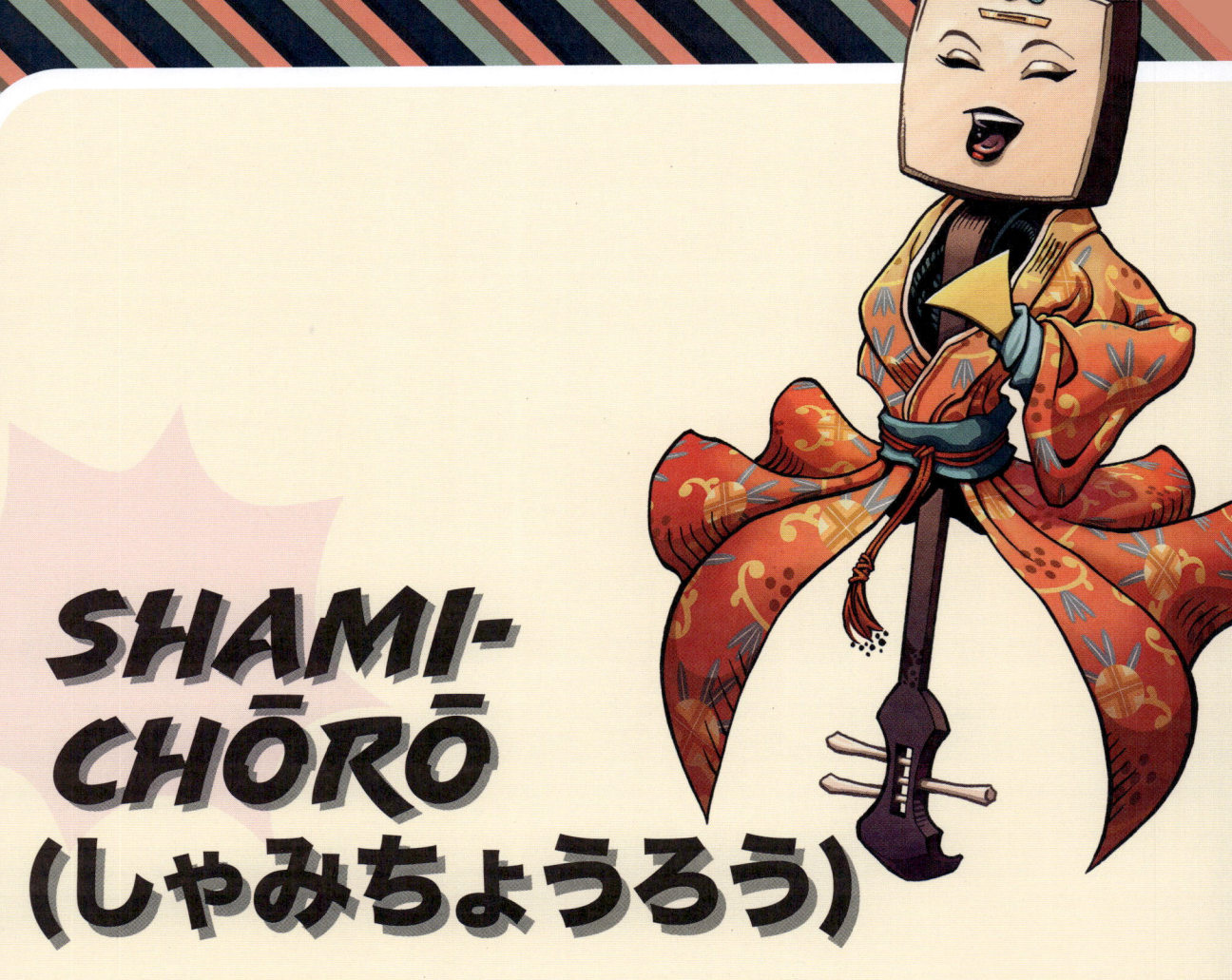

SHAMI-CHŌRŌ (しゃみちょうろう)

E l shami-chōrō es otro yōkai musical de tipo *tsukumogami,* como el biwa-bokuboku (página 84). El yōkai que ahora nos ocupa nace de un instrumento llamado *shamisen*, que, según se dice, está poseído por el espíritu de un maestro del mismo. El *shamisen* de tres cuerdas es un instrumento tradicional japonés con un sonido muy característico y se toca con una *bachi*, la misma púa de nuestro anterior amigo.

Aquí, el diseño del kimono se basa en el que aparece en la ilustración original de un shami-chōrō creada por Toriyama Sekien para sus enciclopedias yōkai. Durante el periodo Edo, estos libros fueron fundamentales para popularizar a los yōkai y convertirlos en personajes divertidos.

Empieza trazando una línea de acción un poco inclinada. En la parte superior, dibuja un cubo redondeado; será la cabeza de nuestro yōkai. Traza las líneas guía centrales en la cabeza y la línea central de la columna vertebral del *shamisen*. Observa que se curva al acercarse a la cabeza y luego nuevamente cuando se acerca al final.

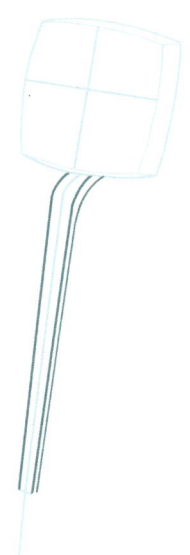

Dibuja los lados del *shamisen* formando el *sao*, el mástil del instrumento, y estrecha la forma a medida que te alejas de la cabeza. Utiliza una regla para trazar líneas rectas como estas.

Empieza a dibujar la forma del *tenjin*, que normalmente es la parte superior del instrumento, pero que en este caso sirve como pie del yōkai.

El shami-chōrō lleva un kimono holgado. Empieza dibujando el fajín *obi* alrededor de la cintura.

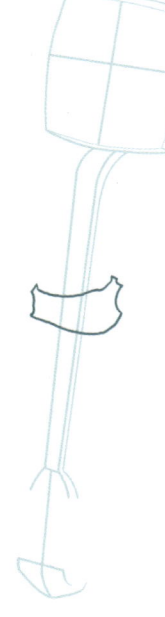

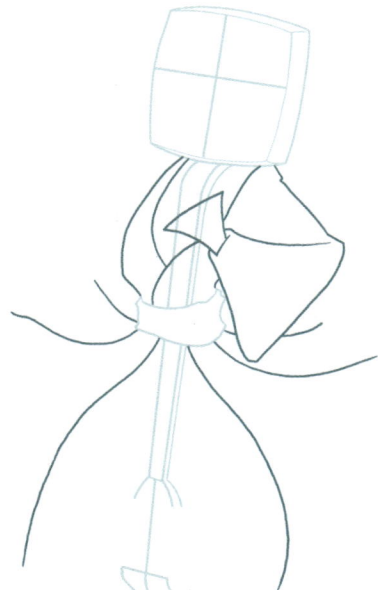

Dibuja las formas básicas del kimono. Para la zona del pecho, utiliza una serie de curvas para unir el *obi* con la cabeza. Fíjate en las formas triangulares del *bachi* y de la manga. Extiende las líneas desde la parte inferior del *obi* para mostrar la ondulación de la prenda.

Ahora, une por su extremo inferior las líneas que se extienden hacia abajo. Añade el cuello del kimono, llamado *eri*, y el contorno de la manga que envuelve el *bachi*.

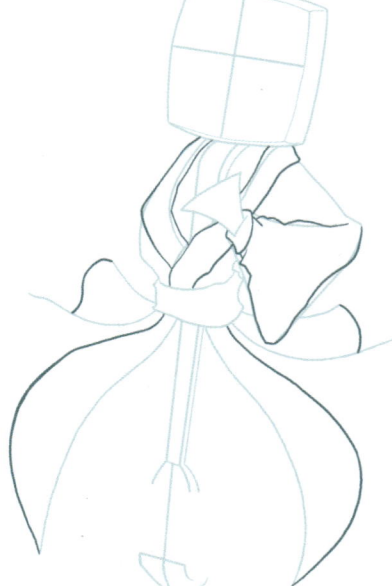

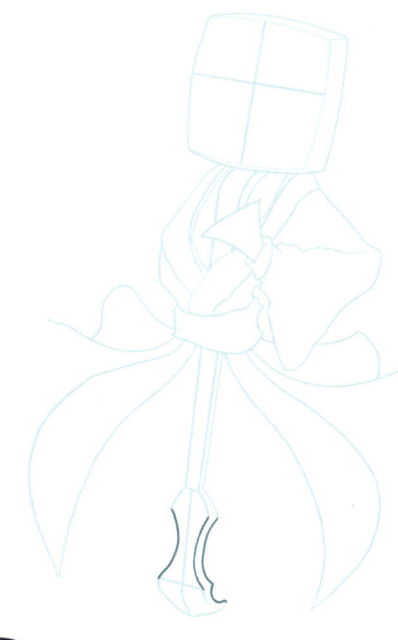

Añade los lados curvos del *tenjin*.

Define el personaje añadiendo capas al kimono y clavijas al *tenjin*.

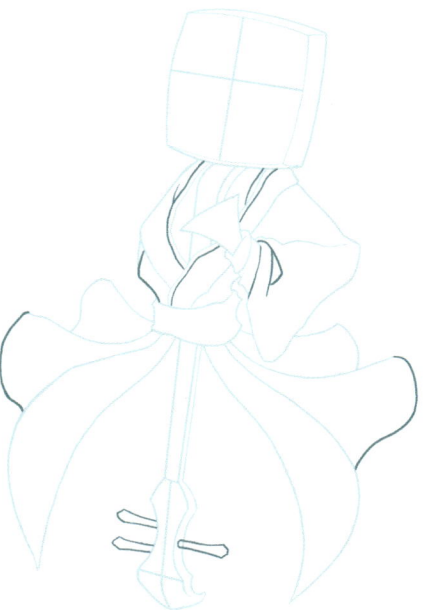

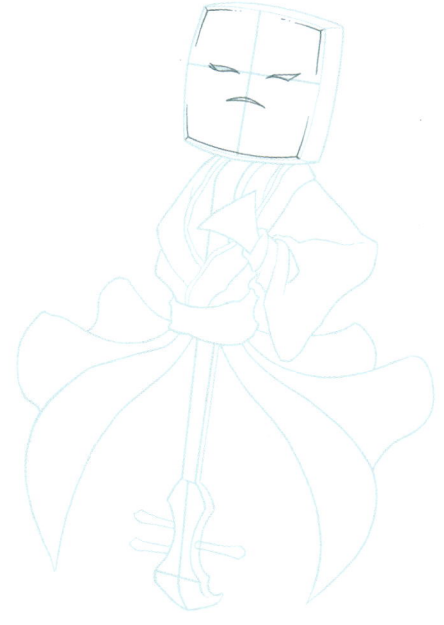

Con trazos rápidos, dibuja las pestañas y la parte superior de la boca. Añade un contorno interior en la cara.

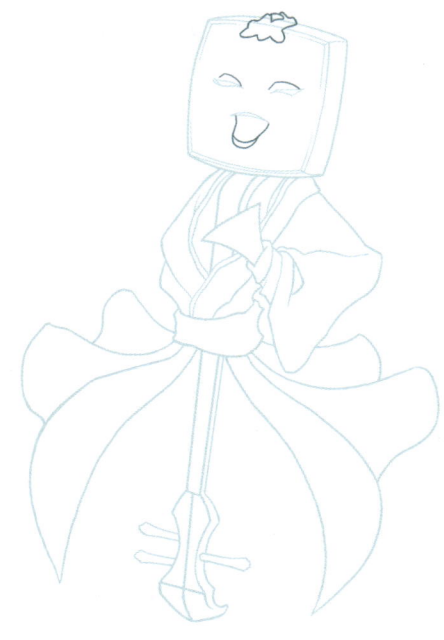

10

Dibuja la forma del *neo*, que son los cordones anudados en la parte superior de la cabeza a los que se ataban las cuerdas del instrumento. Prosigue con los rasgos faciales.

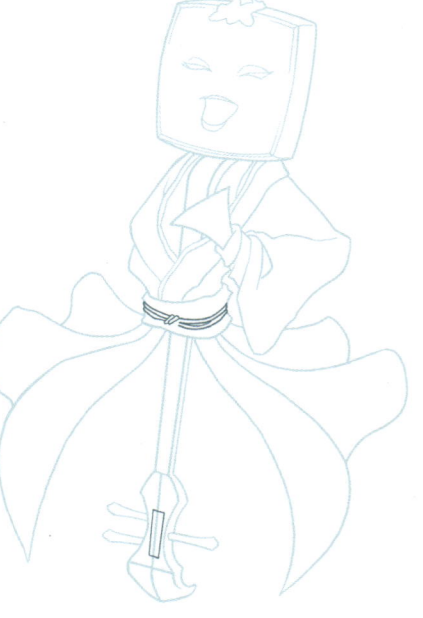

11

Añade el *obijime*, que es el cordón trenzado que se ata alrededor del *obi*.

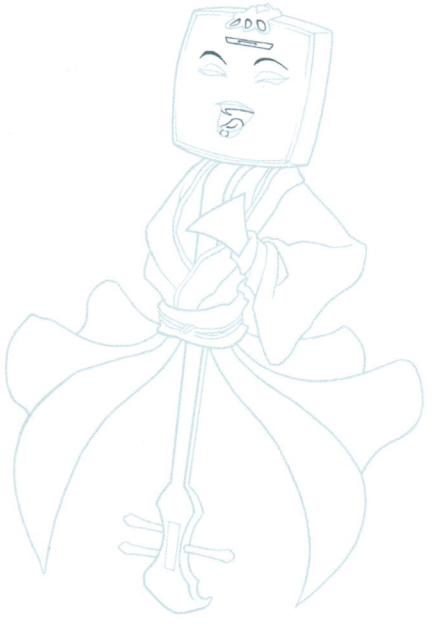

12

Dibuja las cejas arqueadas, los dientes, la lengua y la *koma* (la pieza rectangular que hay sobre los ojos). Debe parecer que está cantando.

13

Añade el extremo decorativo del *obijime*, las arrugas en la manga del kimono y los detalles finales al *tenjin*.

14

Refuerza los contornos del dibujo para darle más fluidez, como se muestra en la parte inferior del kimono. Sombrea algunas partes para enriquecer el aspecto del personaje.

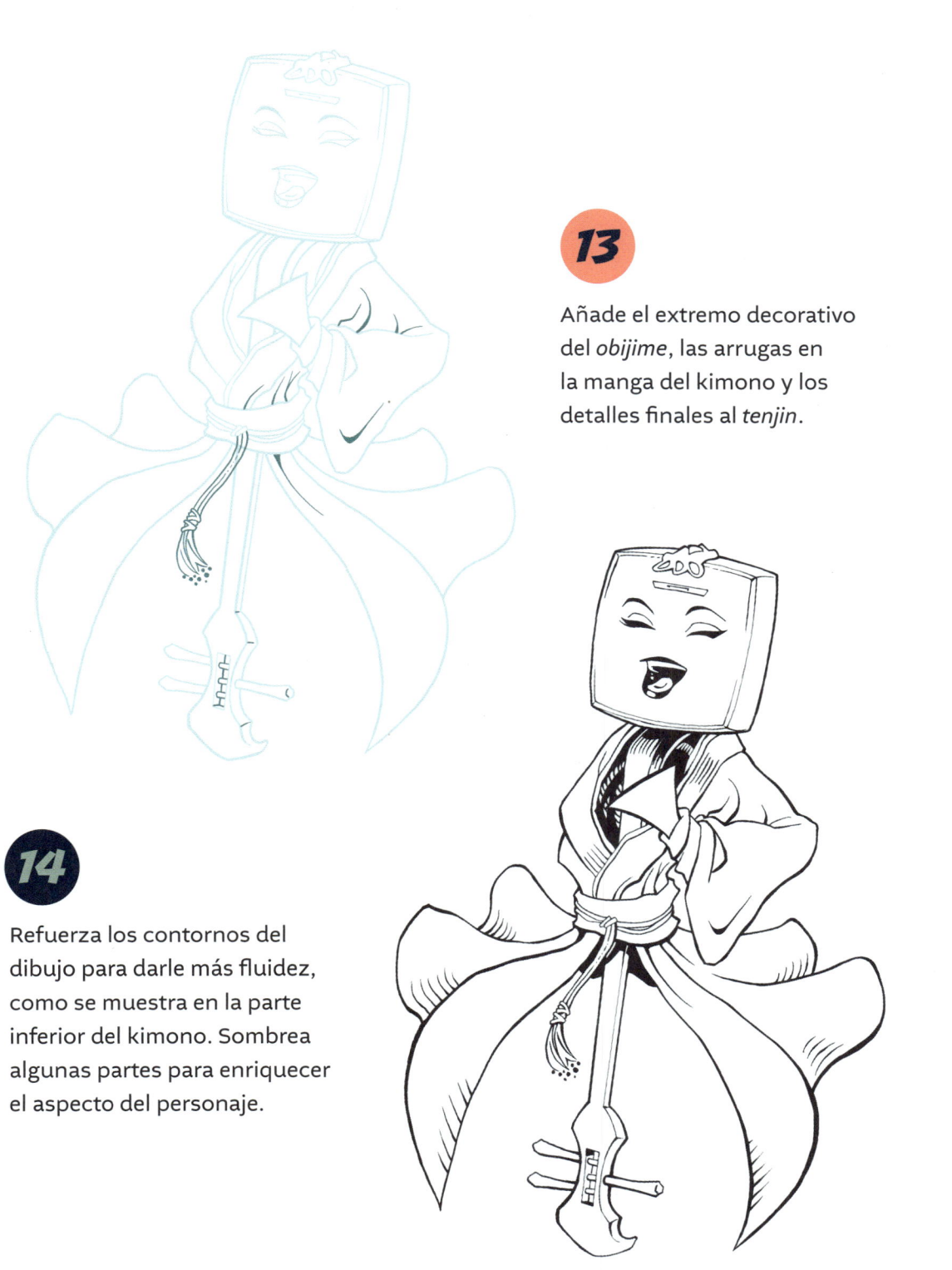

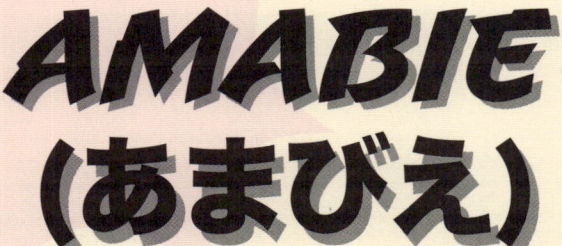

AMABIE (あまびえ)

Un amabie es un yōkai legendario parecido a una sirena; tiene tres aletas/patas y un pico. En la mitología japonesa, se dice que el amabie puede predecir el futuro y protege a las personas de las enfermedades. Se dio a conocer por primera vez en 1846, cuando diversas epidemias se extendieron por todo Japón. En ese momento, un amabie salió del mar y le dijo a un funcionario local que mostrara imágenes suyas a todo el mundo, asegurándole que cualquiera que las viera nunca enfermaría o se curaría si ya estaba enfermo. También se creía que los amabie vaticinaban cosechas abundantes.

Si bien no se trata de un yōkai doméstico o cotidiano, tal como los entendemos, es cierto que durante la pandemia de COVID-19 el amabie experimentó un resurgimiento de su popularidad dentro de la cultura japonesa y la de los yōkai. Artistas de todo Japón, y de todo el mundo, ilustraron y compartieron imágenes del amabie en las redes sociales con la esperanza de detener la pandemia, como en 1846.

1

Empieza por la línea de acción, como siempre. Añade un círculo para la cabeza, un óvalo para el cuerpo y tres líneas adicionales que indiquen la posición de las tres aletas.

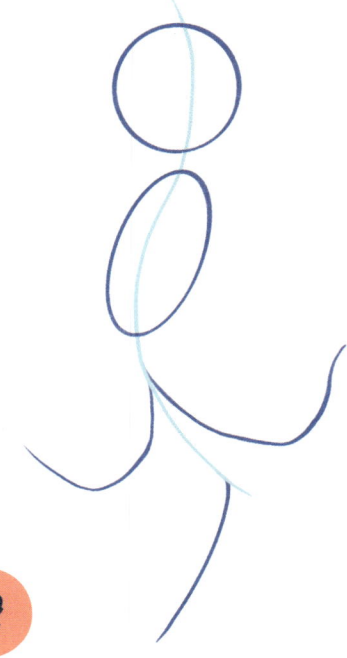

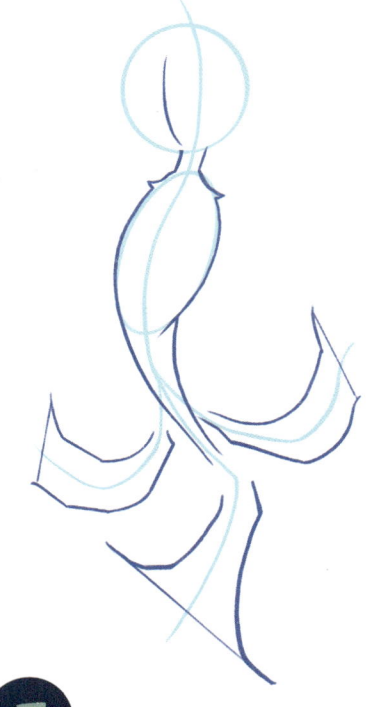

2

Esboza la línea central de la cara, siguiendo la curva del círculo. Utiliza el óvalo como guía para dibujar los lados del cuerpo, estrechándolos a medida que te acercas a las aletas de la cola, que son triángulos curvados.

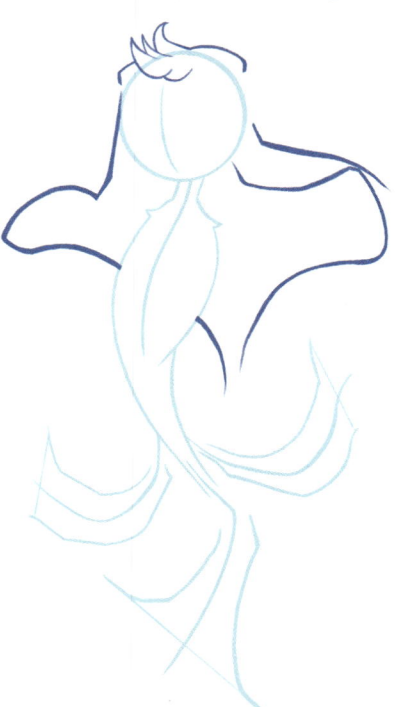

3

Imagina que el cabello flota bajo el agua y dibuja el contorno ondulado de la melena. Coloca mechones de cabello en la parte superior de la cabeza.

4

Añade dos círculos para los ojos. Dibuja las curvas del pico, así como las de las orejas en forma de aletas. Usando formas similares a las de las orejas, dibuja los extremos de cada aleta.

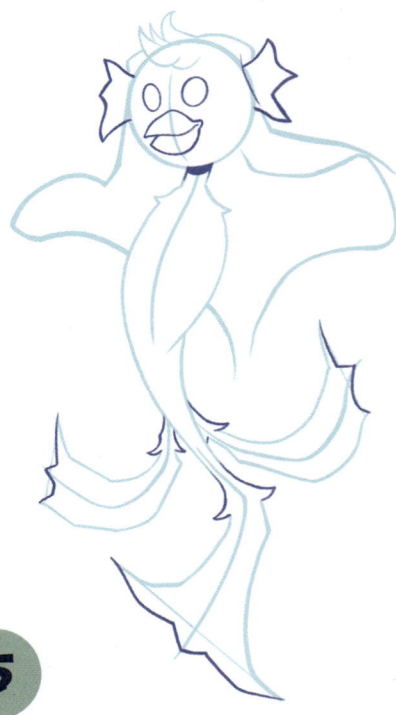

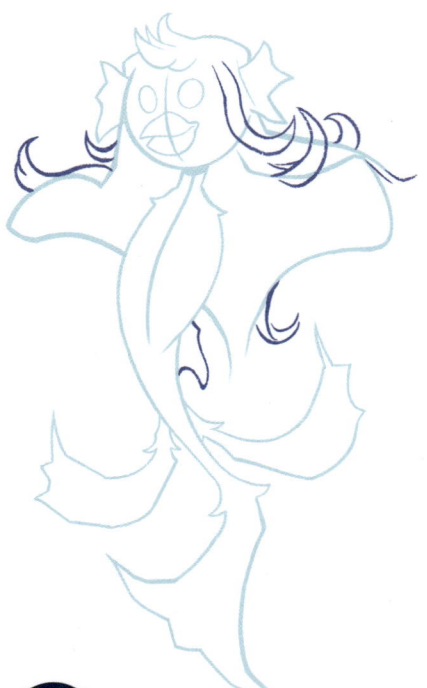

5

Ahora que ya has esbozado las formas principales del cabello, úsalas como guía para dibujar mechones ondulados. Añádele una pequeña aleta ondulada en la espalda.

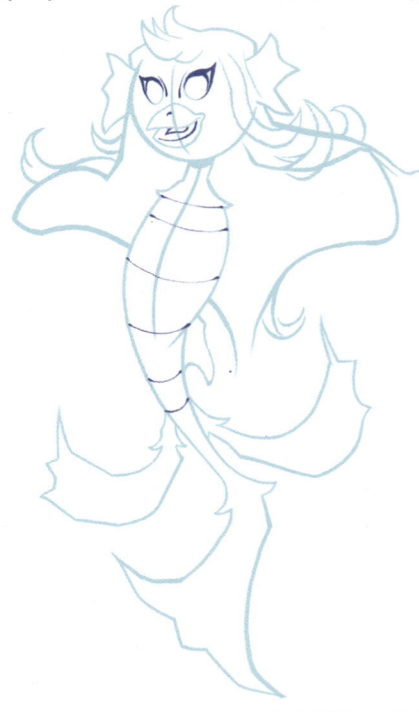

6

Dibuja pestañas para realzar los ojos. Añade una curva hacia abajo en el pico para la boca y haz una lengua puntiaguda en su interior. Para preparar el siguiente paso, traza ligeramente unas líneas curvas horizontales en el cuerpo para mostrar su redondez.

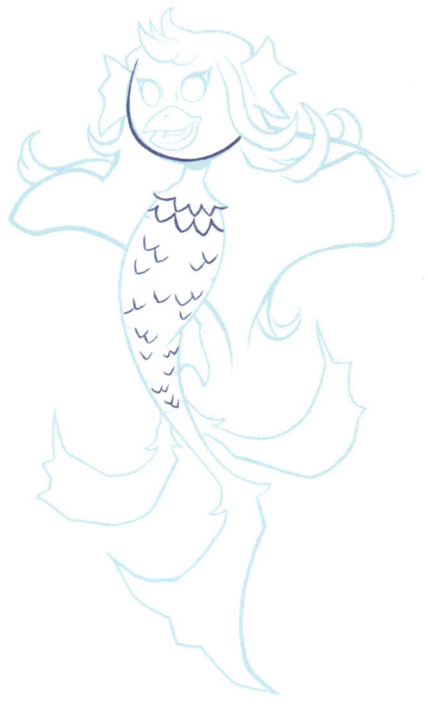

Dibuja triángulos curvos para hacer las escamas del cuerpo. Haz la cantidad necesaria para dar la impresión de que el cuerpo está cubierto de ellas. Traza una curva grande para dar un poco de volumen a las mejillas. Esto le da al yōkai un aspecto más adorable.

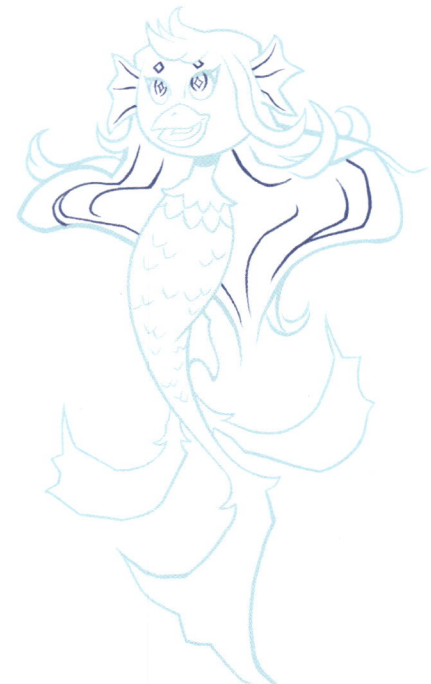

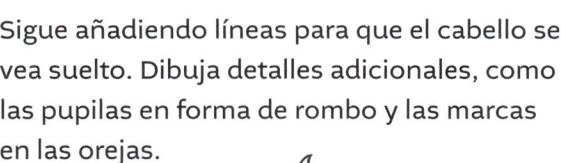

Sigue añadiendo líneas para que el cabello se vea suelto. Dibuja detalles adicionales, como las pupilas en forma de rombo y las marcas en las orejas.

Para terminar tu personaje, da más grosor al contorno de la figura. Añade burbujas alrededor del amabie para mostrar que está bajo el agua.

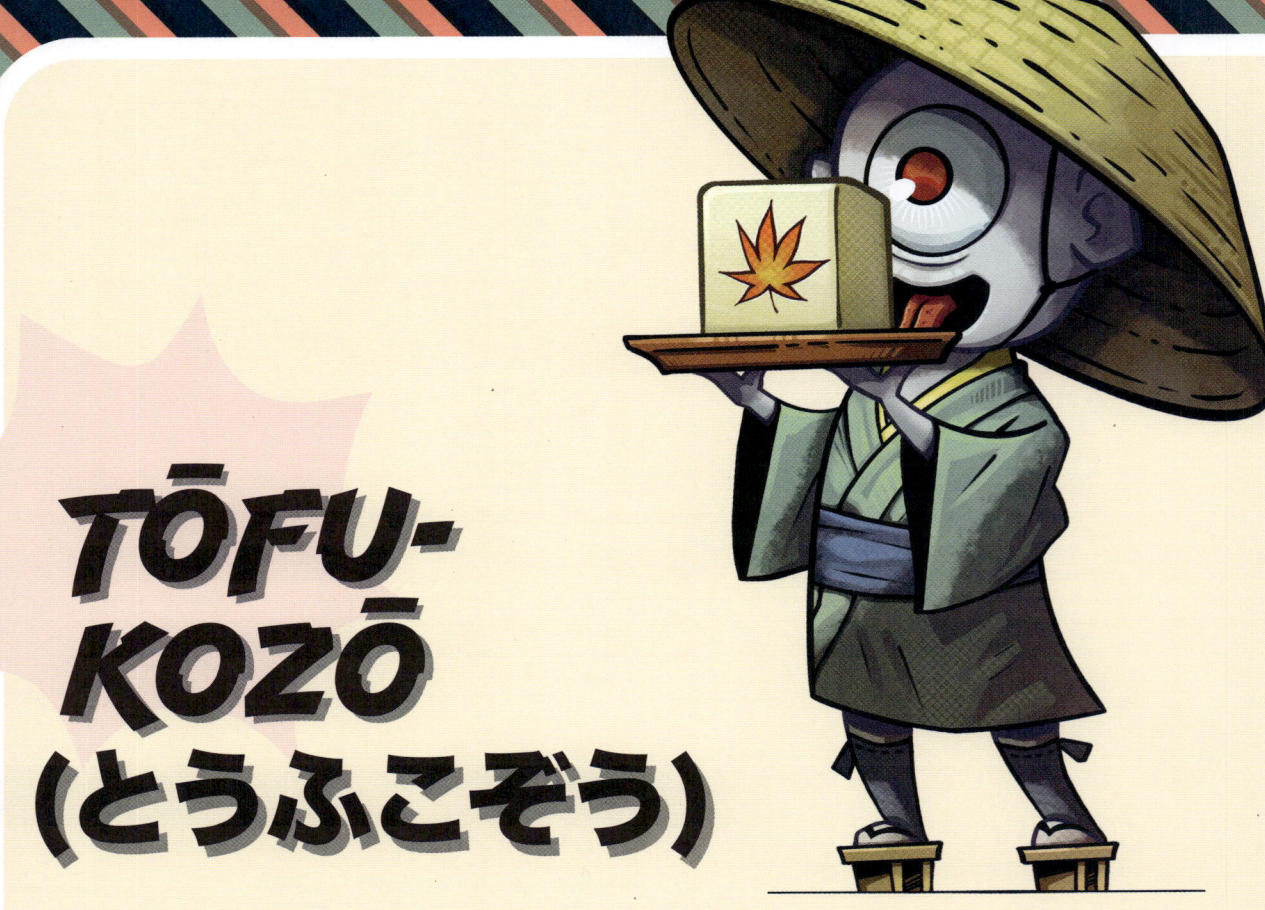

TŌFU-KOZŌ (とうふこぞう)

El tōfu-kozō, el niño del tofu, tiene el honor de ser el primer yōkai que surgió de la vida urbana durante el periodo Edo. Durante ese tiempo se convirtió en un personaje muy popular y apareció en libros infantiles e incluso en anuncios de tofu.

Como yōkai de origen moderno, no existen historias tradicionales sobre el tōfu-kozō, pero se considera un ser inofensivo y sin poderes especiales. Es una figura infantil, tímida y calva, vestida con un sombrero de bambú y un kimono, que sostiene una bandeja. En ella, hay un bloque de tofu, con una hoja de arce grabada en relieve, que el yōkai ofrece a quienes viajan de noche por la carretera. En los cuentos y en las ilustraciones, el tōfu-kozō suele tener un aspecto similar al hitotsume-kozō (página 34), otro yōkai de aspecto infantil, por lo que a veces se le representa con un solo ojo grande y una lengua anormalmente larga.

1

Empieza trazando una línea de acción curva y una forma ovalada para la cabeza. Traza las líneas guía centrales.

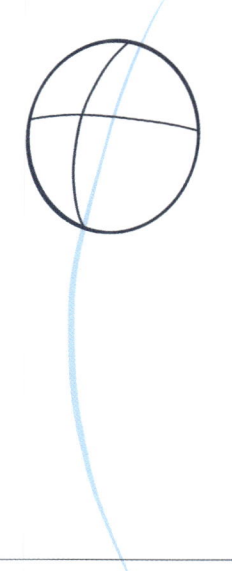

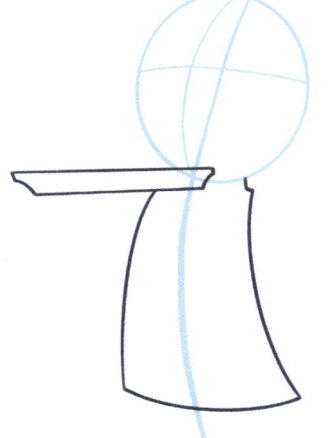

2

Para hacer el cuerpo dibuja un rectángulo curvado, siguiendo la línea de acción. Añade la bandeja plana para el tofu.

3

Dibuja el bloque redondeado de tofu. Para hacer las mangas, traza líneas curvas y ondulantes. Dibuja tubos curvados para las piernas del tōfu-kozō.

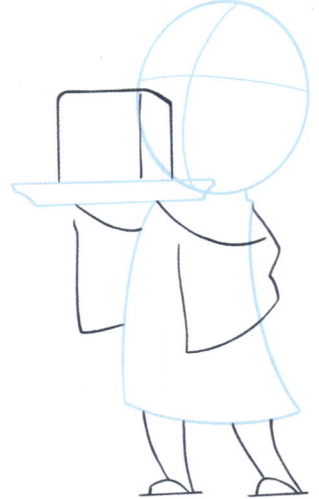

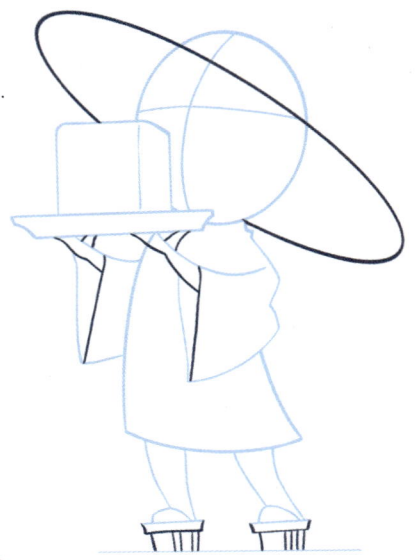

Para hacer el sombrero *sugegasa* dibuja un óvalo grande. Completa las formas de las manos y los brazos siguiendo las curvas de las mangas. Dibuja unas sandalias *geta*.

Añade detalles faciales. Para hacer los ojos, dibuja dos círculos, uno grande y uno pequeño en su interior. Crea una forma de alubia para lilustrar la sonrisa del personaje. Traza la curva superior del *sugegasa*.

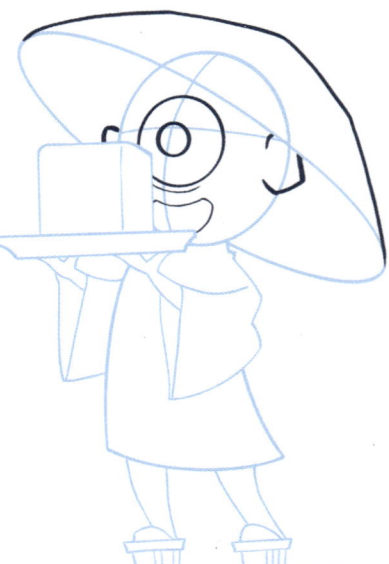

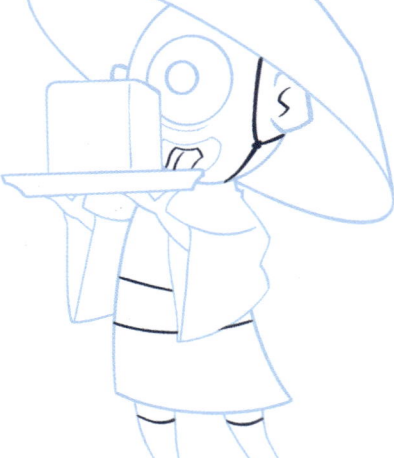

Empieza con los detalles finales del dibujo. Utiliza curvas poco pronunciadas para el fajín *obi* y las medias de las piernas. Traza el cordón que sujeta el sombrero a la cabeza y la forma en S del interior del oído. No olvides dibujarlo con la lengua fuera.

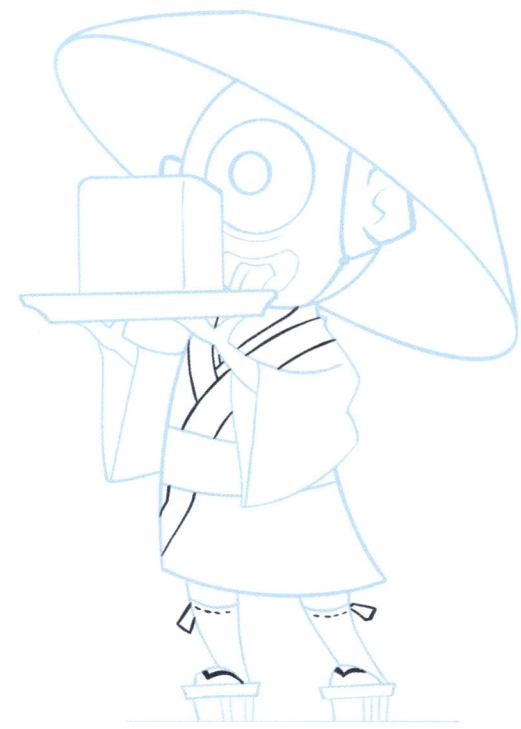

7

Termina los detalles del kimono. Dibuja el cuello en forma de Y. Añade detalles más pequeños, como las correas de las *geta* y las costuras de las medias.

8

El tofu que lleva este yōkai se representa tradicionalmente con una hoja de arce japonés grabada en relieve. Añade textura al *sugegasa* mediante líneas discontinuas que sigan la forma del sombrero.

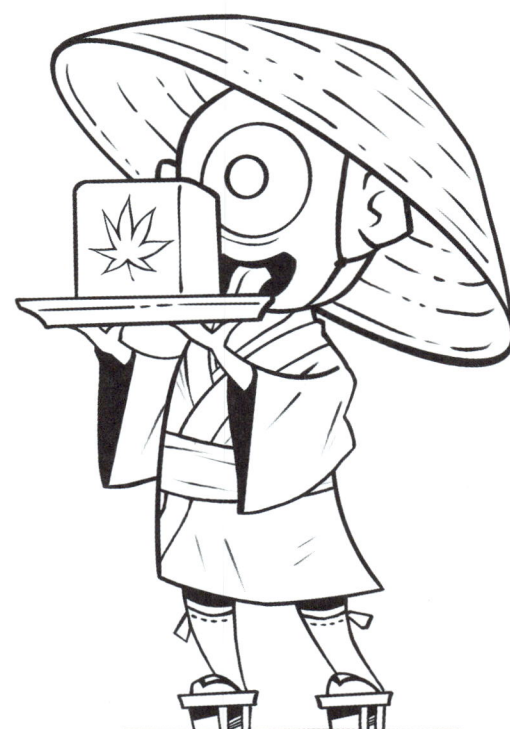

ROKUROKUBI (ろくろくび)

El rokurokubi era originalmente un ser humano víctima de una maldición. Lo que hace que este yōkai sea especialmente aterrador es que la persona maldecida puede que ni siquiera sepa que es un rokurokubi, ya que durante el día su apariencia es normal. Pero cuando cae la noche y se duerme, su cuello se estira y se retuerce como una serpiente para ir en busca de comida. Los rokurokubi suelen alimentarse de bichos, insectos y aceite de lámpara, pero, en realidad, su comida preferida es el *qi*, es decir, la vitalidad de los seres humanos. Aun así, estas criaturas no son perjudiciales para las personas.

Dado que la cabeza de los rokurokubi está tan alejada del resto del cuerpo, trabajaremos ambas partes al mismo tiempo. Así es como lo suelen hacer los artistas para hacer evolucionar el personaje paso a paso.

1

Dibuja el óvalo puntiagudo de la cabeza con las líneas guía en el centro. Traza una línea larga y sinuosa para el cuello. Al final de dicha línea, dibuja la forma triangular del cuerpo.

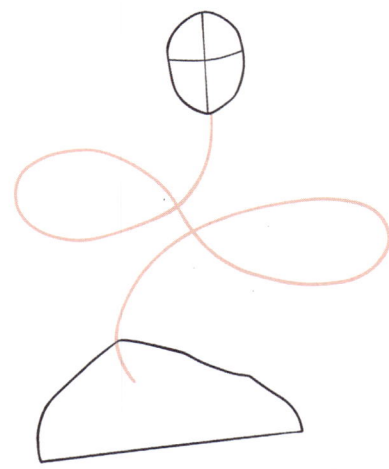

2

Dibuja las otras formas principales de la figura. Añade un moño en forma de corazón sobre la cabeza y otro alargado en cada lado. Haz la manta y la almohada en forma de cilindro tal como se ven en el dibujo.

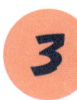

3

Añade más moños de cabello. Siguiendo la línea de acción, dibuja el cuello largo y sinuoso.

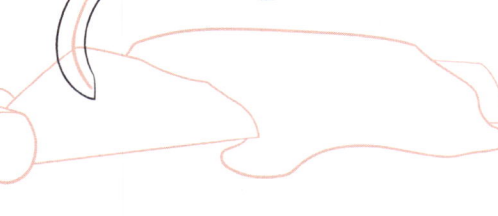

4

Dibuja los ojos y la línea angular de la base de la nariz. Añade el brazo doblado que el rokurokubi utiliza para sostenerse. Mientras dibujas, fíjate en que el codo se dobla y la tela se curva.

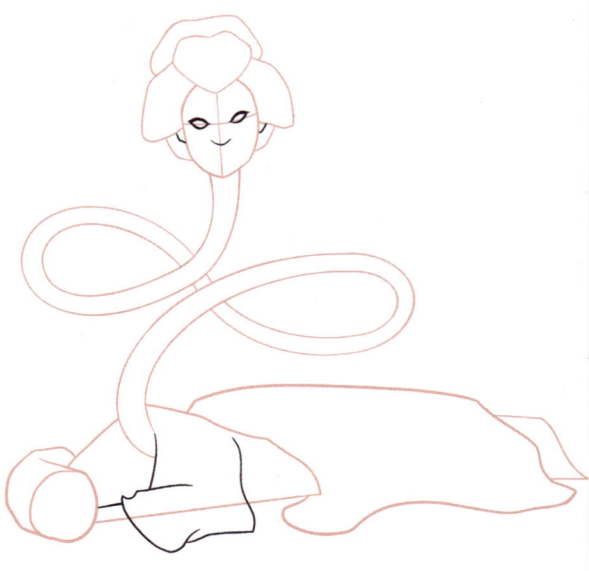

5

Define la forma de la manta dibujando arrugas en los pliegues que cubren la espalda. Añade más detalles en la cara del rokurokubi, como una boca sonriente y unas cejas arqueadas.

6

Dibuja una línea para los dientes que se ven cuando sonríe y añade líneas al cabello que sigan la curva de cada moño. Dibuja el cuello *eri* del kimono, así como los ribetes de la manta y la almohada.

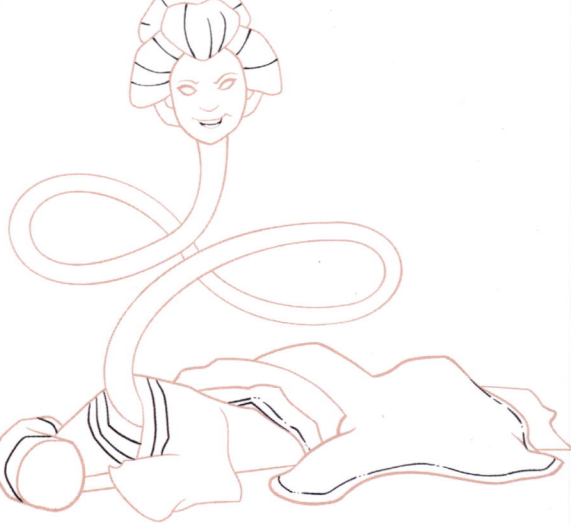

7

Sigue añadiendo líneas al cabello, incluyendo un mechón suelto que le cuelgue entre los dientes, algo muy habitual en las ilustraciones de yōkai. Dibuja los pliegues del kimono.

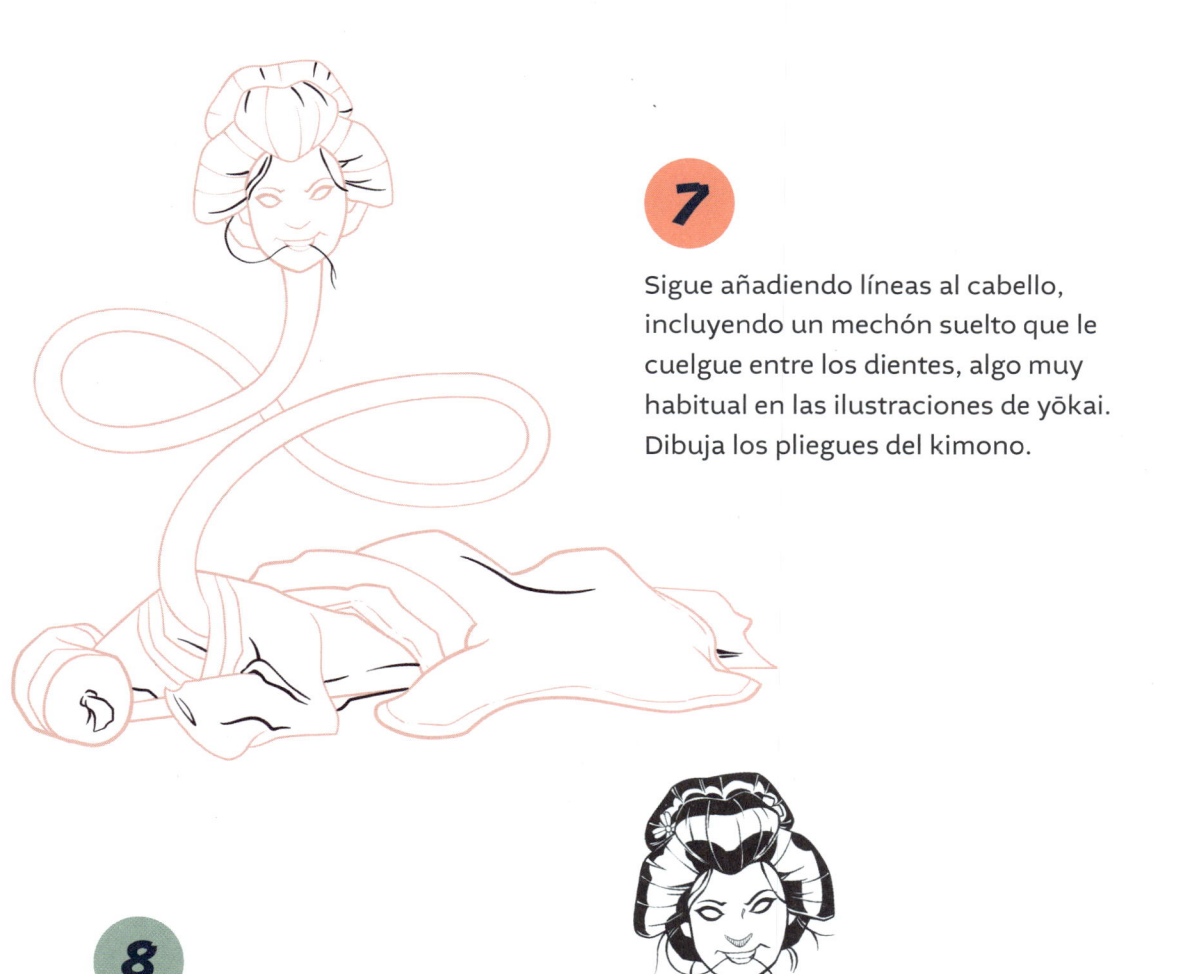

8

Usa líneas discontinuas para dar textura a la manta e indica las costuras. Por último, añade algunos mechones de pelo sueltos para darle un aspecto ligeramente despeinado.

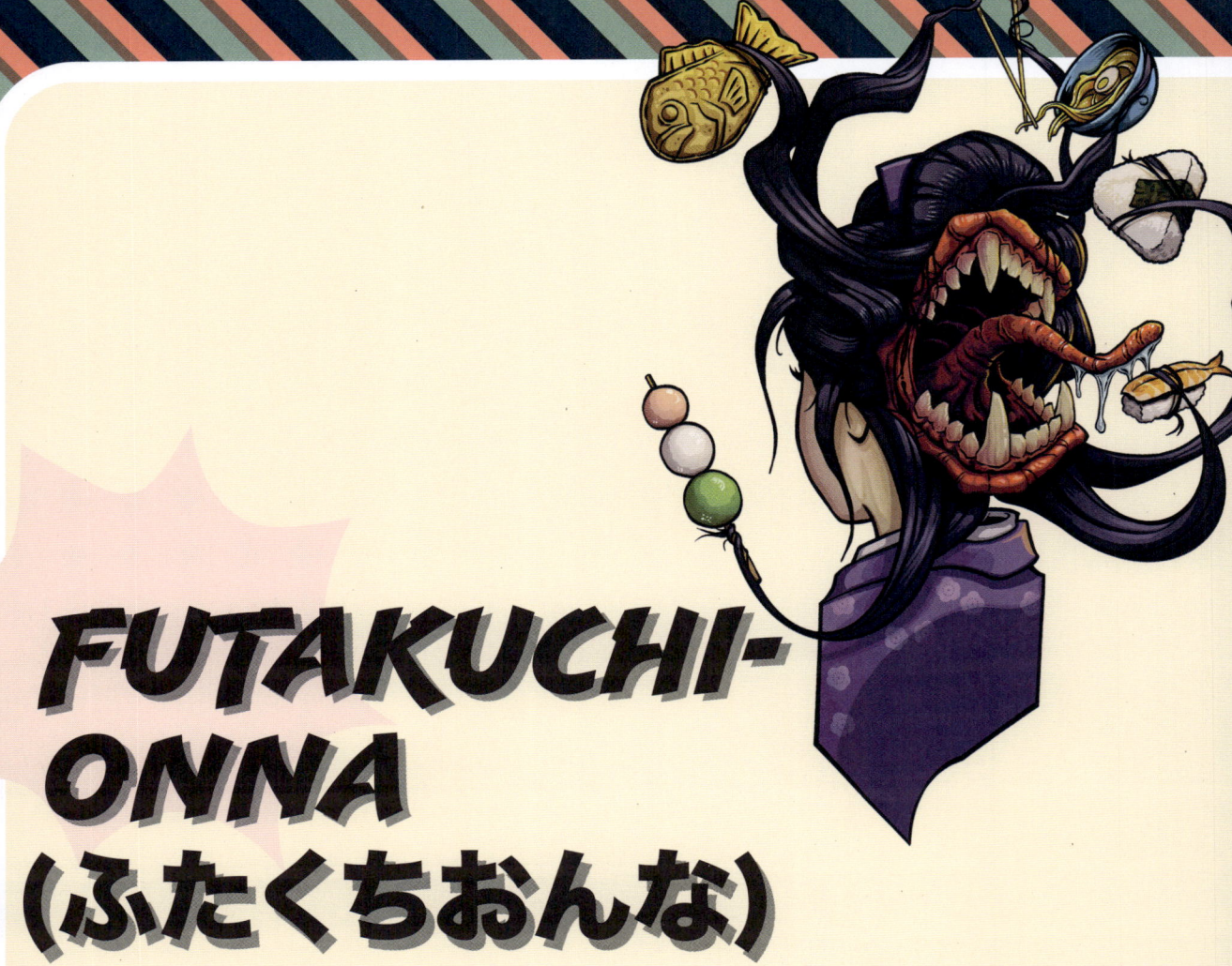

FUTAKUCHI-ONNA
(ふたくちおんな)

La futakuchi-onna es un yōkai inquietante y perturbador, y su nombre se traduce como «mujer con dos bocas». La característica distintiva de esta criatura es que en la parte posterior de la cabeza, oculta tras una larga melena negra, tiene una segunda boca grande y grotesca, con un apetito voraz y capaz de pensar por sí misma. Incluso puede utilizar su cabello a modo de tentáculos para agarrar comida en cualquier situación. El indicio definitivo para saber si hay una futakuchi-onna en una casa es que desaparezca la comida de la despensa de forma misteriosa. Como el rokurokubi (página 102), la futakuchi-onna ha sido objeto de una maldición por sus malas acciones o por las de su cónyuge o familia.

Los pasos del 1 al 4 se centran en trazar todas las formas principales de la futakuchi-onna.

Dibuja un círculo para la cabeza. Debajo, añade la forma de la parte superior del cuerpo.

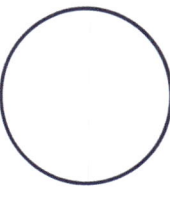

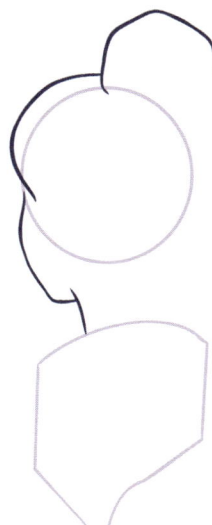

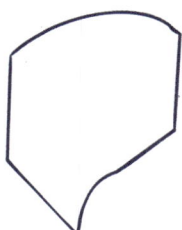

Une la cabeza al cuerpo dibujando la cara y el cuello. Empieza a añadir las formas de los moños en la parte superior de la cabeza.

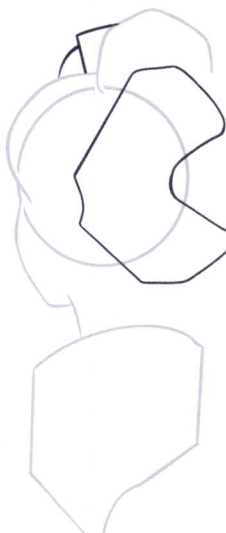

Dibuja el contorno básico de la boca abierta en la parte posterior de la cabeza y continúa dando forma al cabello.

4

Alrededor de la cabeza, dibuja la forma básica de los alimentos típicos japoneses que ingiere la futakuchi-onna. Empezando por la parte inferior izquierda, traza círculos para crear los dango, luego el taiyaki con forma de pez, un cuenco y palillos para el ramen, un triángulo para el onigiri y un bloque para el nigiri.

Una vez esbozadas las formas principales, los siguientes pasos se centran en perfeccionarlas.

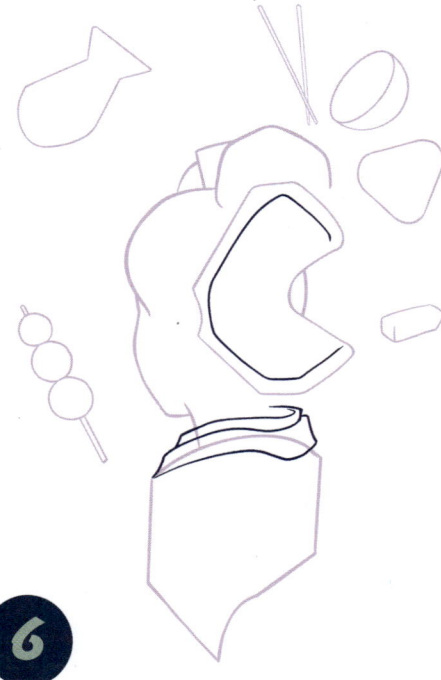

5

Dibuja la curva de los labios. Añade el cuello del kimono.

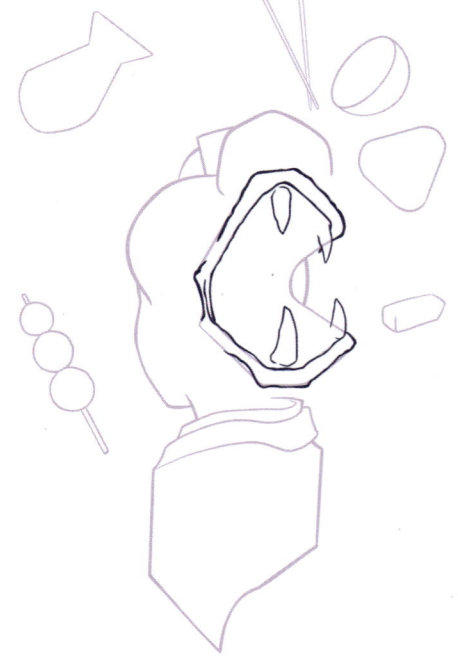

6

Define los labios dibujando un borde irregular para darles una textura más «monstruosa». Añade unos colmillos grandes en las comisuras de la boca.

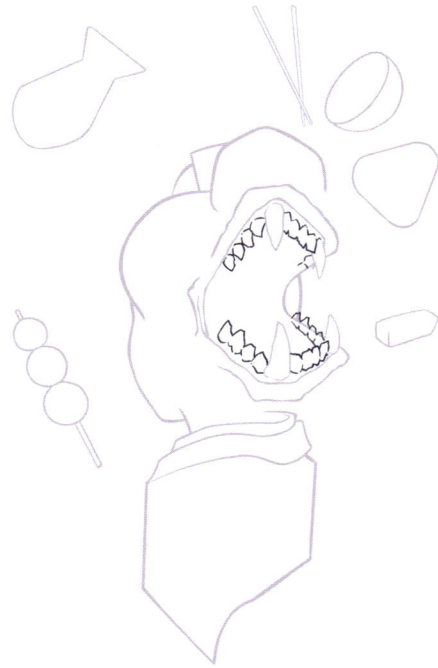

Usa triángulos festoneados para dibujar cuatro dientes afilados junto a cada colmillo.

Dibuja una lengua larga y repugnante.

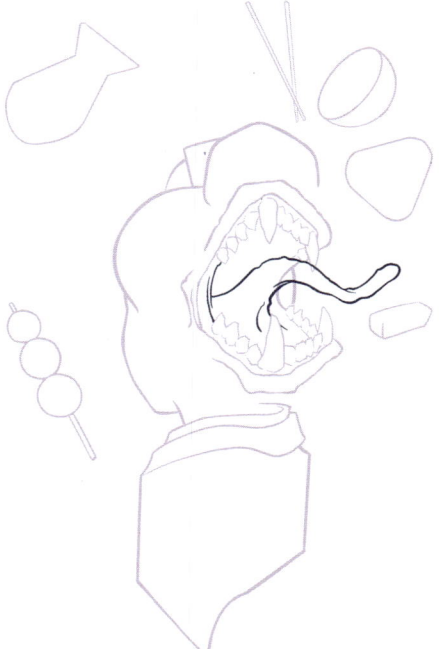

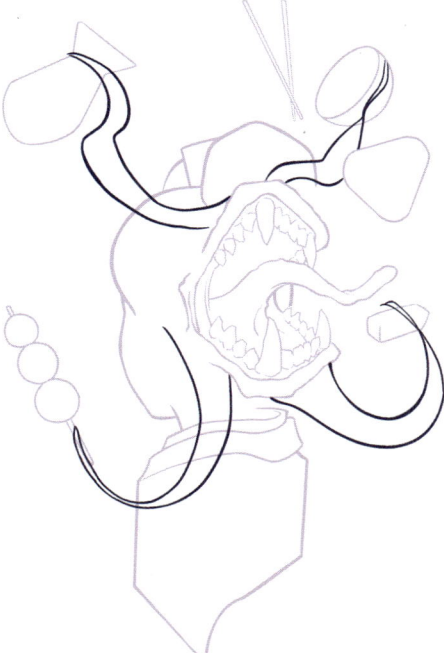

La futakuchi-onna utiliza su cabello como si fueran manos. Dibuja las largas curvas de estos mechones de cabello que agarran la comida.

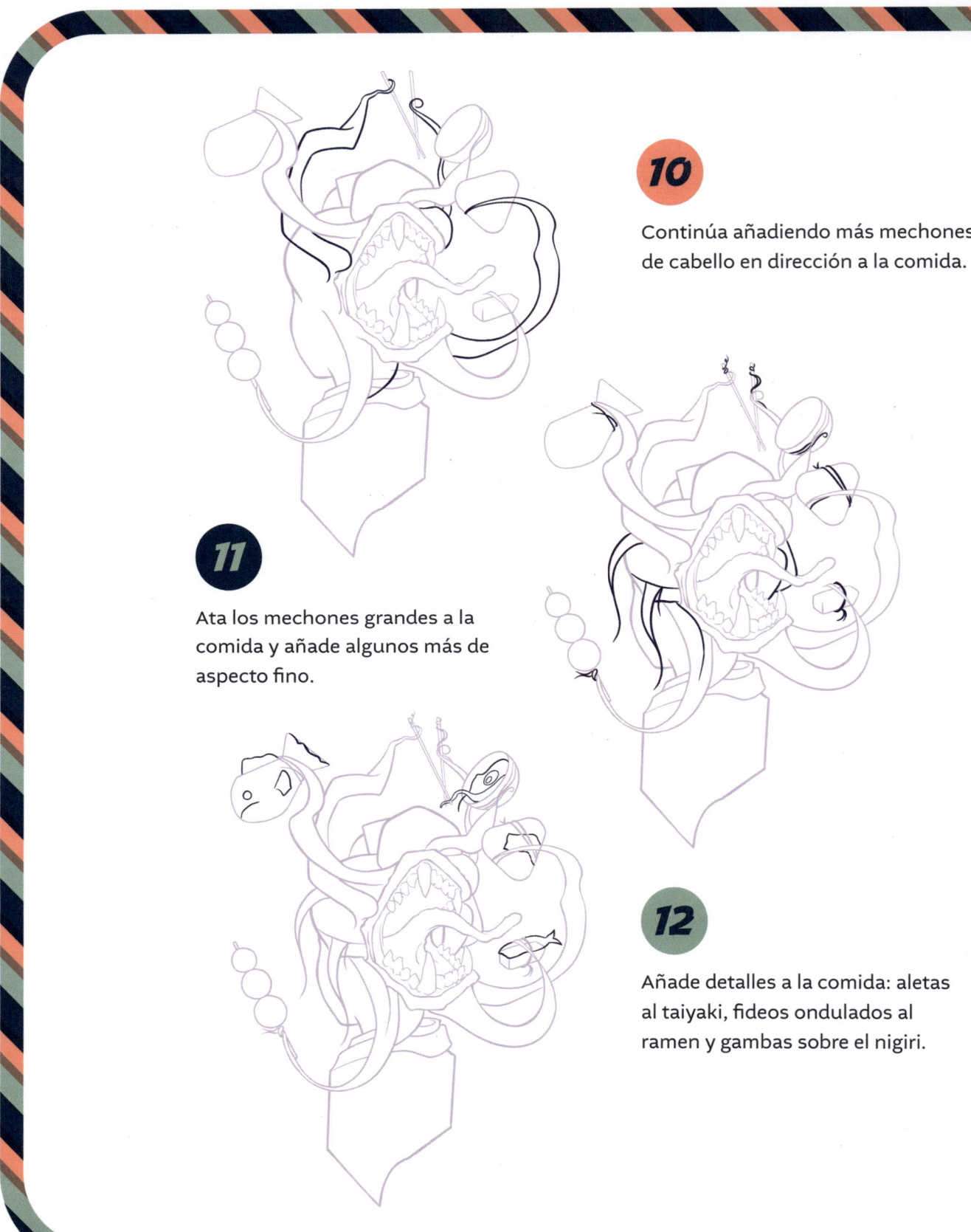

10

Continúa añadiendo más mechones de cabello en dirección a la comida.

11

Ata los mechones grandes a la comida y añade algunos más de aspecto fino.

12

Añade detalles a la comida: aletas al taiyaki, fideos ondulados al ramen y gambas sobre el nigiri.

13

Sigue añadiendo detalles a la comida, como escamas al taiyaki y un poco de relieve en el contorno de los onigiri y nigiri que ilustre el arroz.

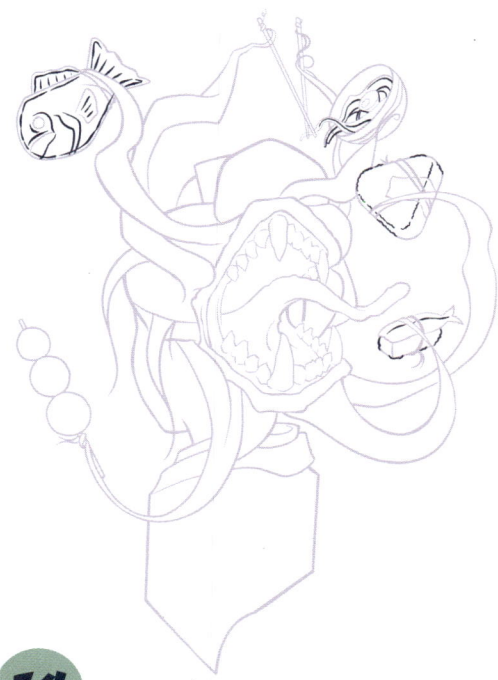

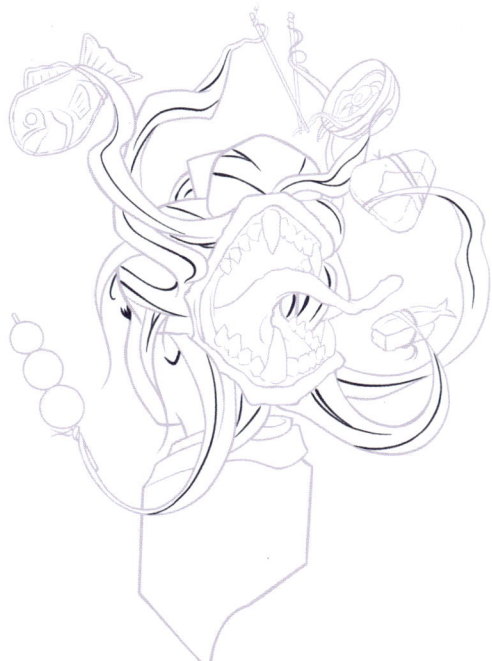

14

Dibuja líneas curvas dentro de los mechones y los moños para añadir detalle y complejidad.

15

Sigue embelleciendo el peinado. Para mostrar el hambre voraz de la futakuchi-onna, dibuja una lengua larga cubierta de saliva espesa.

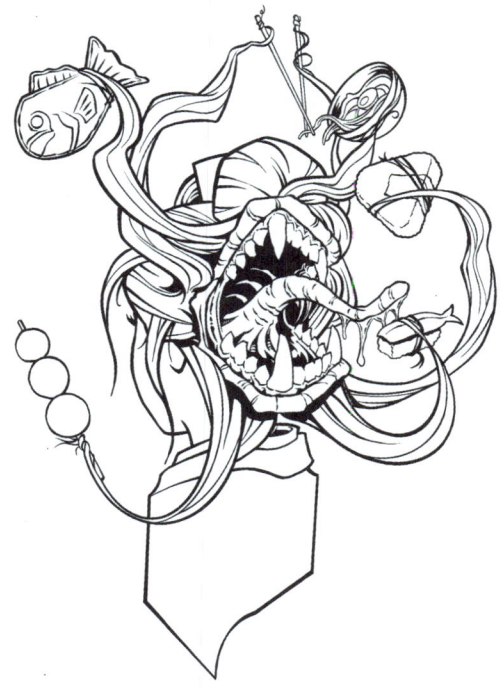

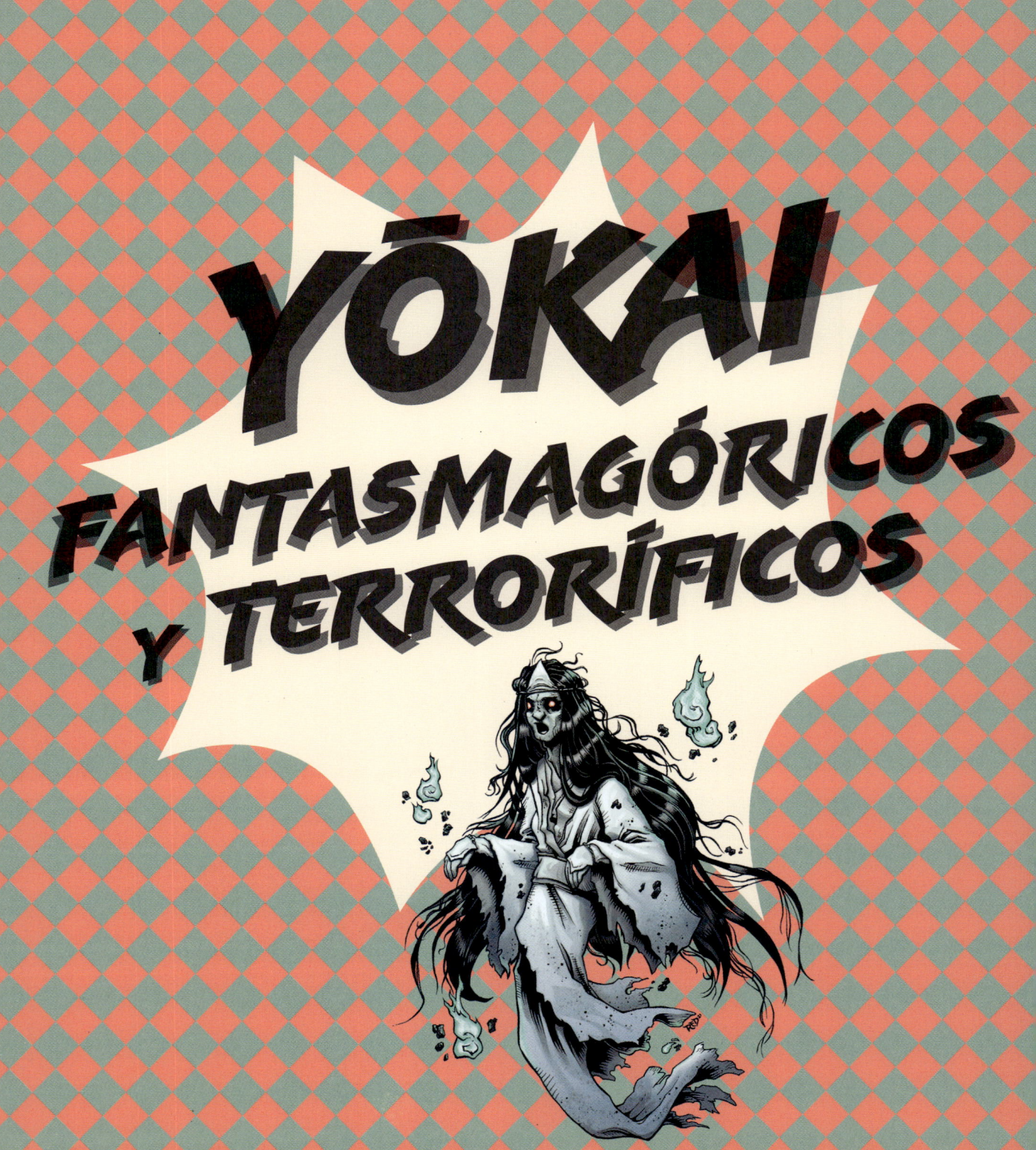

YŌKAI FANTASMAGÓRICOS Y TERRORÍFICOS

Siglos antes de que los yōkai inspiraran los personajes de anime y manga, estos seres formaban parte de las pesadillas del pueblo japonés. Los yōkai eran espíritus que acechaban en los bosques y provocaban la muerte. Se hablaba de ellos en voz baja y se tomaban precauciones para evitarlos. Eran los monstruos que acechaban en la oscuridad y de los que había que proteger a los pequeños de la casa.

En este capítulo, veremos el lado terrorífico de los yōkai. Demonios malvados que vagan por la noche y espíritus malignos que salen de las sombras en busca de venganza contra los vivos. Aquí encontrarás ballenas fantasmales que rondan costas lejanas, fuegos espectrales de diversas formas que revolotean por el cielo nocturno y yūrei perversos llenos de odio.

HAKA-NO-HI (はかのひ)

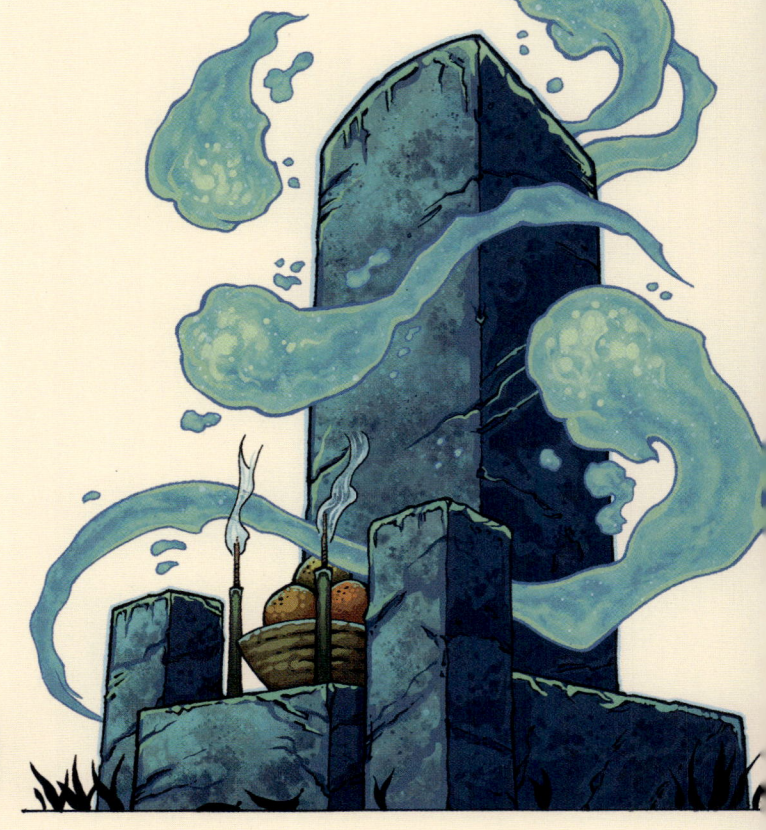

Este yōkai, que se presenta como un fuego sobrenatural que arde en las tumbas, es uno de los muchos tipos de espíritus yōkai mágicos en forma de bola de fuego. El haka-no-hi es un fuego místico que envuelve tumbas antiguas. En el libro de Toriyama Sekien *The Illustrated Demon Horde from Past and Present, Volume II* (La horda ilustrada de demonios del pasado y del presente, volumen II), se dice que este yōkai es un «símbolo de la tenacidad del alma humana».

Muy relacionado con este yōkai, existe otro espíritu de fuego llamado *hitodama*, que es uno de los yōkai más comunes. Los haka-no-hi son fuegos brillantes que sobrevuelan cementerios, bosques y aldeas durante la noche. Son las almas de los recién fallecidos y suelen representarse como llamas azules con largas colas de fuego. Tanto el haka-no-hi como el hitodama son inofensivos.

Los pasos del 1 al 3 se centran en el dibujo de diferentes bloques que darán forma a una tumba tradicional japonesa.

Traza una línea con una regla para el suelo y dibuja un bloque vertical en el centro.

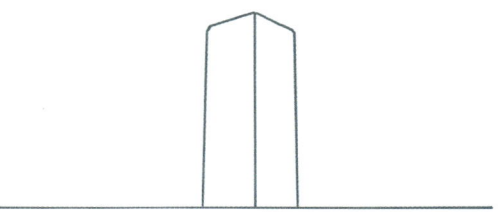

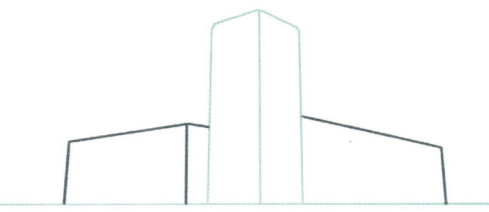

2

Dibuja los cimientos: una piedra más grande a la derecha y un bloque más pequeño a la izquierda del primer bloque.

Dibuja el monumento principal de piedra, centrado sobre la tumba, con una línea superior ligeramente curvada y un bloque más pequeño en el extremo izquierdo.

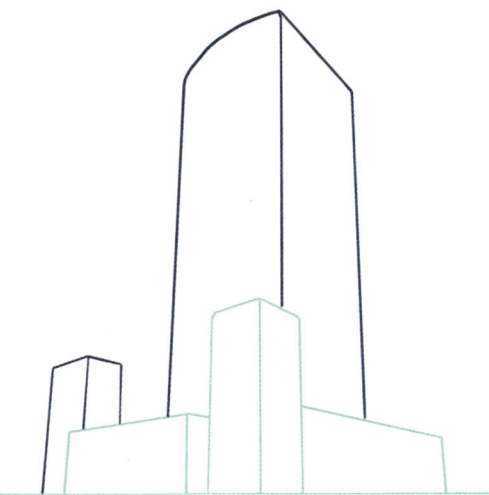

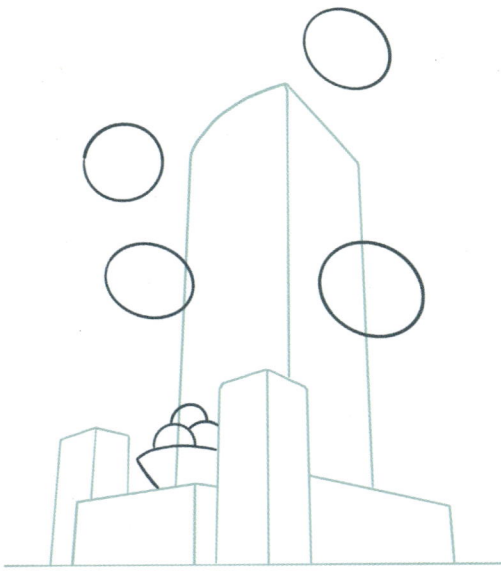

La parte delantera de la tumba es donde los seres queridos dejan ofrendas de comida y sake para los difuntos. Coloca un cuenco lleno de fruta delante de la lápida principal. Dibuja cuatro óvalos en el aire alrededor de la tumba; más tarde se convertirán en bolas de fuego.

Dibuja dos cilindros delgados que flanqueen el cuenco mediante líneas finas en forma de palo que emergen de la parte superior. Es en estos soportes donde se coloca y se quema el incienso. Añade líneas de acción a cada óvalo fijando la dirección de las estelas de cada bola de fuego.

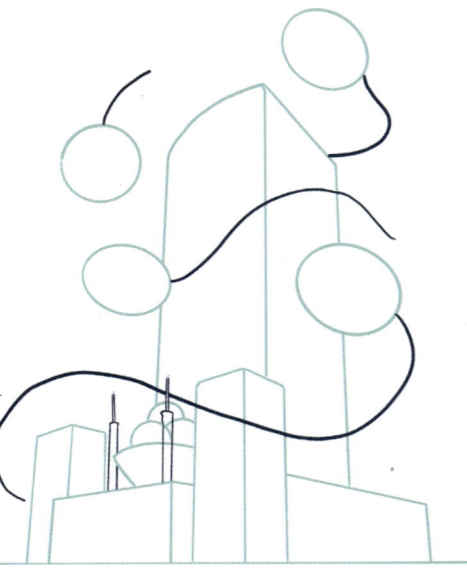

Empezando por la parte superior, dibuja las formas del fuego. Dado que se trata de fuegos espectrales, utiliza líneas fluidas en lugar de las líneas irregulares que se emplean para dibujar el fuego real. Empieza a añadir pequeños detalles como volutas de humo de incienso y briznas de hierba.

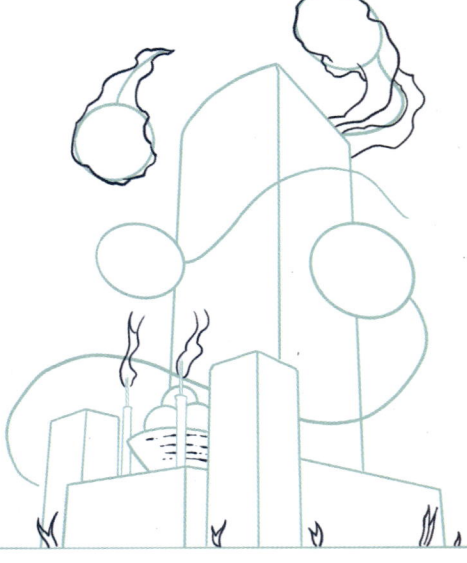

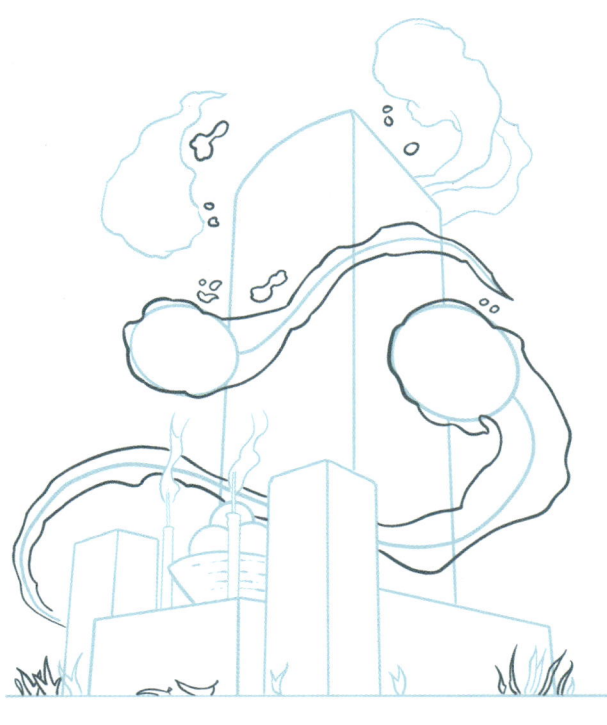

7

Continúa dibujando los fuegos espectrales. Observa cómo el de abajo envuelve la tumba. Añade las ascuas más pequeñas que flotan alrededor del haka-no-hi y sigue añadiendo hierba.

8

Para terminar, sigue añadiendo ascuas flotantes alrededor de los dos haka-no-hi inferiores. Dibuja pequeñas grietas en la tumba para darle textura y hacer que parezca envejecida.

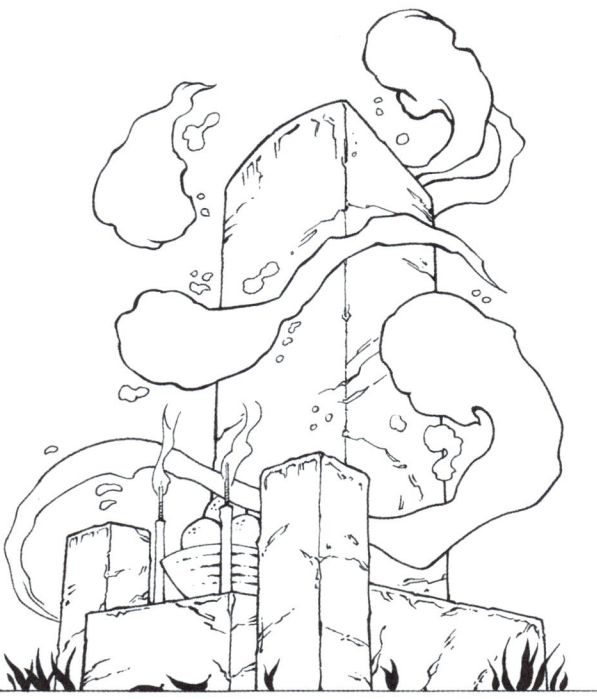

BAKEKUJIRA (ばけくじら)

El bakekujira es el fantasma de una ballena muerta que regresa para vengarse. Estos yōkai son considerados presagios de destrucción; la gente creía que si se le aparecía esta extraña criatura, la hambruna, la peste o la destrucción se abatirían sobre sus aldeas. Es decir, todo lo contrario de lo que supondría la presencia de una ballena viva, que, una vez capturada, proporcionaría, además de alimento, grasa, huesos y piel para diversos usos. Cuando flota sobre las olas del océano, este yōkai suele ir acompañado de pájaros horribles y peces que parecen surgidos de una pesadilla.

A lo largo de sus costas, Japón muestra una larga tradición de santuarios dedicados a las ballenas, cuyo origen se remonta a antiguos cultos. En los templos dedicados a Ebisu, el dios japonés de la pesca y la buena suerte, las ballenas eran tratadas como una encarnación de dicha deidad, ya que traían prosperidad a las aldeas. Como país insular con una larga tradición pesquera, en Japón hay muchos cementerios y montículos dedicados a las ballenas como muestras de agradecimiento por la abundancia que estos animales proporcionan a la población.

Este yōkai puede parecer complicado porque está compuesto de muchas piezas diminutas, pero es un buen ejercicio para trabajar con formas sencillas y recurrentes que, al final, ofrecerán una compleja apariencia. Tómate tu tiempo y observa las formas con atención.

Dibuja la línea curva que marca la acción. Siguiendo la misma dirección, traza otra línea curva muy marcada para la parte inferior del vientre de la ballena, y una curva menos pronunciada para la parte superior.

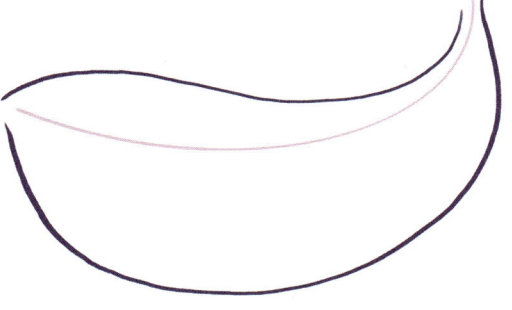

Dibuja dos aletas pectorales largas con líneas curvas descendentes. Añade la aleta de la cola en forma de triángulo ancho y presta especial atención a su borde superior ondulado, tan característico de una ballena. En la parte dorsal, añade una diminuta aleta triangular justo antes de la cola.

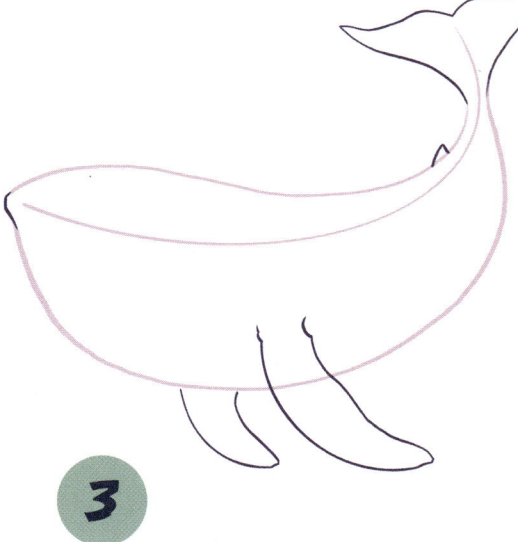

Dibuja una forma alargada y delgada para el cráneo y la escápula de la ballena. Tómate tu tiempo y observa con atención los bordes de cada forma y cómo encajan entre sí. Incluye una pequeña línea curva donde estará el ojo de la ballena. Desde el cráneo, dibuja un tubo curvo para la columna vertebral.

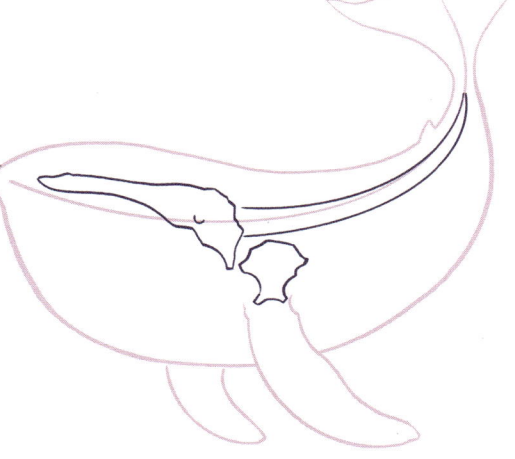

4

Dibuja la mandíbula inferior con tres curvas largas y poco pronunciadas. Empezando por la escápula, añade huesos a la aleta pectoral. Estos huesos son simplemente tubos que se estrechan en el centro. Asegúrate de tomar nota de sus diferentes tamaños y formas. Añade dos líneas tenues en la parte superior del cráneo para obtener más definición.

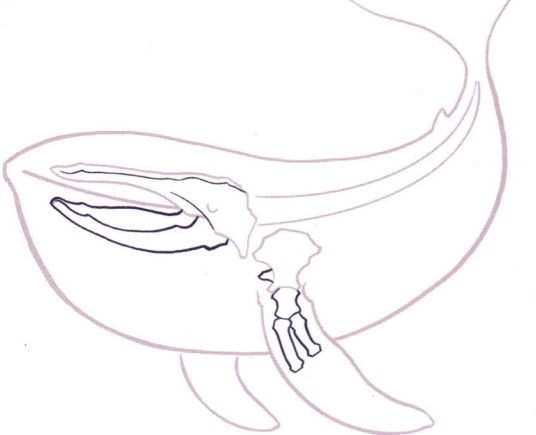

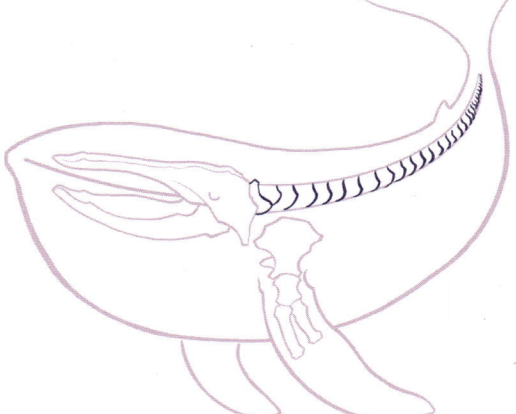

5

Empezando por el cráneo, dibuja los huesos de las vértebras de la ballena con líneas curvas superpuestas una tras otra. A medida que te acercas a la cola, se vuelven más pequeñas y están más juntas.

6

Termina la columna dibujando la parte superior de las vértebras. Como antes, empieza por el cráneo y repite la misma forma a medida que avanzas hacia la cola. Con tubos largos y curvos, dibuja las costillas de la ballena. Las costillas también tienen una forma recurrente.

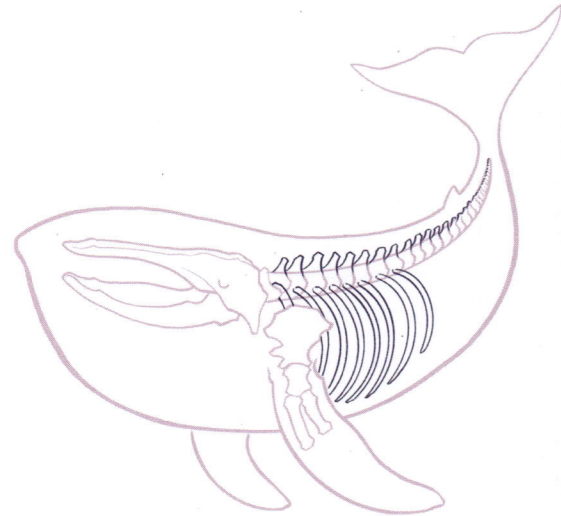

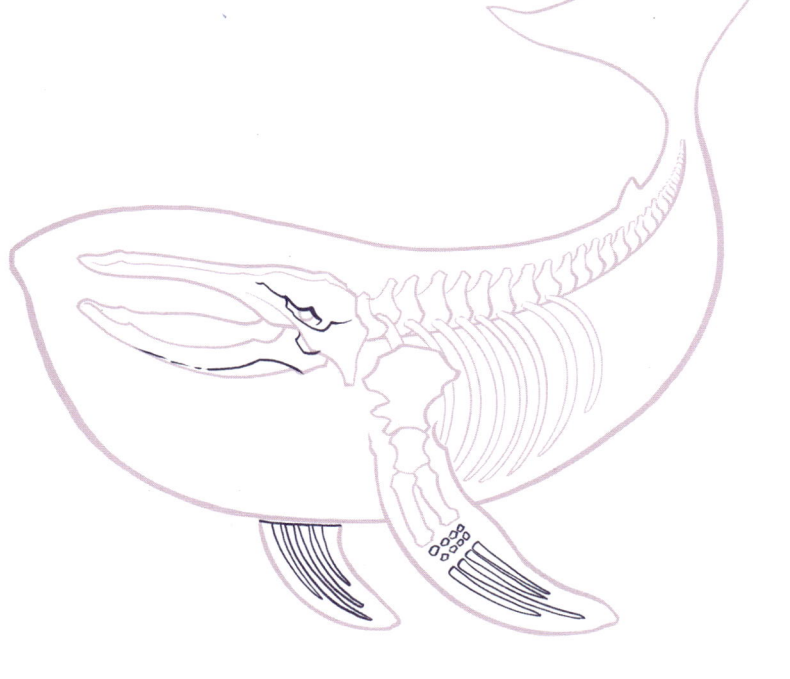

7

Dibuja los huesos inferiores de las aletas pectoralesa. Al igual que con las costillas, utiliza tubos largos, curvos y cónicos. Añade detalles al cráneo, como los relieves alrededor de los ojos y de las mejillas, y a lo largo de la mandíbula inferior.

8

Divide los huesos largos de la aleta pectoral en segmentos más pequeños. Para terminar, colorea la figura y deja los huesos blancos para crear un mayor contraste.

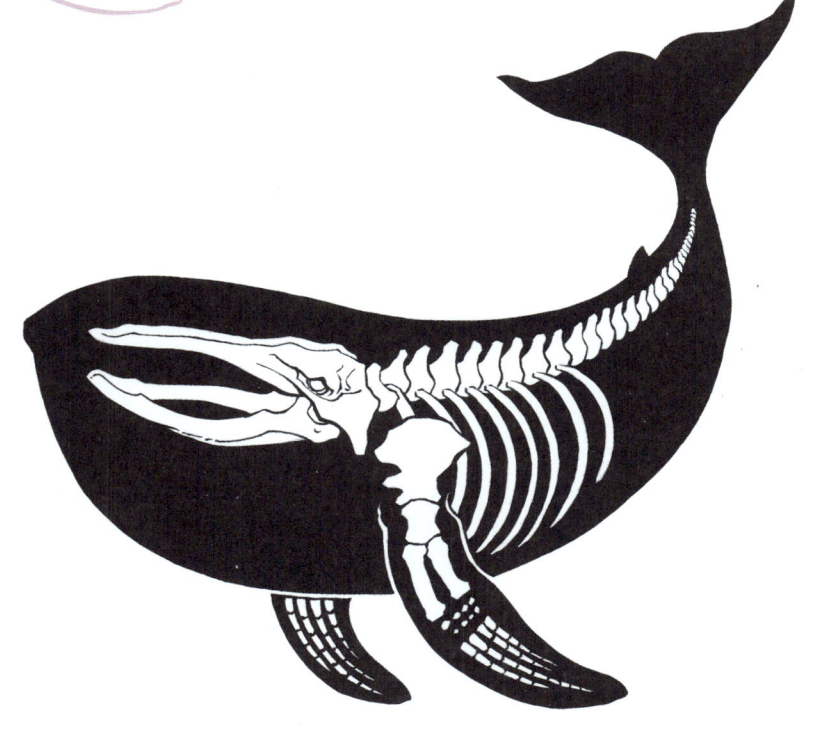

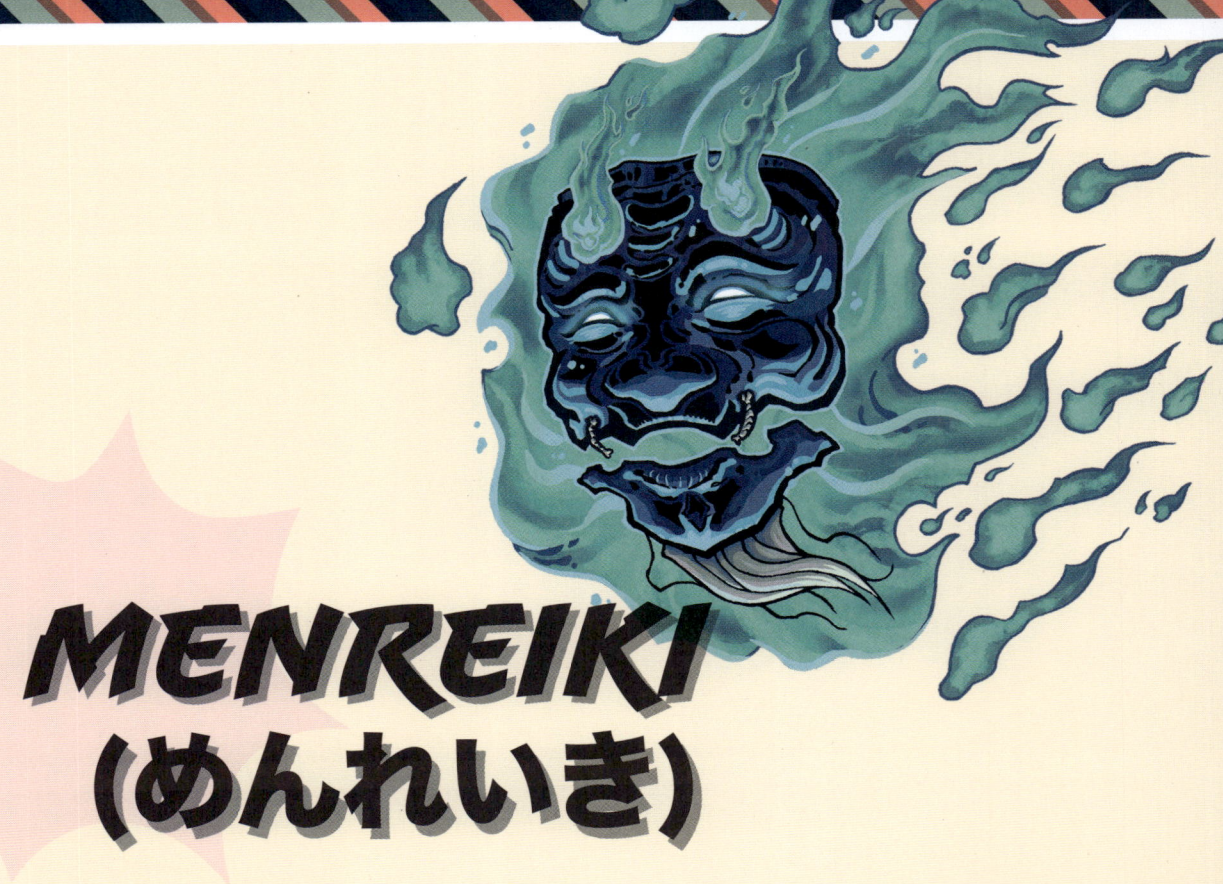

MENREIKI (めんれいき)

El menreiki es un yōkai de tipo *tsukumogami* (página 22) creado por Toriyama Sekien, quien, tras contemplar unas máscaras de teatro Noh talladas en madera y pintadas a mano, imaginó que podían cobrar vida. El teatro Noh es un antiguo arte escénico japonés que se remonta a más de seiscientos años. Utiliza una gran variedad de maravillosas máscaras para representar diversos tipos de personajes, desde nobles hasta cortesanas y demonios. El acto en el que un artista se pone una de estas máscara es muy especial y se llama *kakeru* (o *tsukeru*). El individuo en cuestión se transforma en el personaje que identifica la máscara, se convierte en ella y encarna su personaje y sus emociones.

Este menreiki es una máscara Okina poseída, una de las más antiguas y sagradas máscaras Noh, y representa a un anciano o, en ocasiones, la encarnación de un dios.

1

Dibuja la máscara con una forma parecida a un triángulo, pero con los vértices redondeados. Añade las líneas guía centrales. Alrededor de la máscara, traza ligeramente la forma del fuego con líneas fluidas.

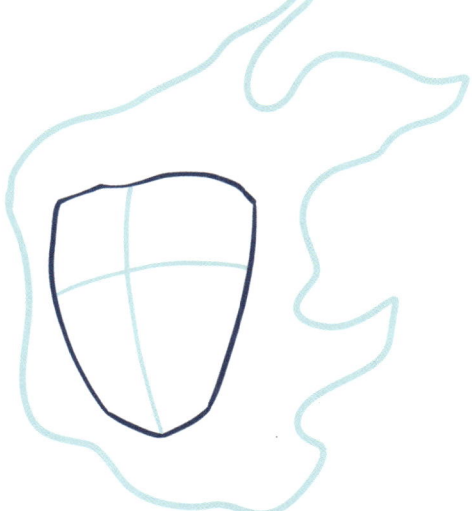

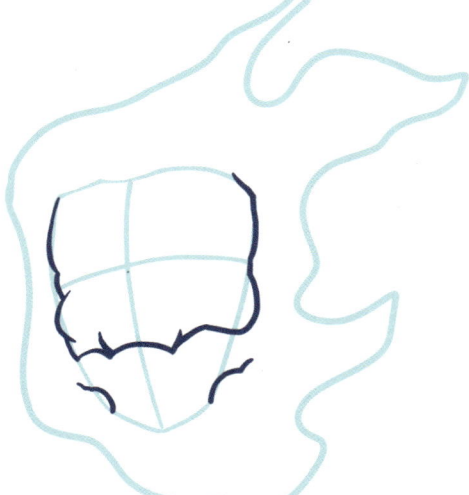

2

Define la forma de la cara. Añade las mejillas abultadas y la línea de la mandíbula curvada hacia arriba. Dibuja las muescas a ambos lados de la mandíbula inferior.

3

Utilizando unas formas similares a las del chōchin-obake (página 22), dibuja las bolas de fuego en la frente de la máscara. Con curvas ascendentes, haz unos ojos alargados con una expresión alegre. Dibuja la línea inferior de la mandíbula del mismo modo que la línea superior.

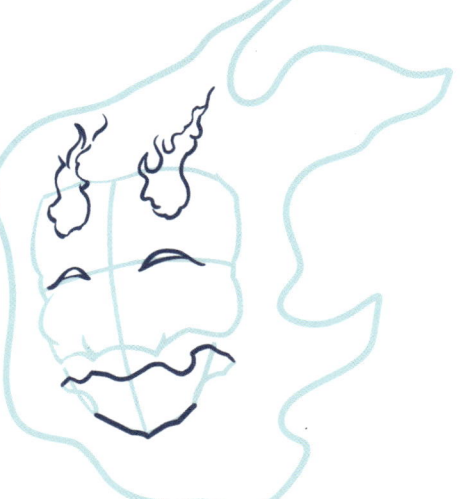

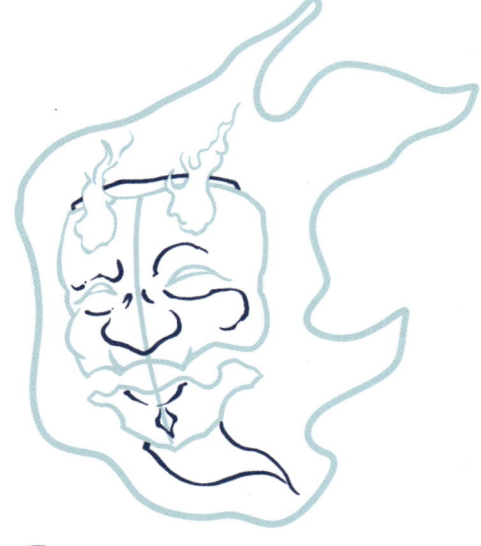

4

Con una forma de V redondeada, dibuja la nariz. Como el menreiki es una máscara que representa a un anciano, comienza a añadir arrugas en la cara y una barba rala que se mueve con el viento. Añade una cresta en la parte superior de la máscara.

5

Continúa añadiendo arrugas en la frente y alrededor de la nariz. Haz el pelo de la barba con curvas largas y fluidas. Dibuja dos especies de cordoncillos rotos entre la mandíbula superior y la inferior.

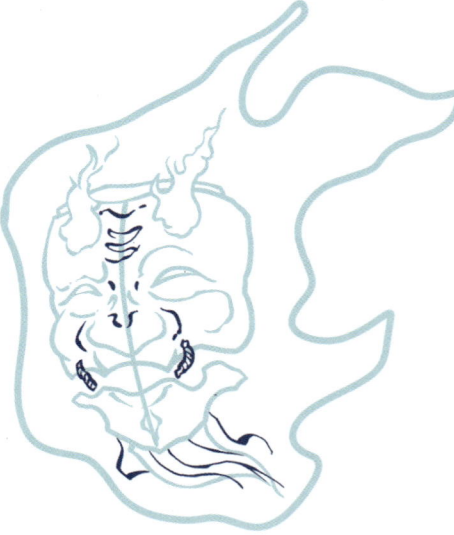

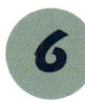

6

Añade unas cuantas arrugas más en la cara. Con la máscara casi terminada, centra tu atención en la forma exterior del fuego. Define el contorno para que se parezca más al fuego real.

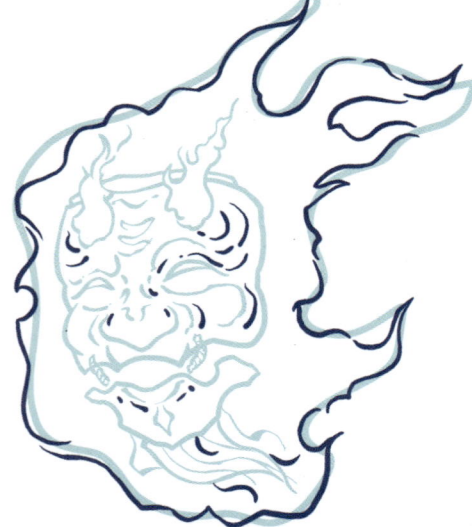

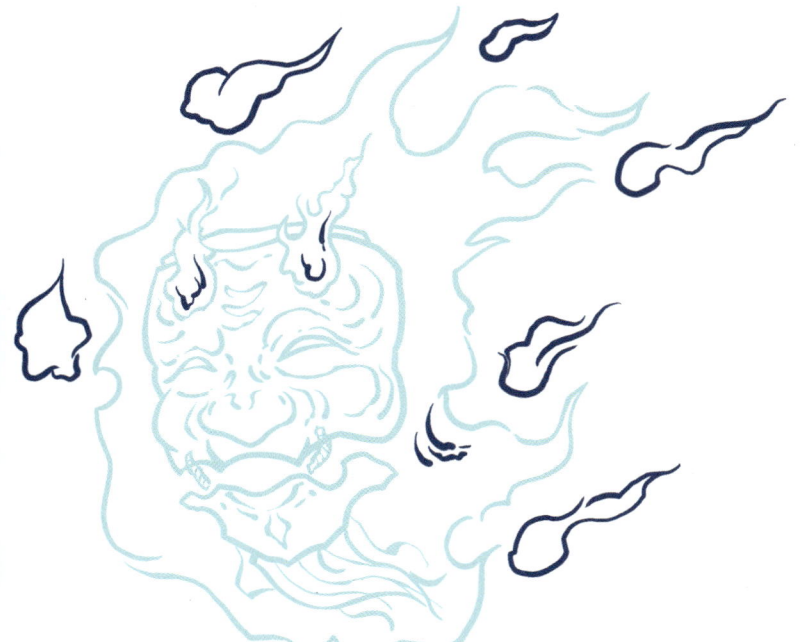

7

Dibuja bolas de fuego similares a las de la frente, pero más pequeñas, alrededor del conjunto. Ten en cuenta que el menreiki se mueve hacia delante mientras vuela, por lo que las colas del fuego deben desplazarse hacia atrás. Añade líneas adicionales de detalle a las bolas de fuego de la frente.

8

Aumenta el grosor del contorno de la máscara, especialmente en las líneas de la barbilla, la mandíbula superior y la base de la nariz.

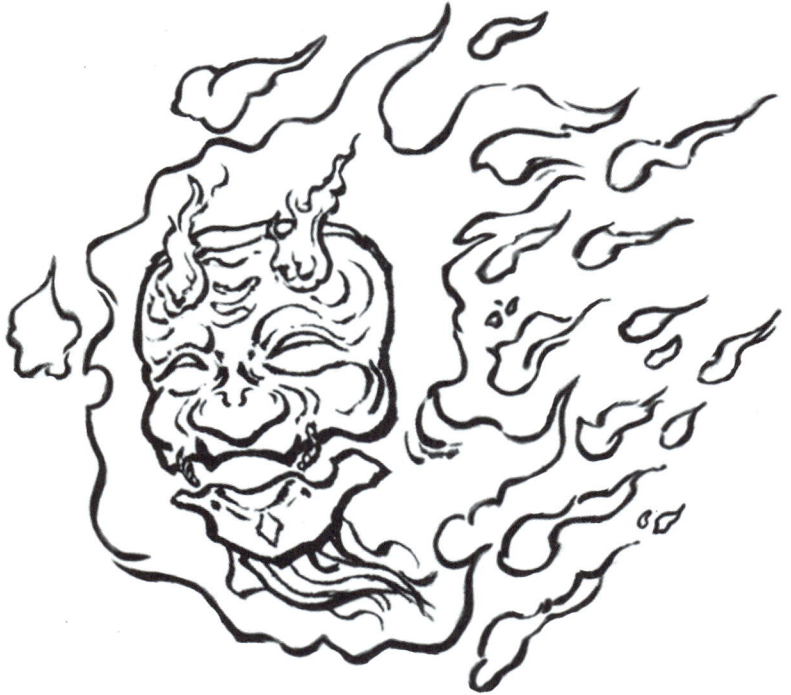

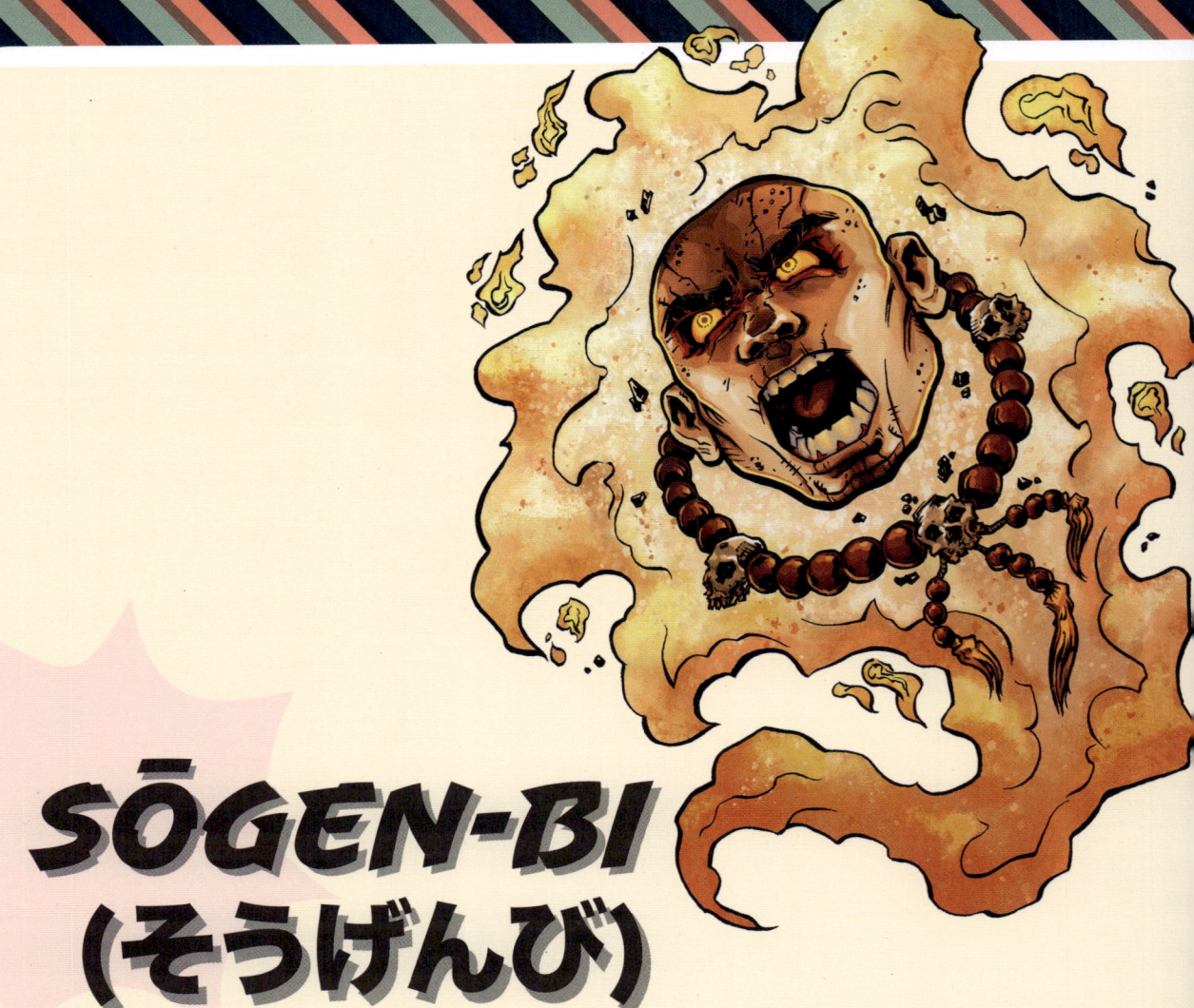

SŌGEN-BI
(そうげんび)

El Sōgen-bi es un tipo de yōkai en forma de bola de fuego que tiene su origen en una historia de fantasmas del año 1683. A lo largo de su vida, el malvado monje Sōgen robó dinero y aceite para lámparas de su templo. Como castigo divino por robar ofrendas en vida, fue condenado al infierno. Se representa como una cabeza fantasmal envuelta en llamas que vuela por el cielo nocturno que cubre el templo. Su expresión de tormento lo dice todo.

El Sōgen-bi es muy similar al menreiki (página 122), pero en lugar de dibujar una máscara, recrearemos la cabeza de un monje en el interior de la bola de fuego.

Dibuja un óvalo inclinado con las líneas guía en el centro para la cabeza. Haz un óvalo mucho más grande con una cola curvada para delimitar la forma general de la bola de fuego.

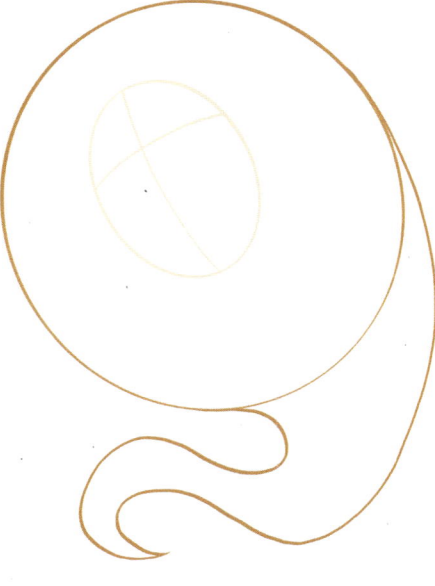

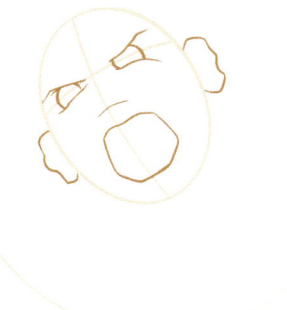

Empieza a dibujar los rasgos faciales esbozando las orejas, una línea para indicar dónde irá la nariz y una boca muy abierta. Añade los ojos. Observa cómo los párpados superiores e inferiores se inclinan hacia el centro de la cara para obtener una mirada de ira.

Dibuja los huecos alargados de las mejillas. Añade la nariz y las cejas, ligeramente inclinadas hacia dentro para acentuar aún más la expresión de enfado. Dibuja ligeramente un bucle grande con tres hebras colgantes para indicar dónde irá el collar.

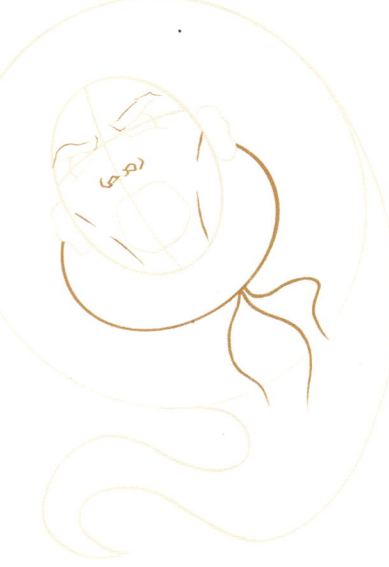

Define el contorno de la cara. Añade los dientes; haz algunos en forma de colmillo para resaltar la furia en la cara del Sōgen-bi. Dibuja las curvas del interior del oído.

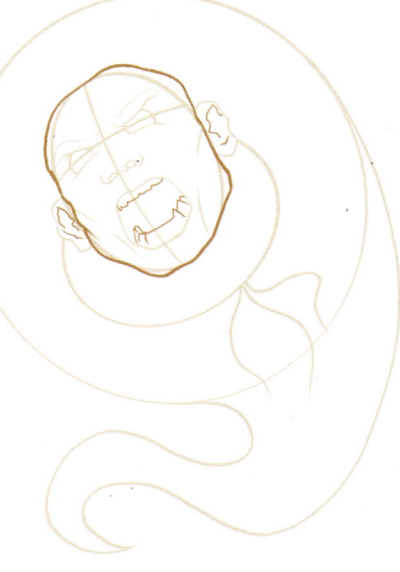

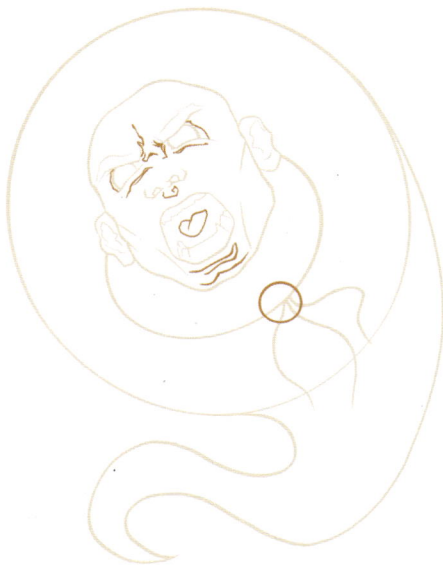

Añade arrugas a la cara para acentuar su expresión: debajo de los ojos, en el puente de la nariz y junto al labio inferior. Dibuja la lengua. Empieza el collar trazando un círculo para la cuenta principal en el centro, donde se unen las tres líneas colgantes.

Este paso se centra en los círculos y las formas que se repiten. Dibuja las cuentas redondas del collar empezando por la central y yendo hacia arriba por un lado, superponiéndolas ligeramente a medida que avanzas. Añade tres cuentas más pequeñas en cada línea colgante. Por último, dibuja dos círculos en los ojos para las pupilas.

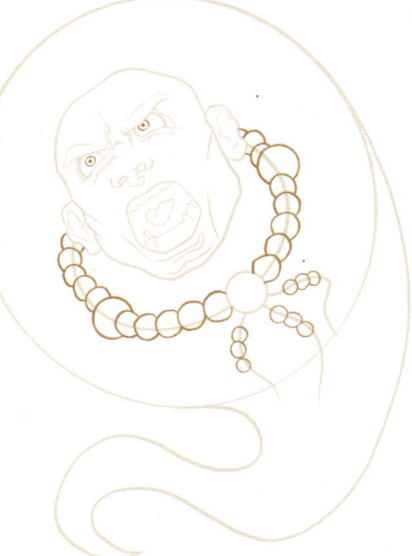

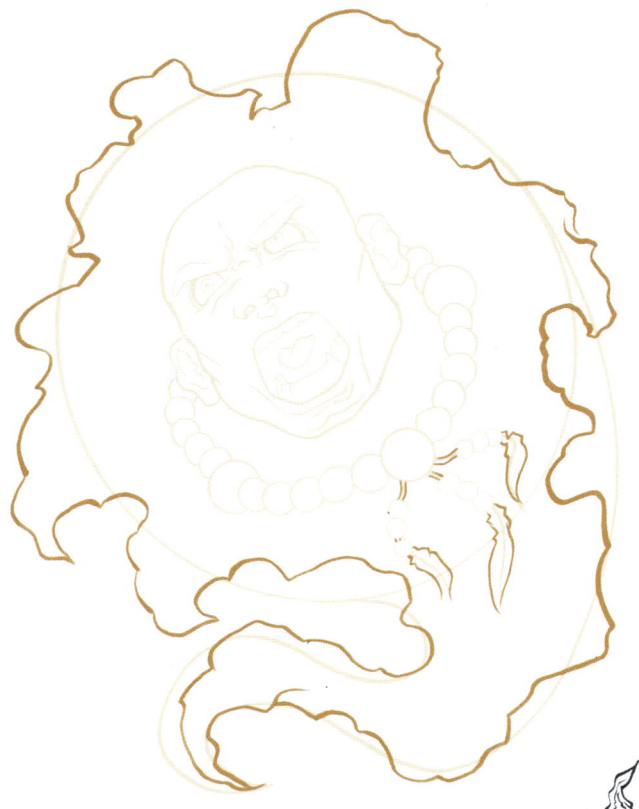

7

Al igual que con el menreiki (pág. 122), dibuja el contorno de la bola de fuego que rodea la cabeza del Sōgen-bi. Fíjate en qué dirección se mueve y utiliza una combinación de curvas y ángulos agudos que fluyan en esa dirección. La bola de fuego debe estar ligeramente inclinada hacia la izquierda. Dibuja borlas en la parte inferior de cada una de las líneas que cuelgan.

8

Para terminar, añade todos los detalles que se te ocurran: bolas de fuego más pequeñas, partículas flotando alrededor de la cara del monje o una segunda fila de fuego alrededor de la cabeza.

Puedes dar rienda suelta a tu imaginación convirtiendo las tres cuentas más grandes en calaveras para que el yōkai de más miedo. Aquí es cuando dibujar se vuelve realmente divertido: usa tu imaginación para llevar tus ideas aún más lejos.

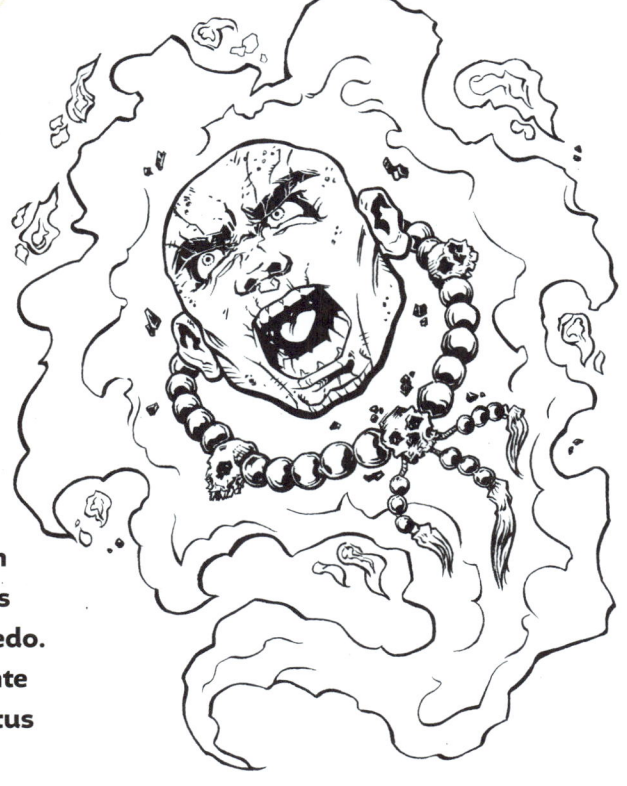

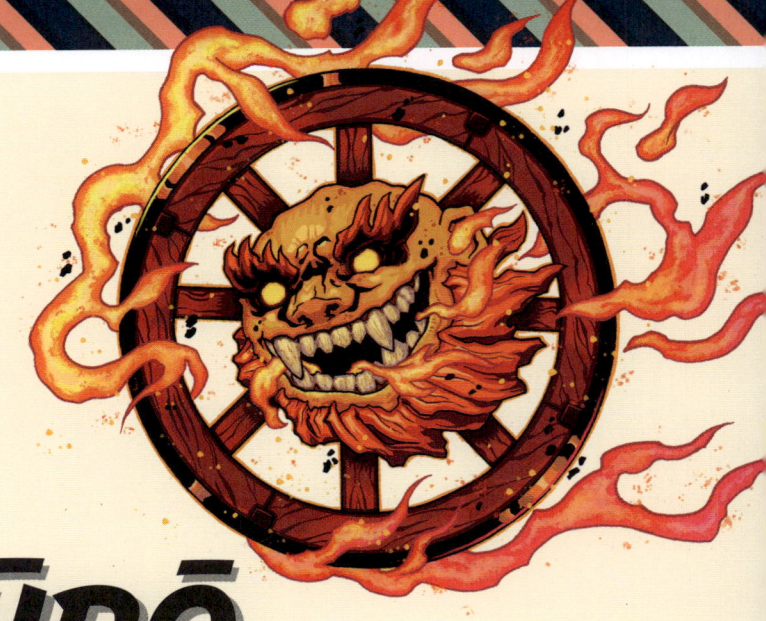

WANYŪDŌ
(わにゅうどう)

Escrito con los kanji que significan «rueda» y «monje», este yōkai es la cabeza de un hombre atormentado clavada en una rueda de carreta envuelta en llamas. Según el folclore, el wanyūdō es el alma condenada de un *daimyo* malvado, o señor feudal, que castigó a sus víctimas atándolas a carros tirados por bueyes y arrastrándolas por el suelo. La cabeza del hombre suele estar rapada, como la de un monje, porque supuestamente está cumpliendo penitencia por los pecados que cometió en vida.

Se cree que los wanyūdō son sirvientes del infierno y los guardianes de sus puertas, que vagan entre este mundo y el inframundo en busca de víctimas. Estos temibles yōkai roban el alma de cualquiera que se acerque demasiado, o incluso que los mire fugazmente, y la arrastran al infierno. Los feroces wanyūdō también son conocidos por desmembrar a sus víctimas o provocarles una fiebre mortal con solo una mirada y luego quemarlas hasta convertirlas en ceniza.

1

Dibuja un círculo para la cabeza y dos líneas guía curvas en el centro. Asegúrate de dejar suficiente espacio en la página para dibujar la rueda de carro y las llamas del fuego.

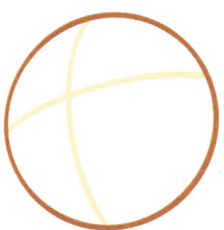

2

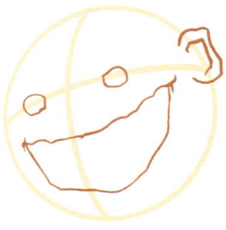

Empieza dibujando una boca que sonríe maliciosamente. Con dos curvas irregulares, dibuja el labio superior y el labio inferior; este más profundo. Haz lo mismo con la oreja queda a la vista: la curva exterior más grande y la curva interior más pequeña. Dibuja las formas redondeadas de los ojos.

3

Haz unas cejas pobladas en forma de llama. Asegúrate de que la parte inferior esté inclinada hacia el centro para darle una expresión de enfado. Dibuja una nariz respingona, con los lados en ángulo y la punta plana.

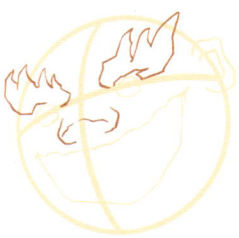

4

Empezando por la fila superior, dibuja los dientes mediante una línea irregular y dentada. Pon la fila inferior detrás. Al igual que hemos hecho con las formas de las cejas, dibuja la barba fluyendo hacia atrás e imitando el fuego.

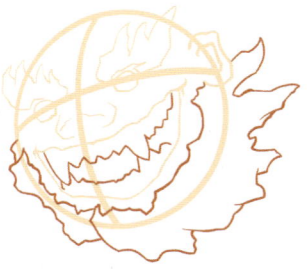

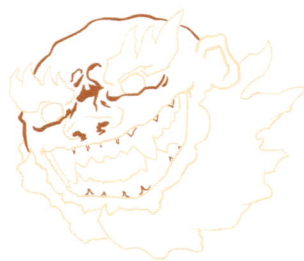

5

Añade más detalles en la cara: dibuja la forma irregular y abultada de la parte superior de la cabeza. Forma arrugas en el puente de la nariz y debajo de los ojos para resaltar la expresión temible del wanyūdō. Dibuja las fosas nasales.

6

Dibuja tres círculos concéntricos grandes alrededor de la cabeza para formar la rueda. Puedes utilizar un compás si lo deseas. Para realzar aún más la expresión, añade sombras en las cejas y arrugas profundas junto a los ojos y la nariz.

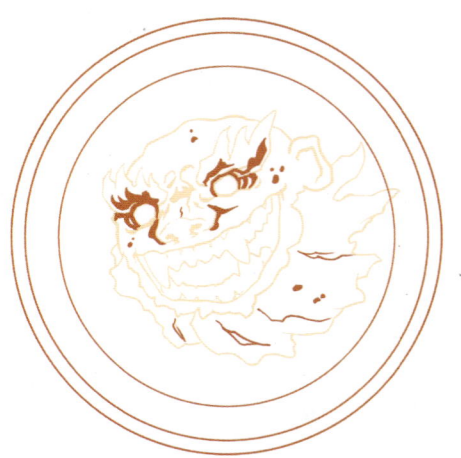

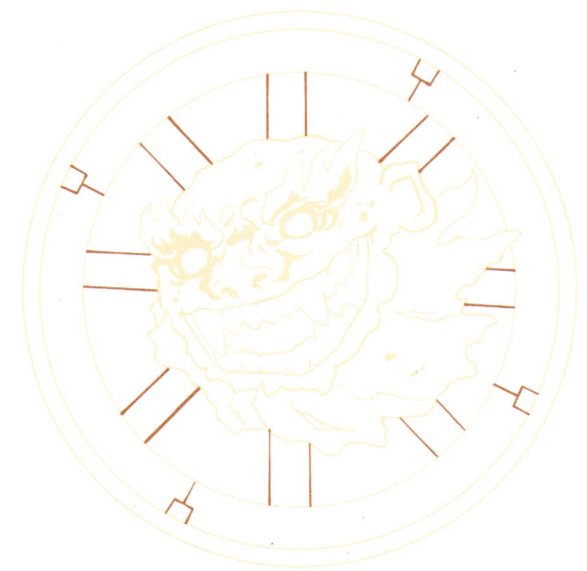

7

Con una regla, dibuja los ocho radios anchos de la rueda del carro por detrás de la cabeza. Separa los radios de manera uniforme. Para las fijaciones al contorno exterior de la rueda, dibuja cuatro cuadraditos.

8

Utilizando las mismas formas que en todos los yōkai anteriores de este capítulo, dibuja unas llamaradas alrededor de la rueda. Observa cómo se enroscan en la rueda y salen por la boca del wanyūdō.

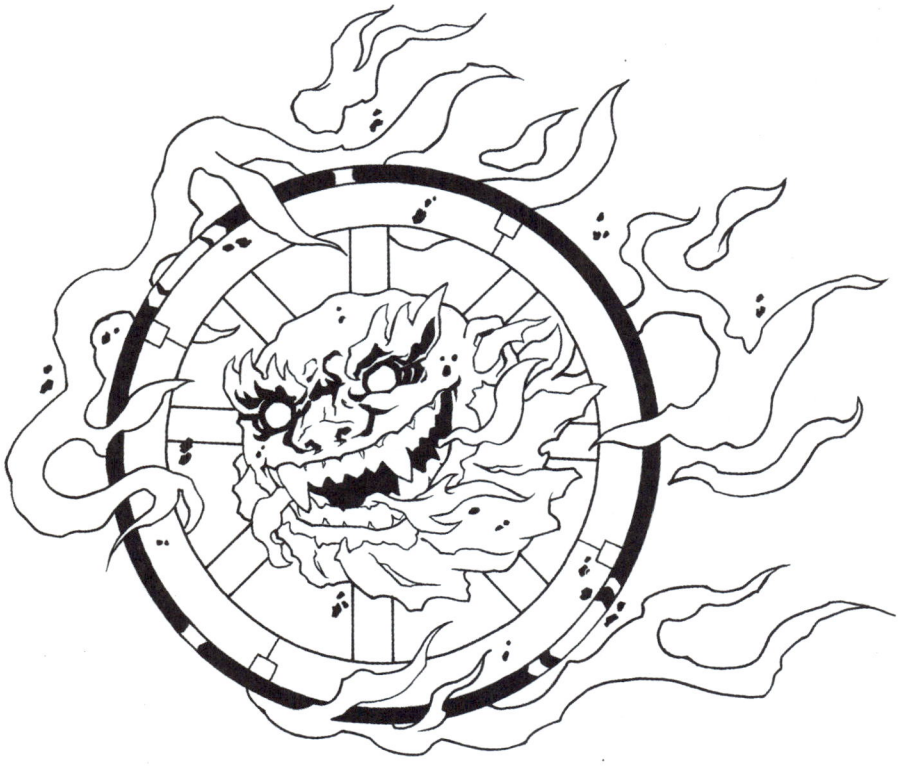

AO-ANDŌ (あおあんどう)

El ao-andō (que literalmente significa «linterna azul») es un espíritu aterrador que se representa con dos cuernos, dientes afilados y largos cabellos que salen de una linterna azul fantasmal. Es históricamente importante, ya que contribuyó a popularizar los yōkai, que pasaron de ser criaturas temibles a ser entes divertidos. Esto se debe a la relación de este yōkai con el ritual Hyakumonogatari Kaidankai, un juego popular de principios del periodo Edo. La gente se reunía por la noche en una sala iluminada con velas para contar historias de miedo. Después de cada relato, se apagaba una vela, de modo que la habitación se iba oscureciendo a medida que avanzaba la noche. Se creía que, una vez contada la última historia y apagada la última vela, la estancia se sumiría en la oscuridad más absoluta y aparecería un yōkai, como el ao-andō.

Aquí, dibujaremos al ao-andō saliendo de la linterna, la última vela que culmina el Hyakumonogatari Kaidankai. Hacer la cara del ao-andō es muy parecido a dibujar la cara de la máscara del menreiki (página 122), con la mandíbula inferior flotante y una expresión estremecedora.

1

En la parte superior de la página, traza una forma ovalada para la cabeza y añádele las líneas guía centrales. Más abajo, como en el caso del haka-no-hi (página 114), dibuja una línea para indicar el suelo. En la mitad de esta línea, eleva un bloque vertical, que más adelante será la linterna.

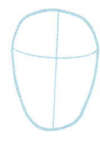

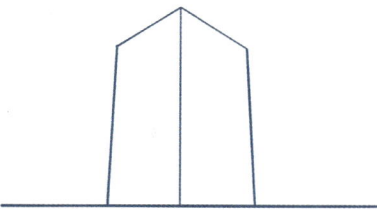

2

Imagina la terrorífica cara del ao-andō surgiendo de la linterna. Ahora, dibuja los costados del cuerpo en llamas y en constante movimiento. Para acentuar el contraste con las líneas que representan el fuego, traza dos líneas angulares para dividir la cara en una sección superior y una mandíbula inferior. Añade unas ventanas decorativas a los lados de la linterna.

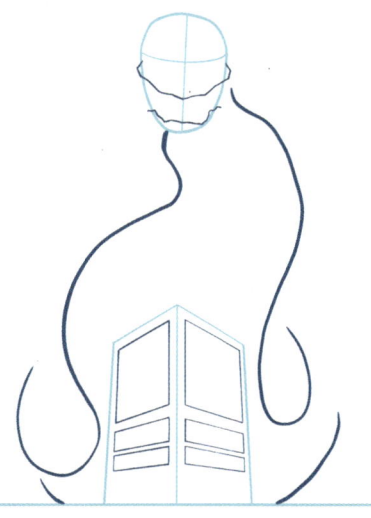

3

Dibuja dos óvalos inclinados hacia adentro para los ojos. Para el cabello de fuego que enmarca la cara, dibuja curvas para las llamaradas más alargadas. En la linterna, añade varillas de bambú en las ventanas más grandes.

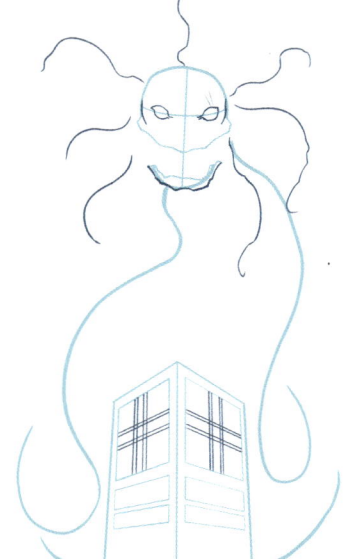

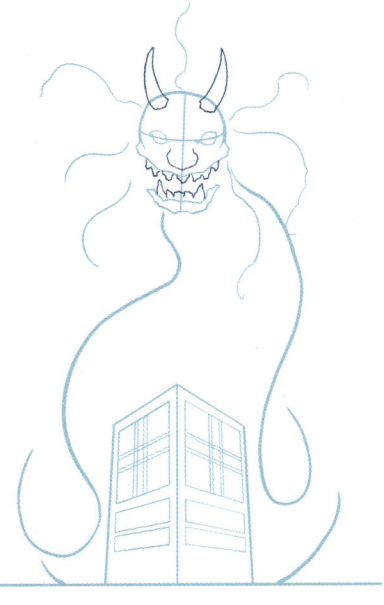

En la cara, dibuja dos cuernos grandes, una nariz ancha y unos dientes desiguales con una serie de trazos en V.

Del mismo modo que hemos dibujado con anterioridad en este capítulo, define el contorno del cuerpo del ao-andō para que parezca fuego. Añade unas cejas curvadas y las fosas nasales en la cara.

En estos últimos pasos, sigue definiendo el cuerpo de fuego de este yōkai.

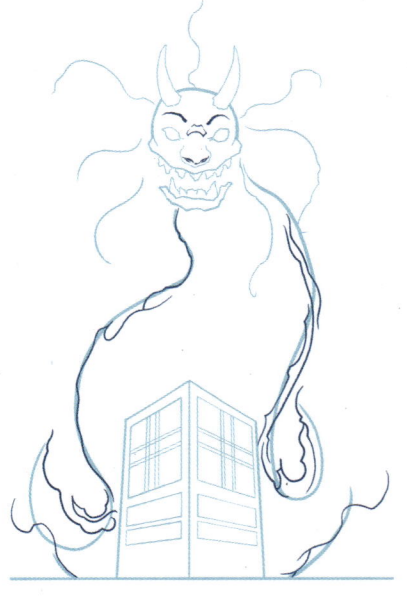

Dibuja líneas dentro de la forma del cuerpo para mostrar el flujo del fuego. Continúa añadiendo llamaradas alrededor de la cara. Dibuja arrugas faciales en la frente y la barbilla.

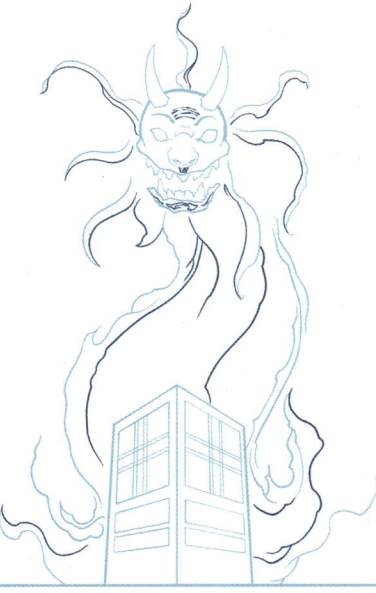

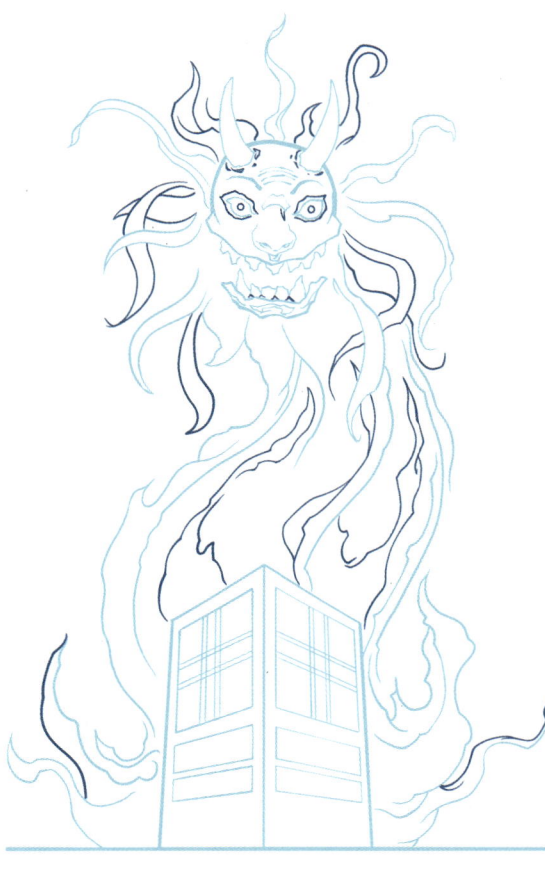

Añade más llamaradas a la melena, así como más líneas que muestren cómo el fuego fluye hacia el cuerpo. Por último, termina los detalles de la cara dibujando unas pupilas diminutas, arrugas más pequeñas y un contorno de ojos ancho.

Dibuja llamas pequeñas entre la melena. Añade piezas flotantes alrededor de la mandíbula, como si fuesen dientes rotos. Sombrea la pantalla de la linterna para que contraste con el fuego del fondo.

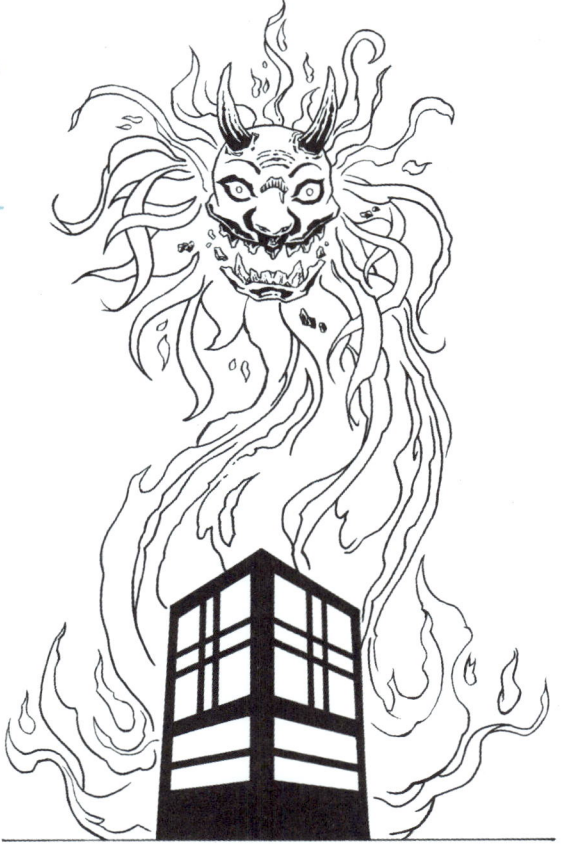

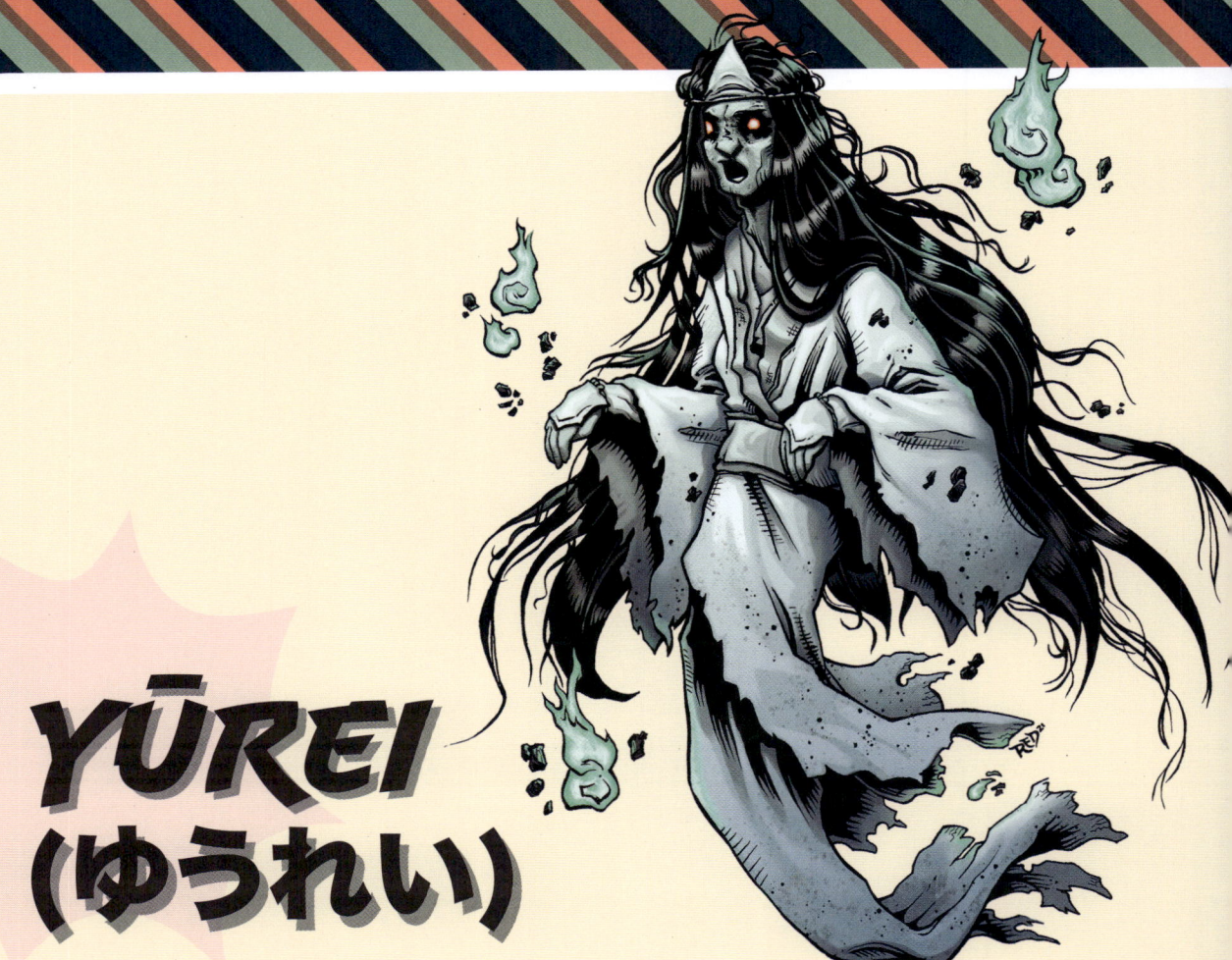

YŪREI (ゆうれい)

En un sentido general, en Japón los yūrei son fantasmas. Algunos se aparecen en lugares concretos, mientras que otros vagan libremente por la región. La mayoría de los yūrei son mortíferos y extremadamente peligrosos, impulsados por emociones intensas como la venganza y la ira, y a menudo guardan rencores profundamente arraigados contra los vivos. Los yūrei que buscan venganza son los más peligrosos.

Suelen aparecer con una prenda funeraria tradicional japonesa, el *kyōkatabira*, un kimono blanco abrochado al revés, una diadema triangular en la cabeza y una especie de telas deshilachadas que cubren brazos y manos. Todo ello conforma una vestimenta budista de peregrino pensada para los muertos que emprenden su último viaje.

El término «yūrei» puede describir a un fantasma concreto, pero también se refiere a las criaturas sobrenaturales únicas en su género.

Asegúrate de hacer trazos ligeros en los pasos que van del 1 al 4, mientras esbozamos las formas básicas del fantasma.

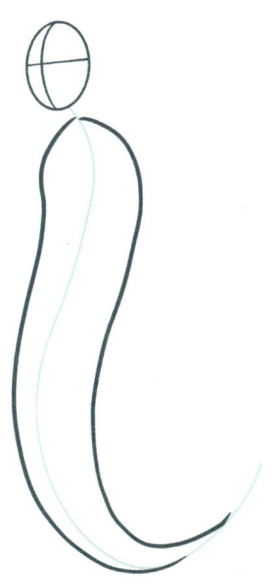

Dibuja un óvalo con las líneas guía para la cabeza. A partir de ahí, traza la línea de acción de manera que se curve hacia arriba en la parte inferior. Dibuja un tubo cónico para el cuerpo; la línea de acción debe quedar en el centro del mismo.

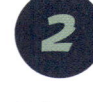

Esboza unos óvalos para las manos. A partir de aquí, dibuja las mangas que cuelgan en forma triangular del kimono. Añade una curva hacia abajo en la parte inferior del cuerpo para mostrar las capas del kimono.

Sigue esbozando las formas básicas que componen el kimono. Añade los extremos abiertos de las mangas, el fajín *obi* en la cintura y el borde inferior deshilachado que se mueve con el viento. Dibuja una línea para el cuello.

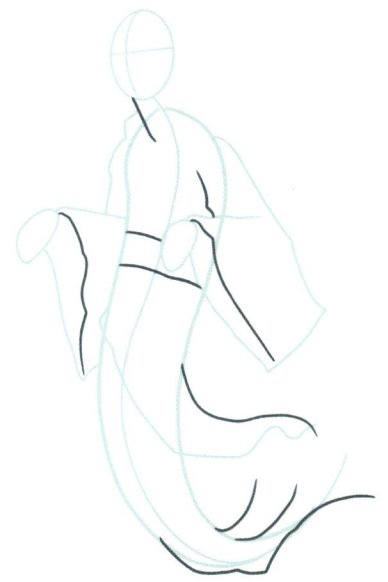

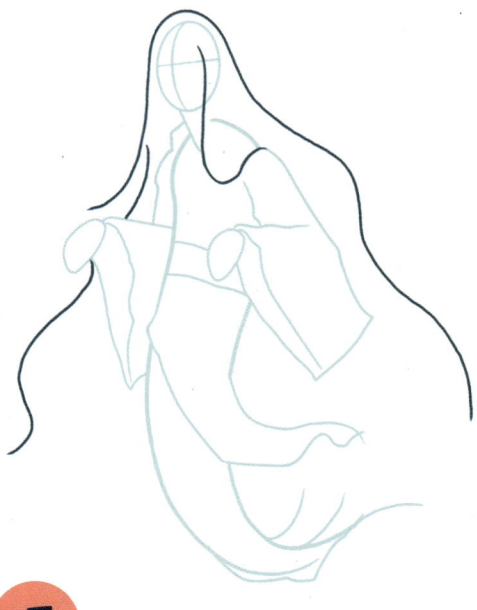

Para completar la figura básica, dibuja la forma ondulada del cabello. Imagina el cabello como un triángulo, con la punta en la cabeza y los lados que se abren hacia afuera.

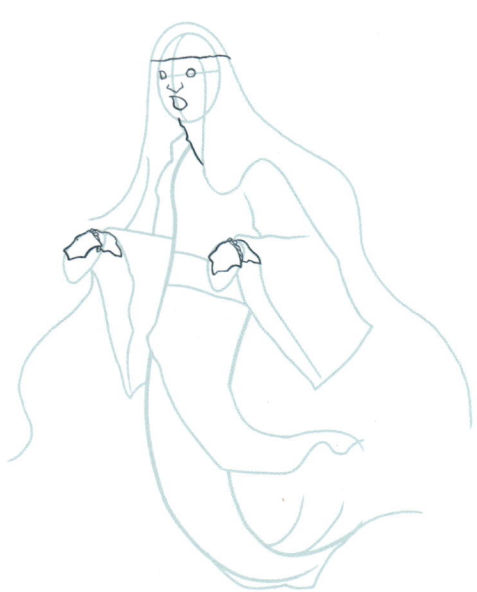

Dibuja las formas básicas de los ojos, la nariz y la boca. Define el cuello. Dibuja las telas que envuelven las muñecas y que van atadas con una cuerda fina.

Completa las manos dibujando los dedos dentro de los óvalos. Traza el contorno de la cara, prestando atención a la forma de la mejilla y la barbilla. Haz que el *obi* parezca más real añadiendo algunas capas y un contorno irregular.

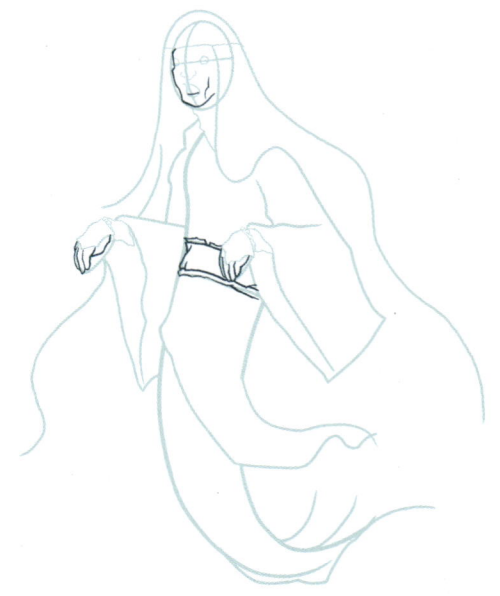

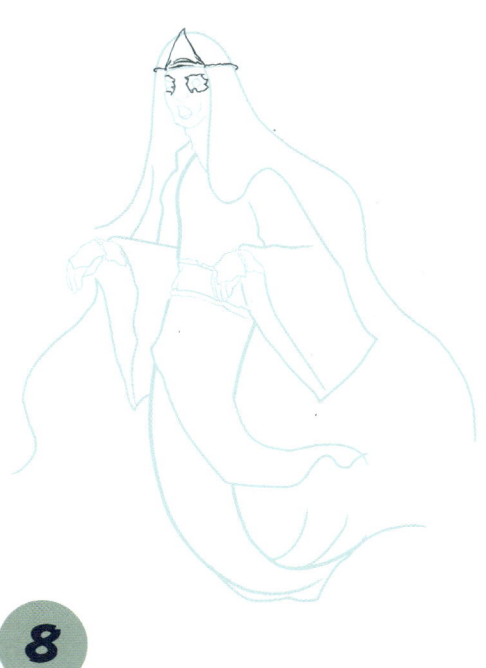

7

Dibuja la diadema triangular y añade arrugas donde la cuerda presiona la tela. Añade sombras alrededor de los ojos. Cuando colorees estas formas, los ojos resaltarán más.

8

Siguiendo las formas básicas ya trazadas, dibuja los bordes de la tela del kimono. Como se trata de una prenda funeraria muy gastada, añade roturas y desgarros en la tela para que parezca vieja y raída.

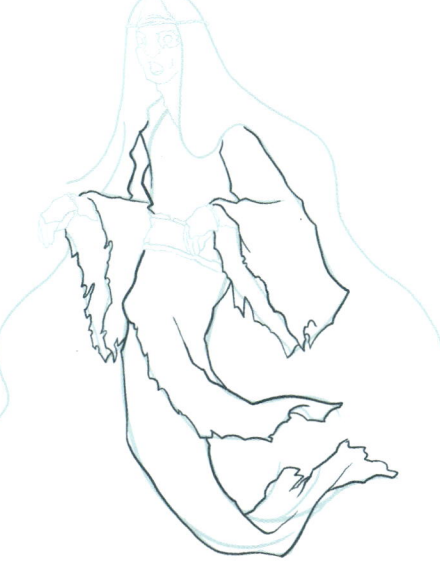

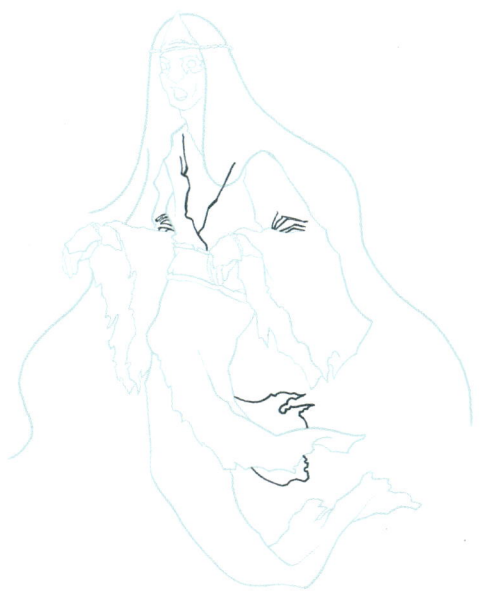

9

Sigue trabajando en el kimono. Dibuja la forma de V del cuello *eri*. Añade arrugas a los codos. Haz más bordes deshilachados que se ensanchen en la parte inferior.

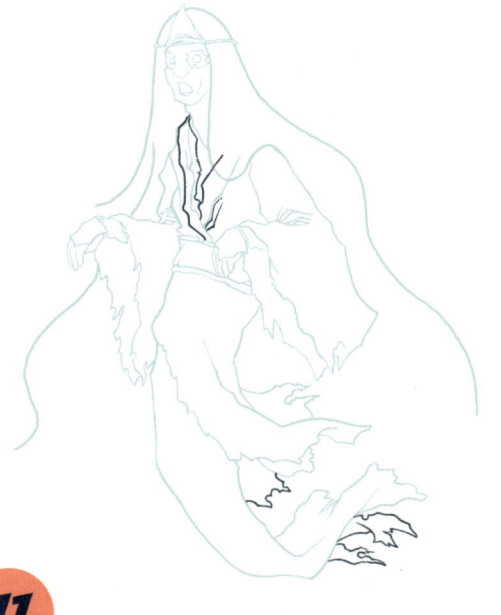

10

Partiendo de la V del *eri* del paso 9, añade más capas al cuello. Dibuja más bordes deshilachados en la parte inferior del kimono.

11

Ahora, vamos a centrarnos en los cabellos. Siguiendo el flujo de la estructura básica ya trazada, dibuja las formas principales del cabello. Es recomendable dibujar mechones grandes en lugar de secciones finas.

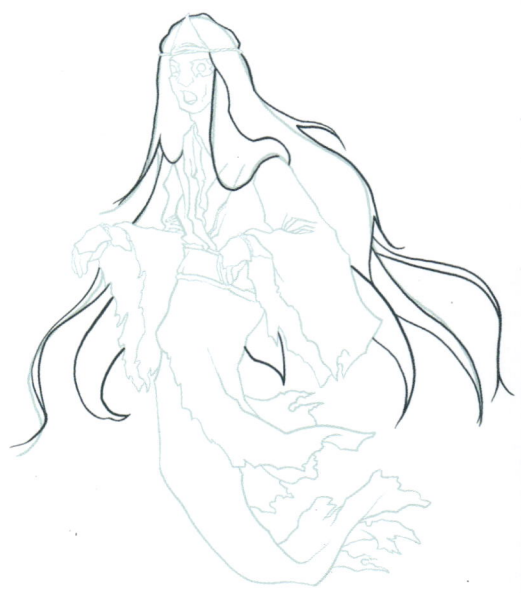

12

Dentro de los mechones más grandes, dibuja formas curvas pequeñas para dar más cuerpo al cabello. Añade círculos flotando alrededor de la figura para mostrar la dirección que tomarán las bolas de fuego.

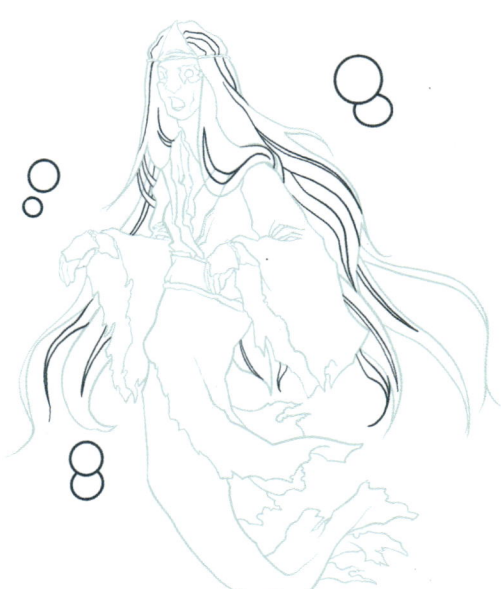

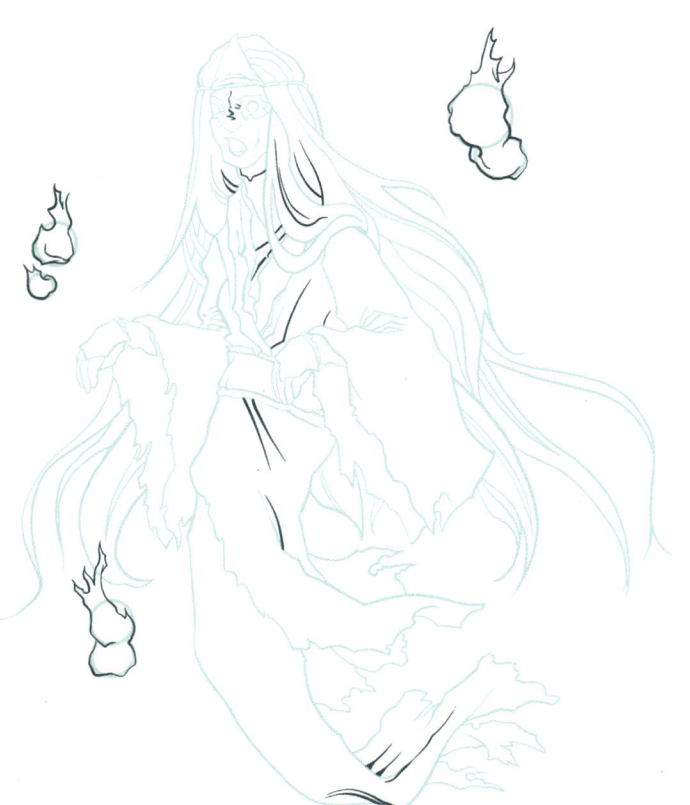

13

Añade los últimos detalles a tu dibujo: unas arrugas en el puente de la nariz, más curvas en el cabello alrededor de la cara y algunos pliegues en el kimono. Dibuja las bolas de fuego como hemos hecho con otros yōkai de este capítulo.

14

Para terminar tu yūrei, añade algunos toques finales, como partículas flotando alrededor de la figura. Aplica unas sombras en la boca, alrededor de los ojos y debajo de la barbilla. Para que el cabello parezca más desaliñado, dibuja mechones sueltos al aire.

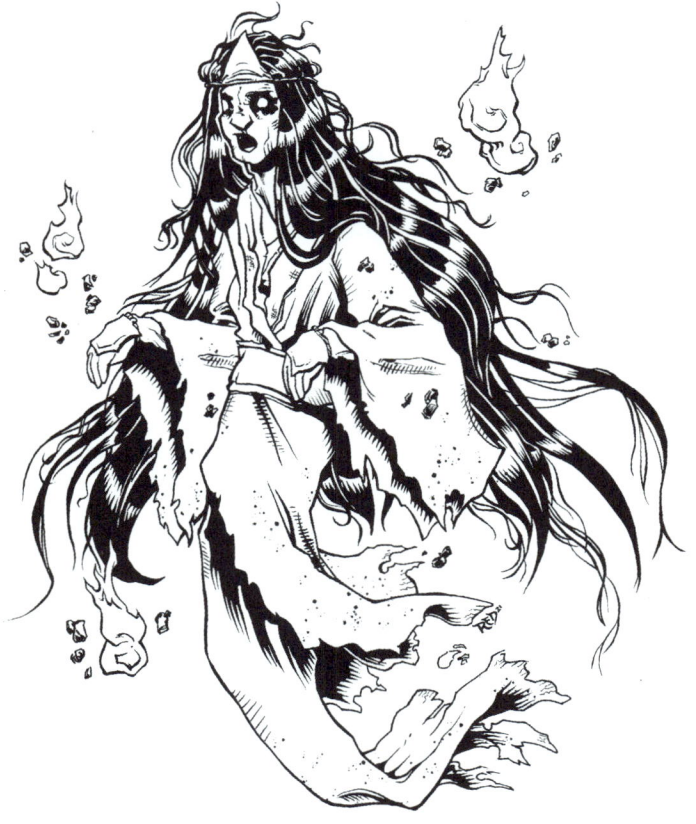

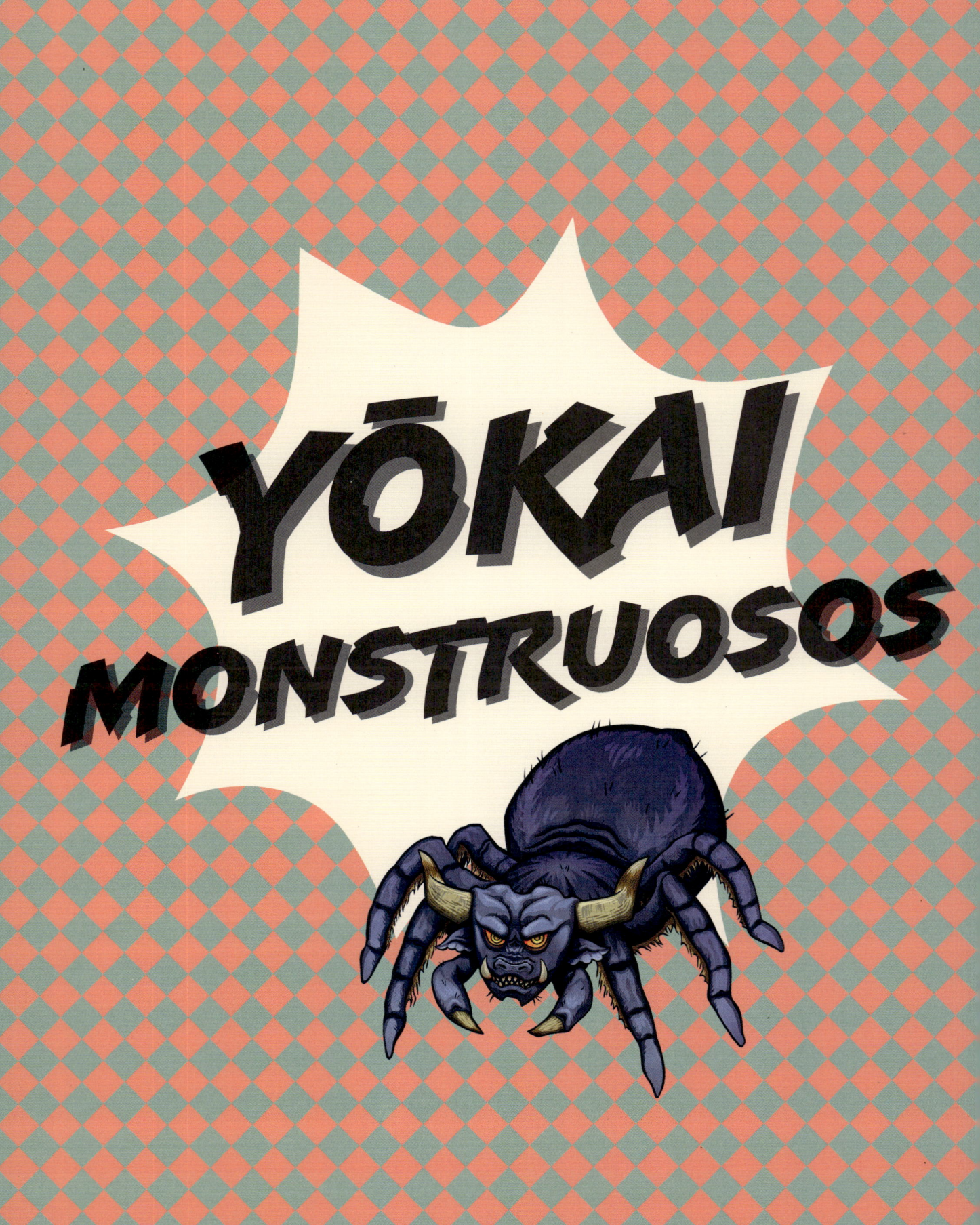

YŌKAI MONSTRUOSOS

En esta última sección, encontrarás las criaturas más grotescas, aterradoras y extrañas que puedas imaginar. Aquí se incluyen demonios terroríficos que se comen a la gente, hombres del saco que se llevan a los niños perezosos de sus casas y catástrofes legendarias que asolan los campos japoneses. En realidad, son los monstruos que aparecen en las pesadillas de los japoneses desde tiempos inmemoriales. Son los miedos de los antepasados que retornan cruelmente.

HYAKU-ME (ひゃくめ)

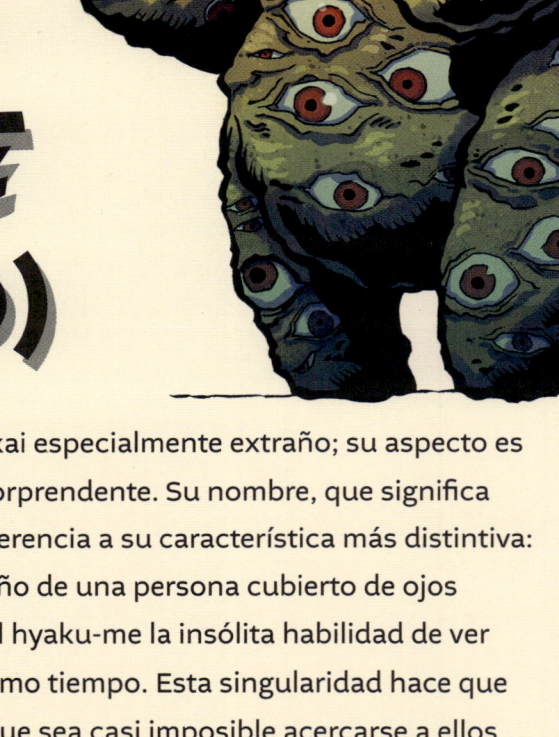

El hyaku-me es un yōkai especialmente extraño; su aspecto es bastante inusual y sorprendente. Su nombre, que significa «cien ojos», hace referencia a su característica más distintiva: un cuerpo globular del tamaño de una persona cubierto de ojos escalofriantes que otorgan al hyaku-me la insólita habilidad de ver en cualquier dirección al mismo tiempo. Esta singularidad hace que siempre estén muy alerta y que sea casi imposible acercarse a ellos sin ser detectado. Sorprendentemente, son criaturas muy tímidas.

A pesar de su aspecto inquietante, el hyaku-me no es un ser malvado. Prefiere habitar en casas vacías, templos abandonados y cementerios. Cuando alguien entra en sus dominios, se extrae uno de sus ojos para que aceche al recién llegado hasta que este se aleja. Si el hyaku-me se siente amenazado por algo o alguien, da saltos para ahuyentar la amenaza.

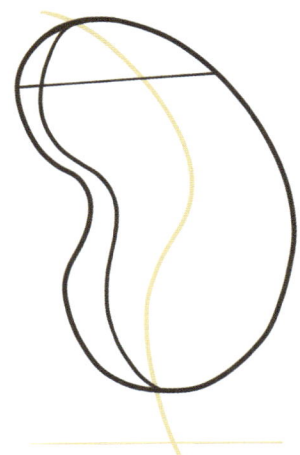

1

Traza la línea curva de acción y la línea recta del suelo. Dibuja una forma de alubia grande para el cuerpo y añade una línea guía.

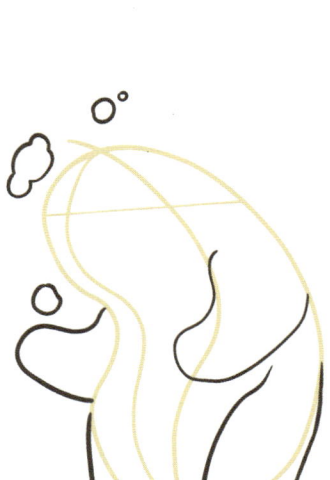

2

Dibuja las formas redondeadas de los brazos y las piernas. Fíjate en que la parte posterior de las piernas es recta, mientras que la parte delantera es curvada. Traza unos globos oculares flotando alrededor de la cabeza.

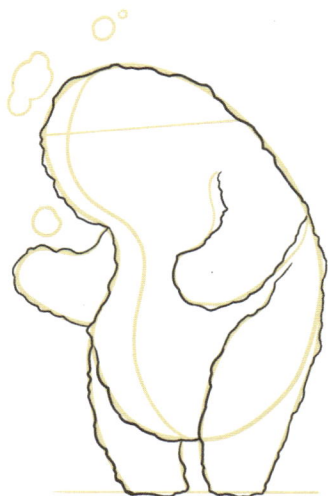

3

Siguiendo los bordes exteriores del cuerpo y las extremidades, dibuja sus contornos de manera que el yōkai parezca hecho de barro.

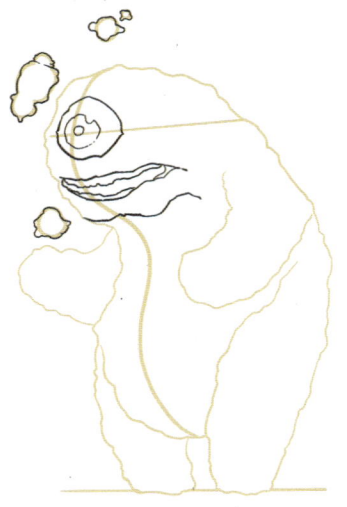

4

Dibuja los mismos contornos de piel flexible en los globos oculares flotantes. Usa círculos irregulares para formar el globo ocular principal grande. Añade la boca y sigue utilizando estas líneas irregulares y desiguales para mostrar el cuerpo redondeado y lleno de protuberancias de este yōkai.

En los pasos 5, 6 y 7 vamos a centrarnos en los ojos. Aquí tienes un breve resumen de cómo dibujar un ojo:

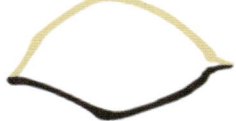
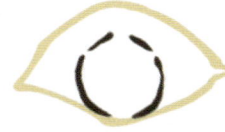
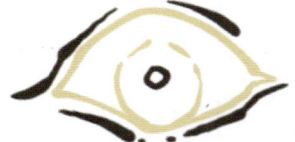

1. Dibuja el contorno.

2. Dibuja un círculo para el iris.

3. Añade un círculo más pequeño para la pupila. Traza unas líneas para indicar los párpados.

5

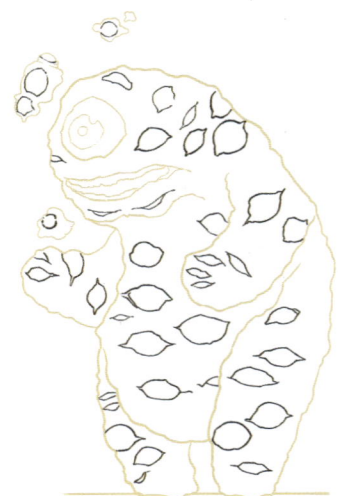

Este yōkai se llama «cien ojos» porque realmente tiene muchos ojos. Este es un ejercicio en el que vas a repetir formas, así que tómate tu tiempo. Dibuja el contorno de los ojos. Haz unos más grandes que otros para que tu dibujo sea más interesante.

Dibuja los círculos irregulares para los iris de cada ojo. Asegúrate de que no estén todos en el centro; recuerda que la criatura debe mirar en todas direcciones.

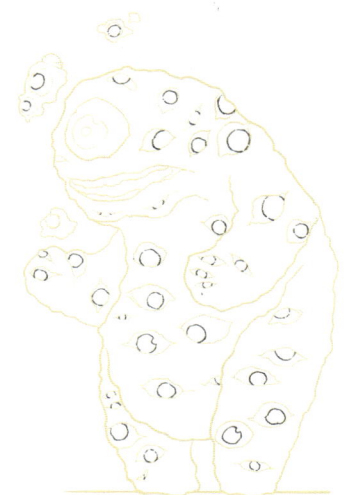

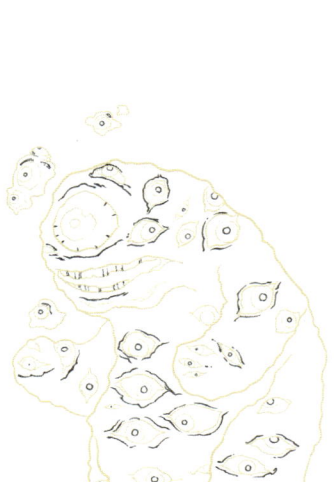

Dibuja las pupilas y las arrugas alrededor de los ojos. Si lo deseas, sombrea las primeras. Haz unos trazos para añadir textura a los dientes.

Un toque final interesante que puedes hacer es sombrear la boca, la zona que rodea el ojo principal y debajo de la barbilla para resaltar la cara. Observa que estas sombras imitan las formas irregulares del contorno del hyaku-me, lo que realza aún más el aspecto redondeado y rugoso de este grotesco yōkai. También puedes añadir más arrugas al cuerpo.

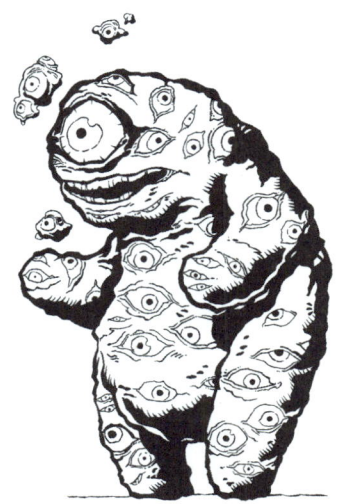

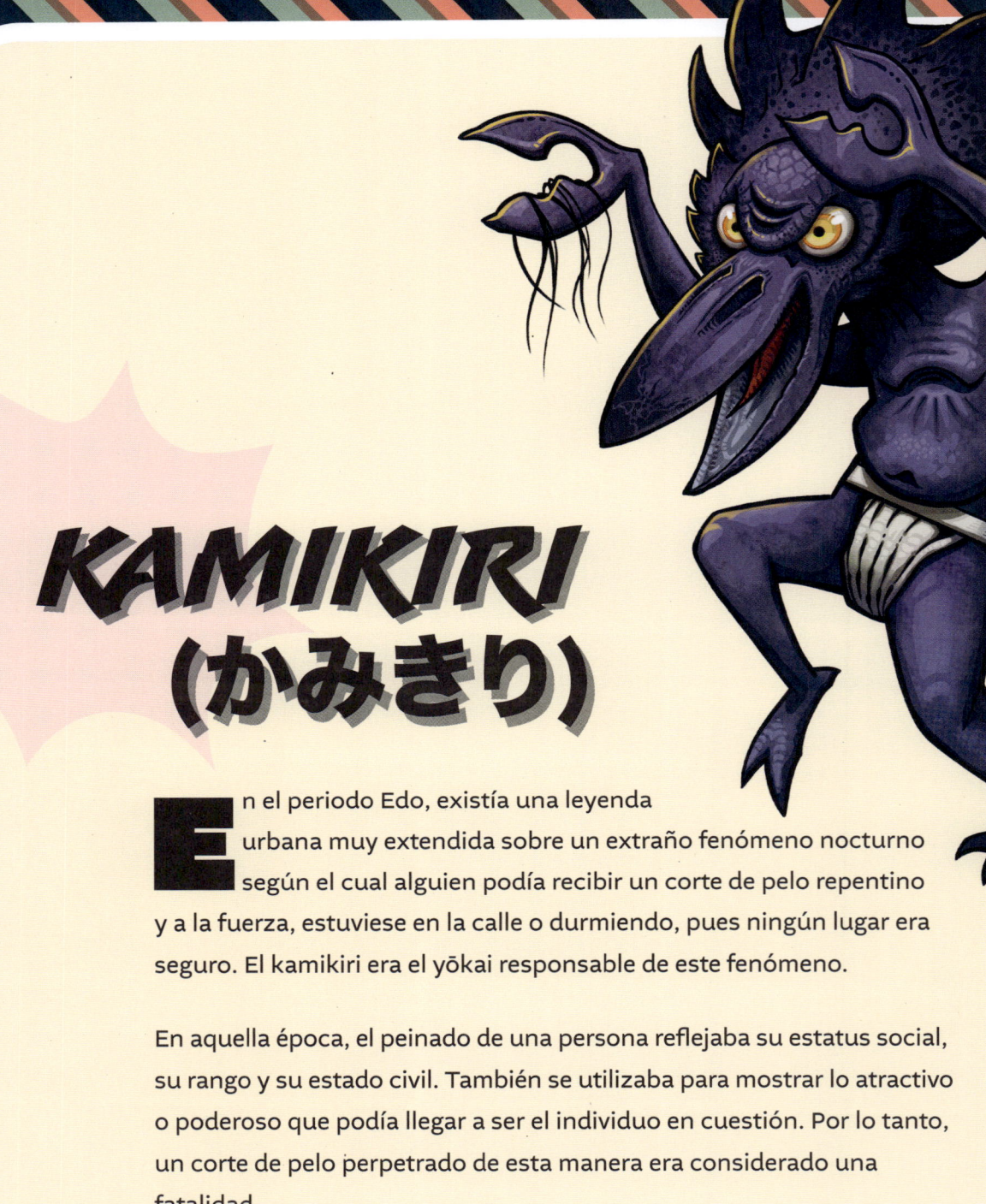

KAMIKIRI
(かみきり)

En el periodo Edo, existía una leyenda urbana muy extendida sobre un extraño fenómeno nocturno según el cual alguien podía recibir un corte de pelo repentino y a la fuerza, estuviese en la calle o durmiendo, pues ningún lugar era seguro. El kamikiri era el yōkai responsable de este fenómeno.

En aquella época, el peinado de una persona reflejaba su estatus social, su rango y su estado civil. También se utilizaba para mostrar lo atractivo o poderoso que podía llegar a ser el individuo en cuestión. Por lo tanto, un corte de pelo perpetrado de esta manera era considerado una fatalidad.

El aspecto tradicional de este yōkai, y de muchos otros, se puede encontrar en la colección de ilustraciones en pergamino conocida con el nombre de *Hyakkai-Zukan* y creada por Sawaki Suushi.

150

1

Dibuja una línea curva para marcar la acción. Para hacer la cabeza, traza un círculo con líneas guía en el centro. Desde la cabeza, dibuja dos líneas hacia abajo para hacer el cuerpo. Fíjate en que la línea interior se curva hacia dentro para formar la barriga del kamikiri.

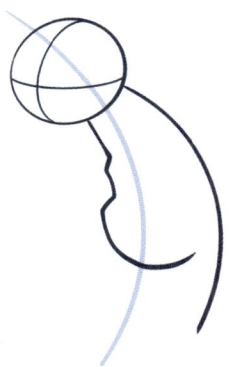

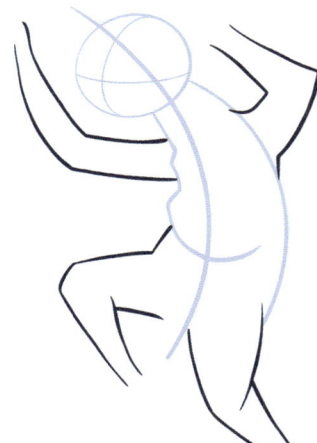

2

Con formas tubulares, dibuja los brazos y las piernas. Haz que los brazos y las piernas queden doblados por los codos y las rodillas, respectivamente.

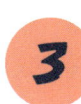

3

Dibuja las formas básicas de las garras, las patas y el pico. Utiliza óvalos grandes para las garras y triángulos redondeados para el pico y las patas.

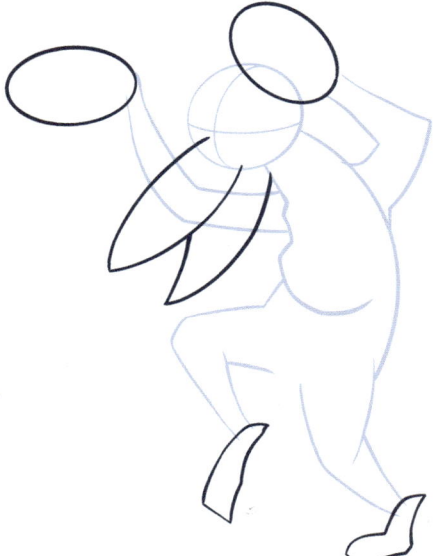

4

Con líneas onduladas, dibuja un pequeña cresta a cada lado de la cara y una cresta mucho más grande en la parte superior de la cabeza y hasta la nuca.

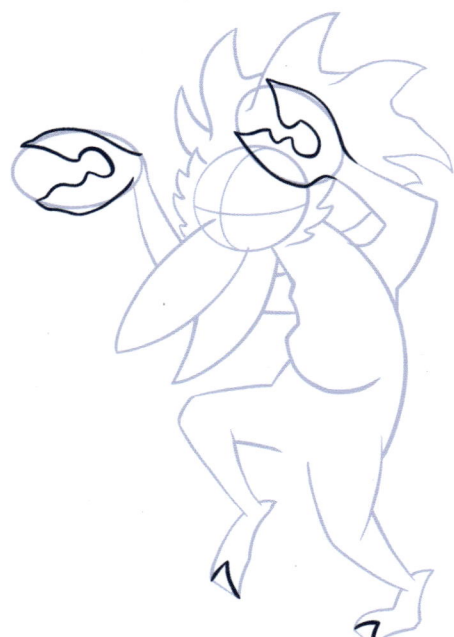

5

Dibuja las garras en forma de cizalla y define la forma de los pies.

6

Añade detalles en la cara: una lengua puntiaguda, fosas nasales largas, el borde irregular del pico y el arco supercilar.

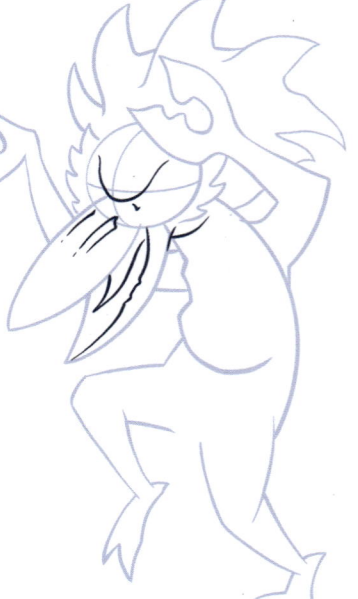

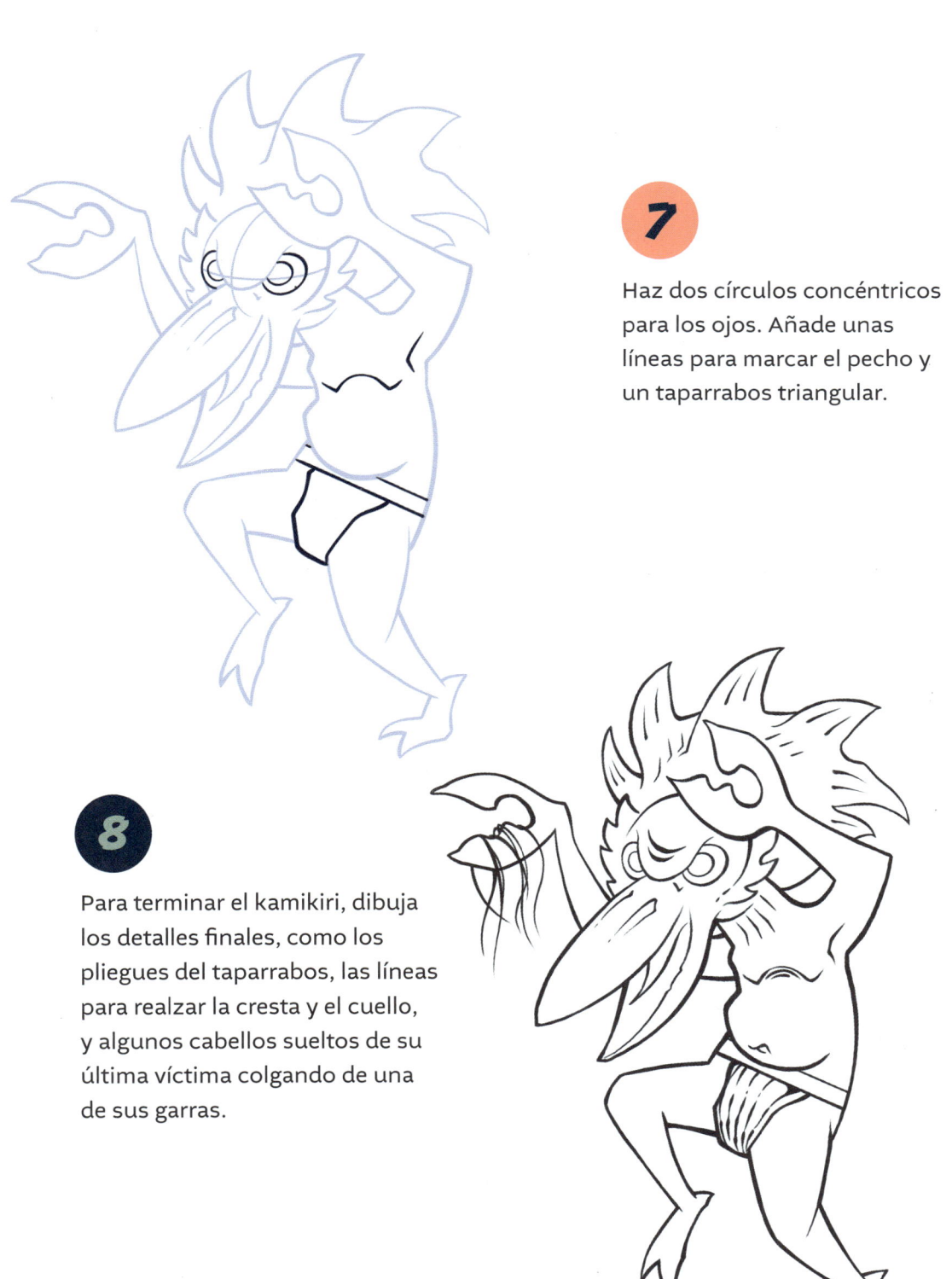

7

Haz dos círculos concéntricos para los ojos. Añade unas líneas para marcar el pecho y un taparrabos triangular.

8

Para terminar el kamikiri, dibuja los detalles finales, como los pliegues del taparrabos, las líneas para realzar la cresta y el cuello, y algunos cabellos sueltos de su última víctima colgando de una de sus garras.

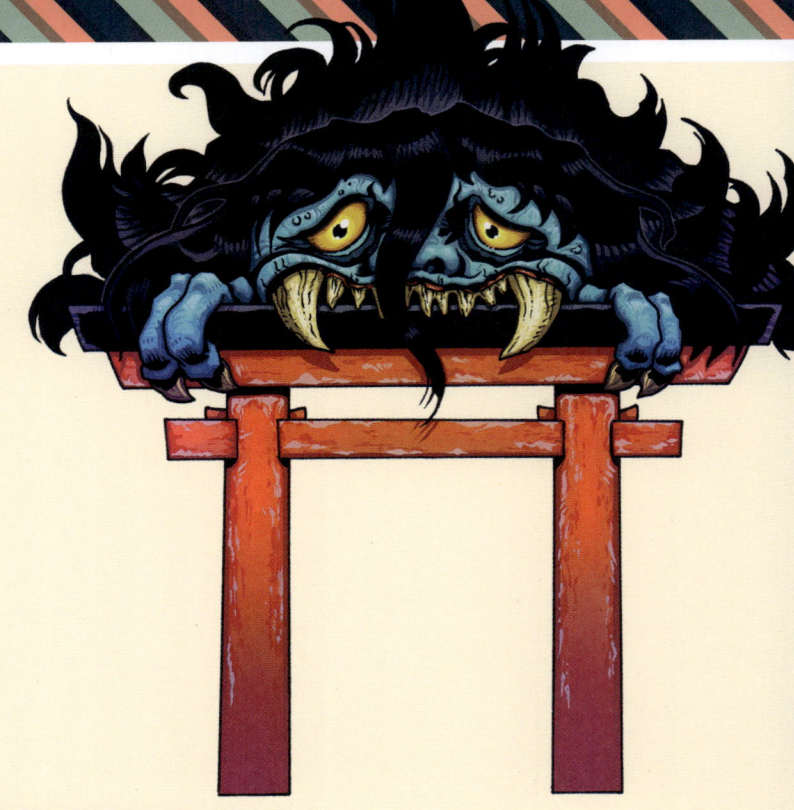

OTOROSHI
(おとろし)

El otoroshi es un guardián peludo y temible cubierto por una melena de cabello largo y negro. Este monstruo se suele ver encaramado sobre las puertas sagradas llamadas torii, en los frontones de los templos y en muchos otros puntos elevados. Actúa como protector de los lugares sagrados: no permite que los seres malvados entren en el recinto que defiende y se los come.

Las puertas torii son un elemento emblemático de los santuarios sintoístas japoneses y pueden verse por todo el país. Marcan la frontera entre el mundo normal y el mundo sagrado.

1

Empieza con una línea de acción vertical recta y una línea central. Dibuja tres rectángulos estrechos, que serán las vigas superiores y transversales de la puerta torii. Los dos rectángulos superiores tienen los lados inclinados y están algo separados de la viga inferior.

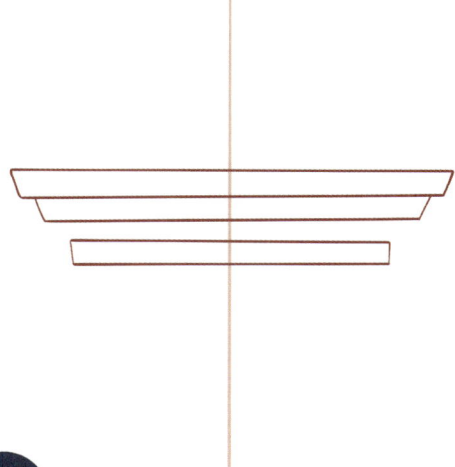

2

Dibuja dos columnas verticales. Donde la viga inferior se encuentra con las columnas, dibuja dos pequeños cuadrados en cada una. Borra la parte de la viga inferior que queda dentro de las columnas para que parezca que las atraviesa. (Las pequeñas sombras bajo la viga también contribuyen a crear este efecto).

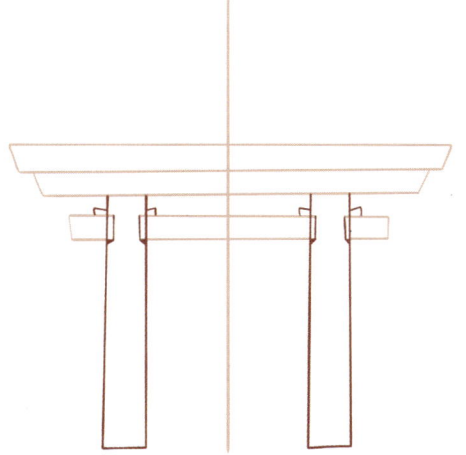

3

Este otoroshi es una criatura más o menos simétrica. Imagina que tiene tres partes: la cara, el cabello que enmarca la cara y una gran melena. Dibuja las formas básicas del yōkai: semicírculos para la cara y los ojos, tubos curvos irregulares para los dedos y la curva descendente y arqueada del cabello.

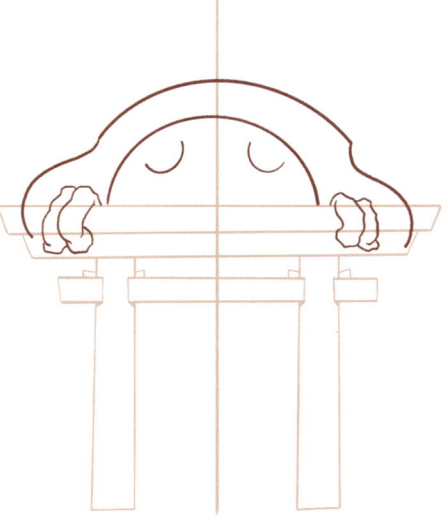

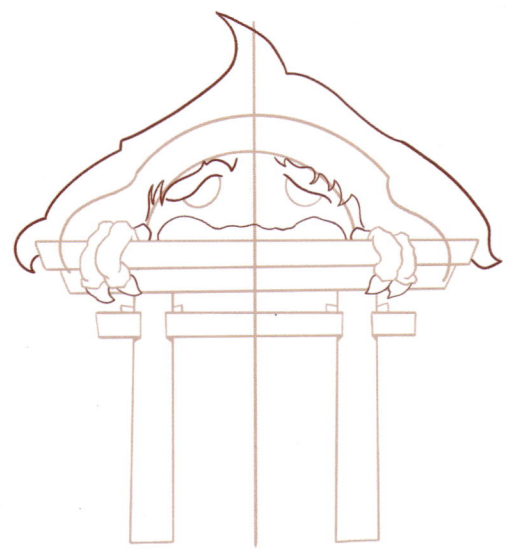

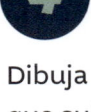

Dibuja la melena como un triángulo que sube hasta formar una punta en la parte superior. Dibuja el cabello que le cae sobre la cara. Las curvas descendentes de los ojos contribuyen a capturar la expresión adecuada. Añade una enorme boca abierta y garras redondeadas en los dedos.

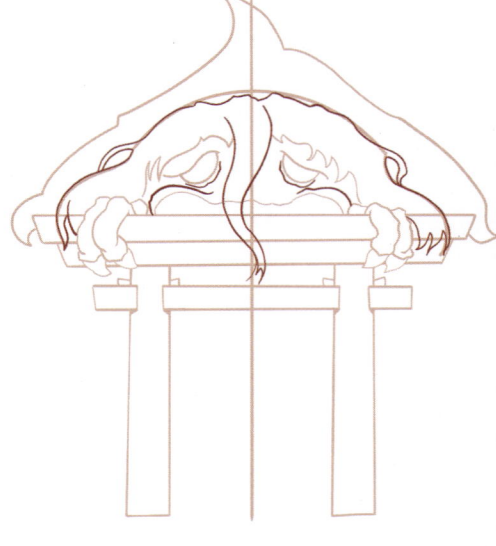

Define el contorno del cabello que enmarca el rostro. El otoroshi tiene un mechón largo y ondulado que le cae por la mitad de la cara. Dibuja las mejillas curvas y las arrugas de los ojos.

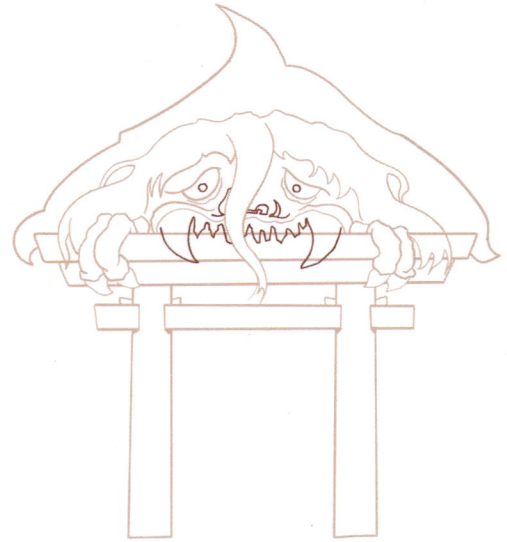

Haz los dientes y dos colmillos grandes con líneas irregulares. Añade las pupilas diminutas a los ojos. Dibuja los lados curvos de la nariz y las fosas nasales.

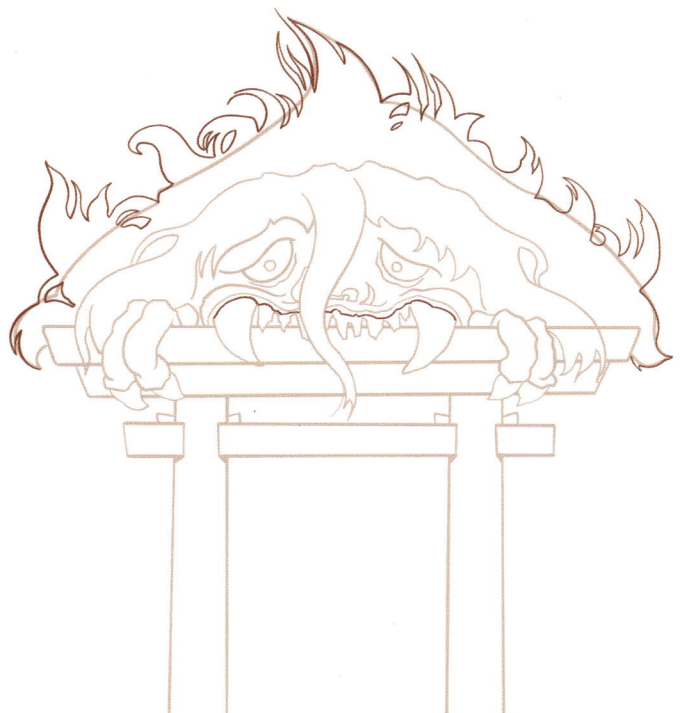

7

Añade los mechones ondulados de la melena. A diferencia del cabello que hemos dibujado antes, haz que parezca que lo tiene revuelto con mechones que fluyen en diferentes direcciones. Añade una línea para las encías.

8

Dibuja algunos detalles finales, como manchas en la piel, ojeras y fisuras entre los dientes para que se vea que están desgastados. Sombrea el cabello del otoroshi para resaltar la cara.

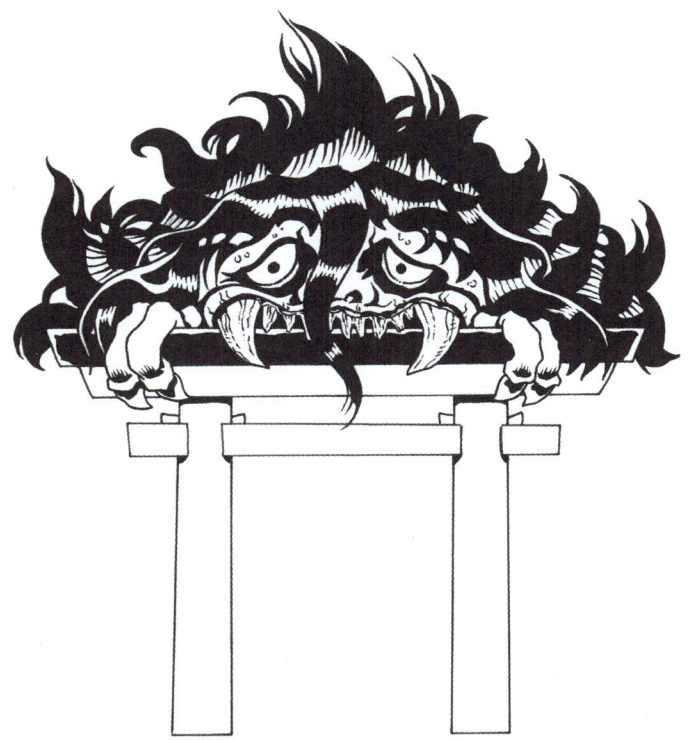

NURE-ONNA (ぬれおんな)

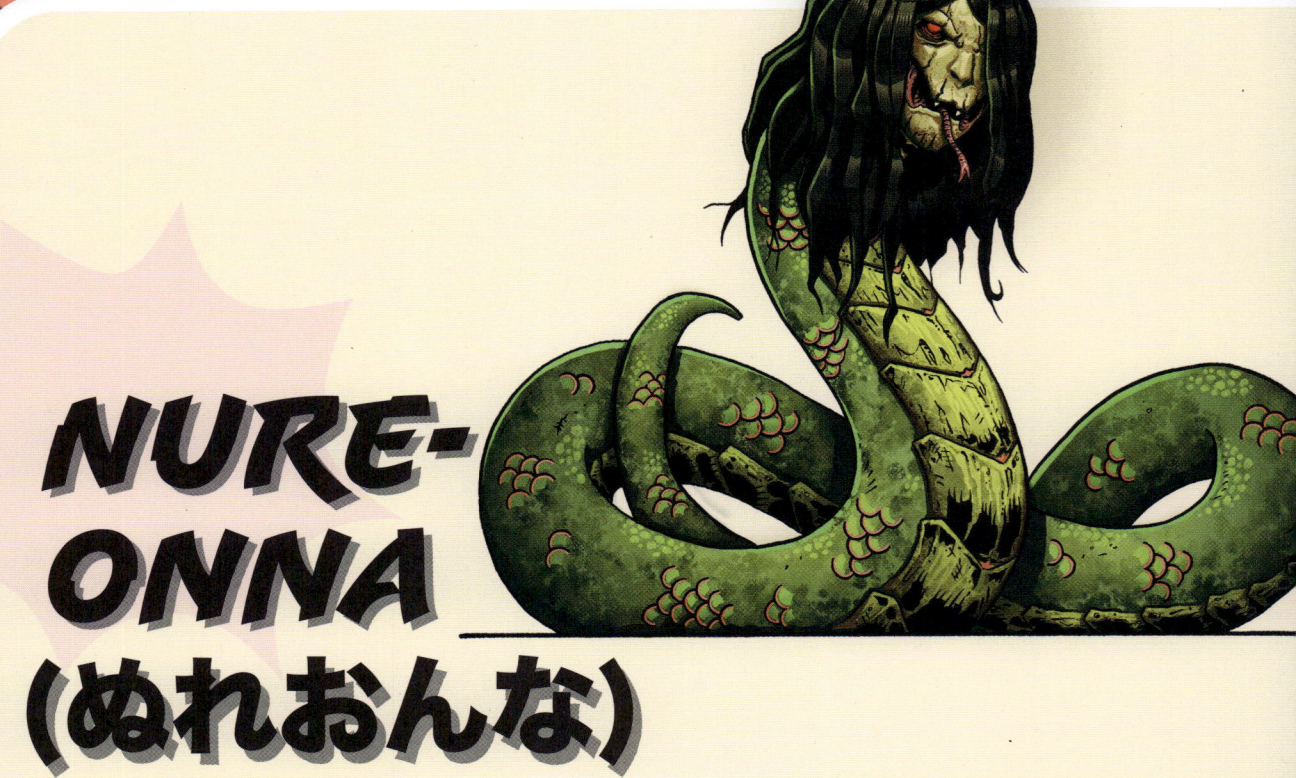

La nure-onna es un yōkai con cuerpo de serpiente y cabeza de mujer que frecuenta las costas y los ríos de Japón y se alimenta de seres humanos. Atrae a los viajeros solitarios hasta la orilla del agua fingiendo ser débil y luego los ataca.

Al igual que el ningyo (página 76), su apariencia tiene más de una versión. A veces se la representa con la mitad inferior de una serpiente y la mitad superior de una mujer. En dibujos más modernos, puede aparecer con aspecto de persona, pero con una melena formada por serpientes, lo que la asemeja a una gorgona de la mitología griega. En este libro te mostramos la versión más tradicional de una nure-onna, es decir, cuerpo de serpiente y cabeza de mujer.

En algunas regiones, hay leyendas que la relacionan con el ushi-oni (página 162) y se dice que cazan juntos cerca del agua.

1

Dibuja la forma básica de la cabeza con un círculo y una forma de V para la barbilla. Añade las líneas guía. Desde la cabeza, dibuja una línea ondulada en forma de S hacia abajo para representar el cuerpo enroscado de la serpiente.

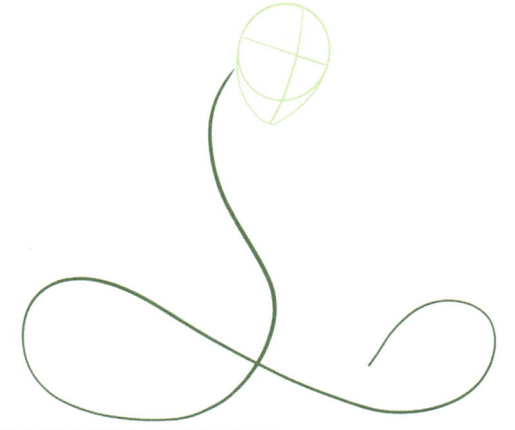

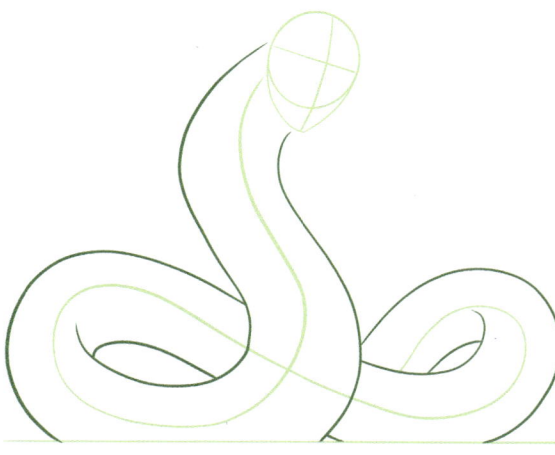

2

Empieza por la cabeza y utiliza la línea de acción para dibujar el cuerpo de la serpiente como un tubo curvado.

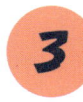

3

Dibuja el cabello que le cae a ambos lados de la cabeza. Trázalo de la misma manera que el cabello del yūrei (página 138). Luego, añade la cola.

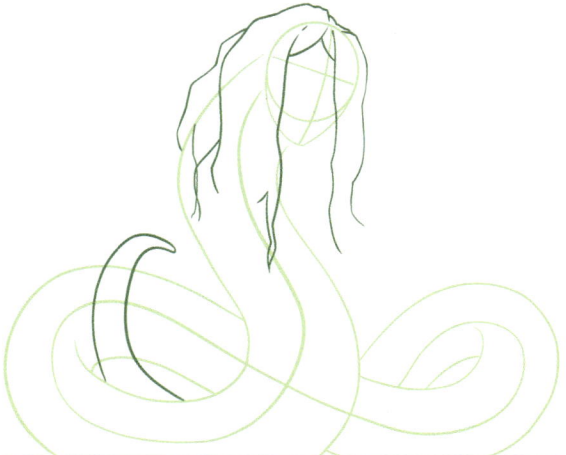

4

Continúa definiendo el cabello mediante formas secundarias dentro de las secciones más grandes del paso 3. Dibuja la curva del abdomen siguiendo la forma del cuerpo.

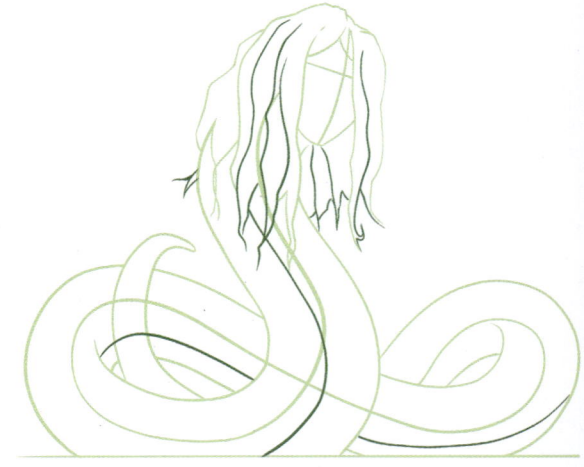

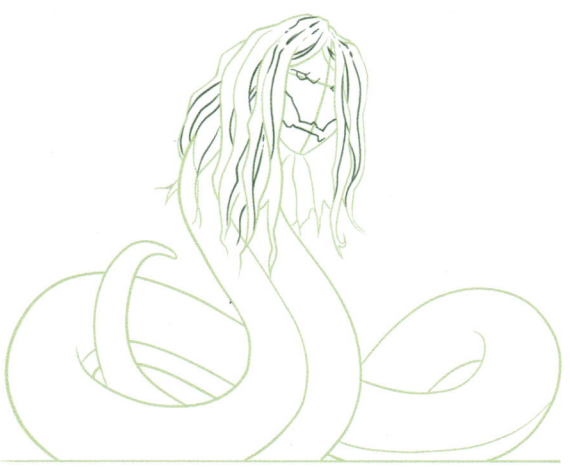

5

Termina el cabello dibujando más capas que sigan el flujo descendente. Empieza la cara dibujando el párpado, inclinado hacia abajo, y un ojo semicircular. Para la boca de la serpiente, traza líneas que se curven hacia ambos lados y luego se aplanen en el centro.

6

Dibuja la lengua bífida. Añade unas cejas inclinadas, una nariz afilada y unos colmillos puntiagudos. Usa formas recurrentes para dibujar las escamas en forma de V que parten de la cabeza y recorren todo el cuerpo.

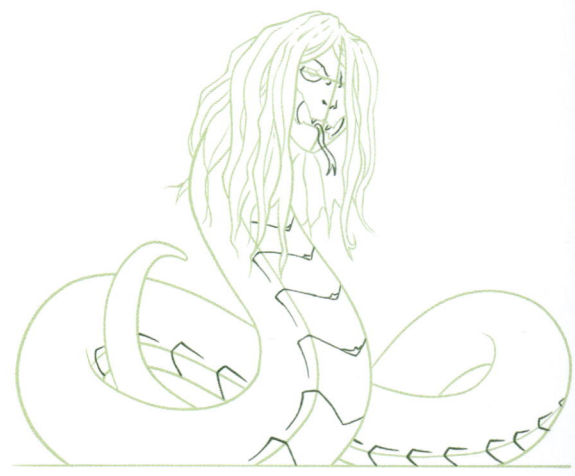

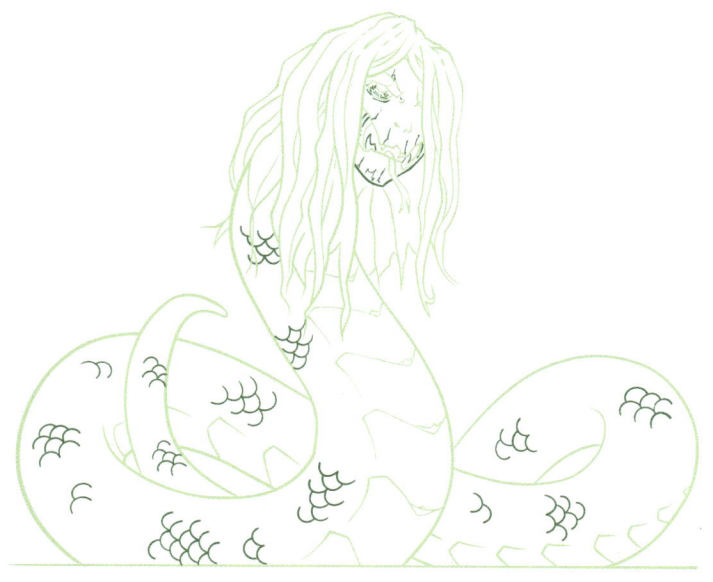

7

Utilizando la misma técnica que con el ningyo (página 81), dibuja pequeños grupos de escamas a lo largo del cuerpo de la serpiente. Define el contorno de la cara trazando una barbilla puntiaguda. Añade textura en la cara y en la cuenca del ojo.

8

Para terminar, oscurece el interior de la boca, la zona de debajo de los ojos y el cabello de la parte posterior, debajo de la barbilla, para realzar la cara. Con trazos similares a los de la cara, añade textura a las escamas del abdomen.

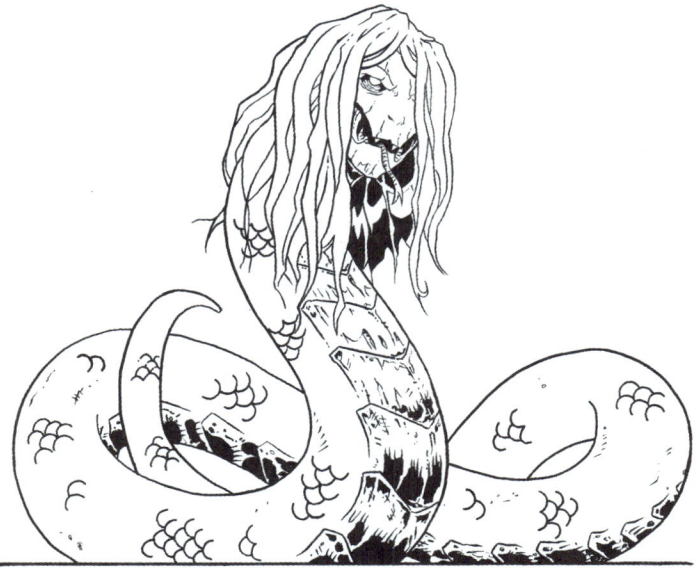

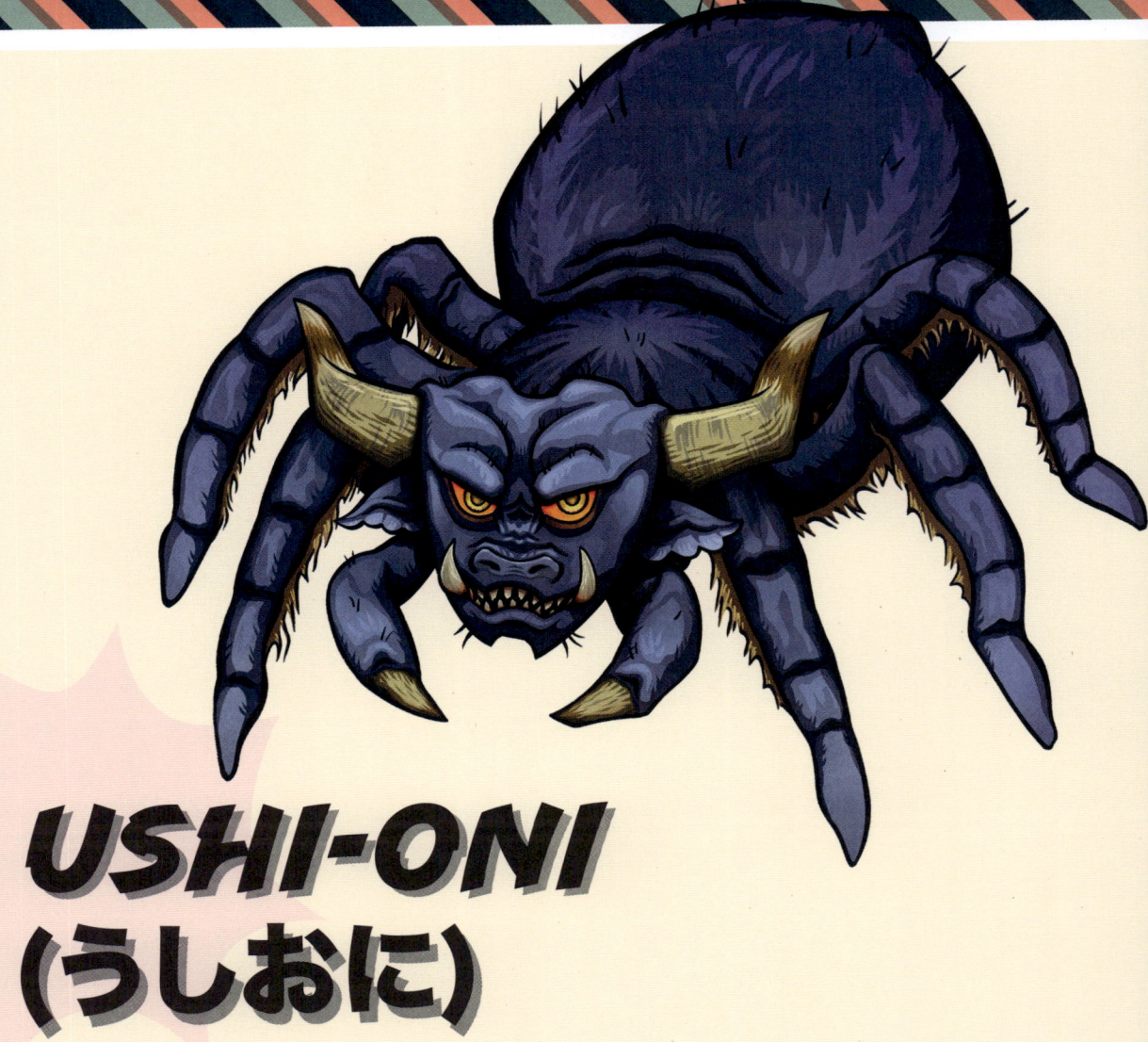

USHI-ONI (うしおに)

Villano en muchos cuentos populares, este demonio buey se representa tradicionalmente con la cabeza de un toro y el cuerpo de una araña. Este monstruo se esconde cerca de la costa, así como también en ríos y lagos, porque forma equipo con la nure-onna (página 158). También se le puede encontrar vagando por los bosques y las montañas. El ushi-oni devora a las personas, arrasa las aldeas y lanza terribles maldiciones.

La forma de dibujar el ushi-oni será muy similar a la del heikegani (página 62).

162

Dibuja un óvalo y una línea guía para el cuerpo. Traza líneas de acción que salgan del cuerpo para indicar dónde irán las seis patas grandes del ushi-oni. Fíjate bien por dónde se dobla cada pata.

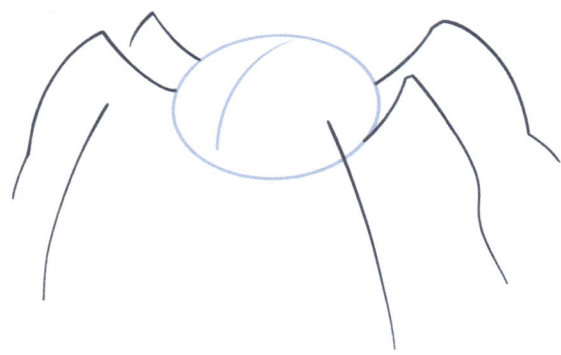

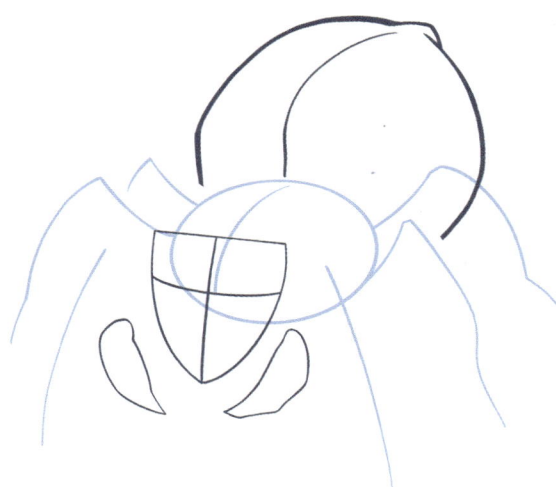

Dibuja el abdomen bulboso del cuerpo de la araña, la forma triangular de la cabeza y las patas delanteras que acaban en punta.

Define la forma de la cabeza: dibuja protuberancias en la parte superior, una barbilla puntiaguda y dos cuernos grandes como los de un toro. Une las patas delanteras de la araña al cuerpo con una líneas pequeñas.

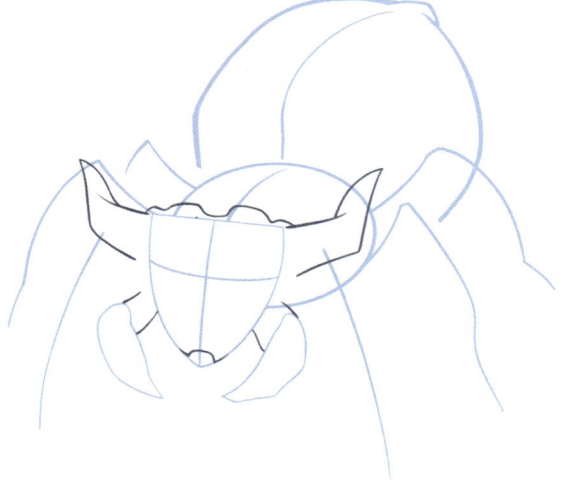

4

Siguiendo las líneas de acción, dibuja las formas tubulares segmentadas de las patas. Cada pata debe terminar en una punta redondeada.

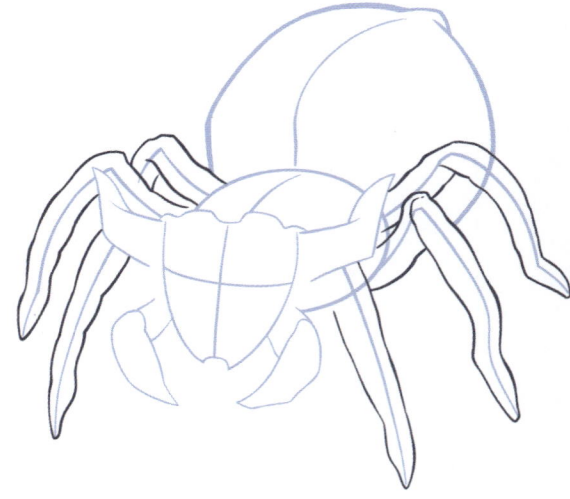

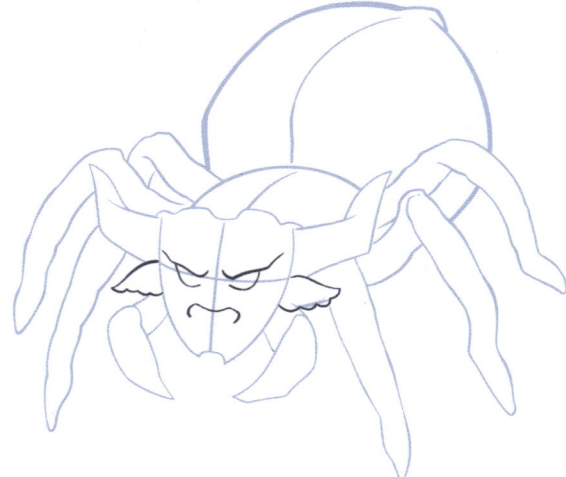

5

Dibuja las formas básicas de la cara: cejas inclinadas para transmitir una expresión feroz, un morro curvado hacia arriba y unas orejas triangulares.

6

En este paso añadiremos algunas arrugas. Trázalas en la cara para detallar la frente redondeada, la boca angular y las partes curvas del interior de las orejas. Por último, añade las arrugas en la base del abdomen.

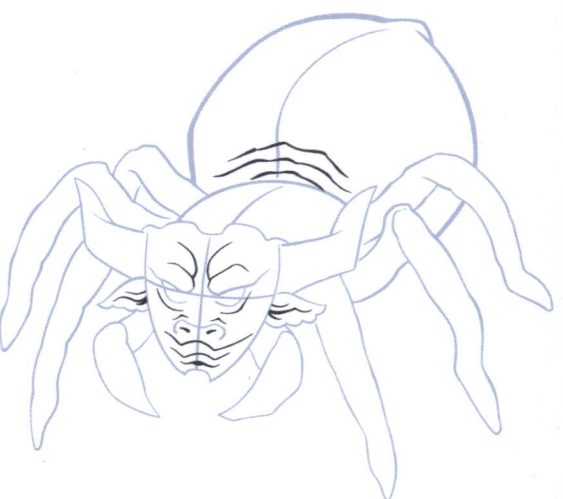

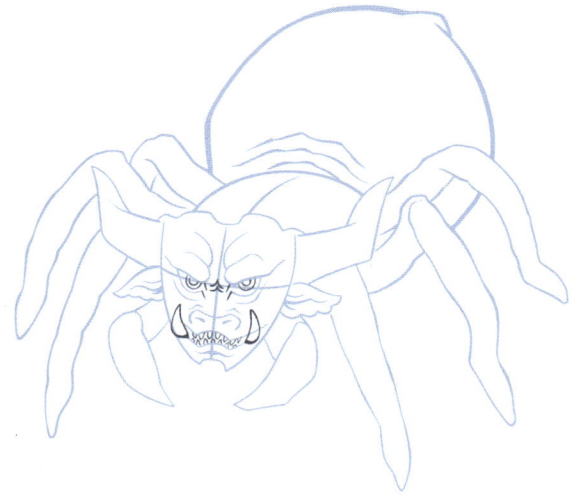

7

Dibuja los detalles de la cara: dientes triangulares puntiagudos y colmillos grandes, ojos circulares y cejas arqueadas para completar la expresión.

8

Dibuja vello en la parte interna de las patas, tal y como tienen las tarántulas.

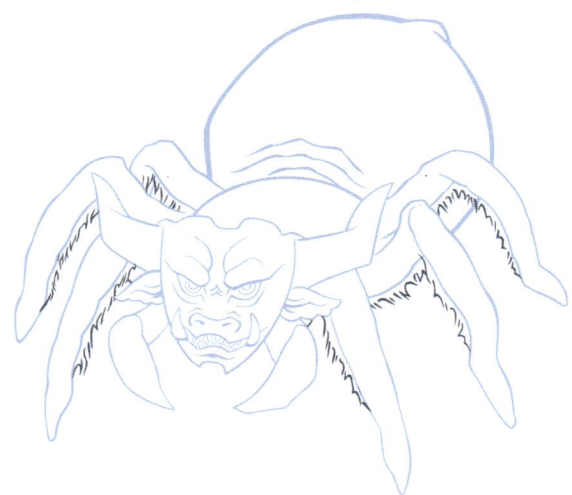

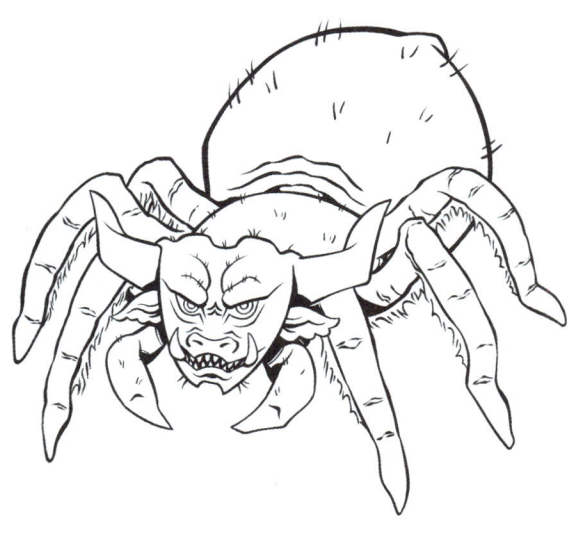

9

Añade algunos pelos por todo el cuerpo y haz el contorno principal más grueso. Añade sombras alrededor de la cara para que destaque del cuerpo y las patas.

ONI (おに)

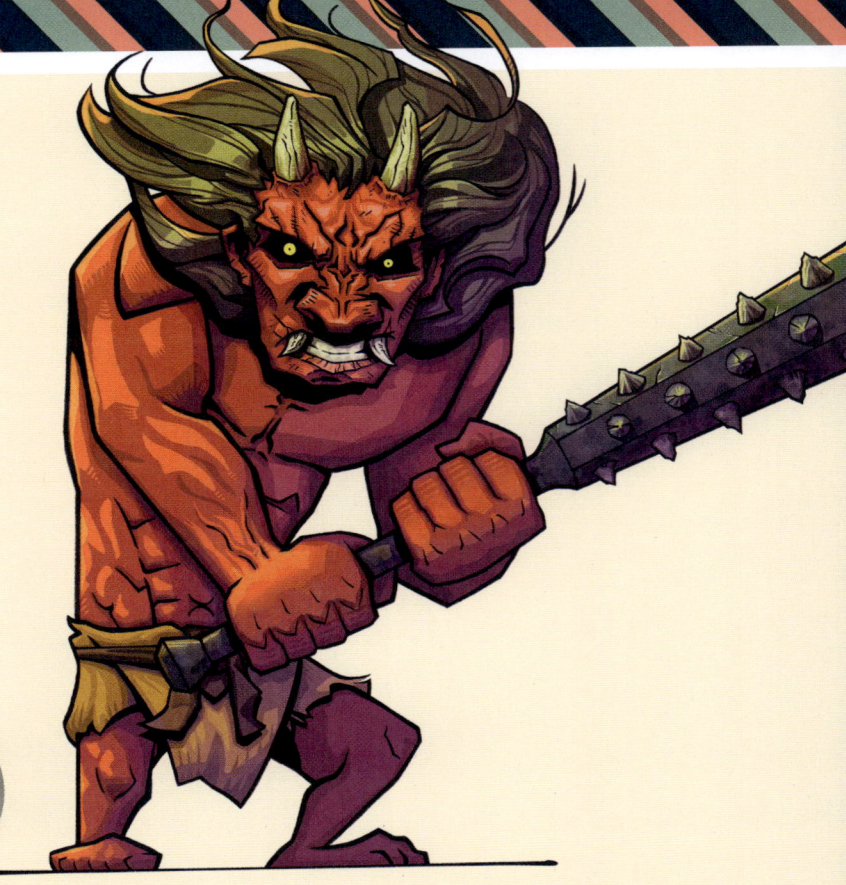

Los oni, uno de los yōkai más legendarios de la cultura japonesa, aparecen en el folclore, la historia, la cultura pop, el anime, el manga y la literatura. Estos ogros con aspecto de demonio han asolado el campo japonés durante siglos y son uno de los villanos más comunes en las leyendas niponas.

Los oni adoptan diversas formas. Los más emblemáticos son los ogros masculinos grandes, que resultan ser muy poderosos y despiadados. Además, tienen dos cuernos y la piel roja y llevan un taparrabos. Van equipados con unos garrotes de púas y viven en cuevas y montañas remotas. Estas malvadas criaturas matan, secuestran y devoran a las personas, además de esclavizarlas previamente.

La palabra «oni» se puede utilizar para describir una categoría de yōkai. En la antigüedad, la gente usaba esta palabra para referirse a cualquier demonio, espíritu, monstruo o fenómeno maligno.

La manera de dibujar este yōkai será similar a la del ōgama con lanza (página 50), pero con más detalles, especialmente en la cara y la parte superior del cuerpo.

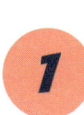

Dibuja una línea larga y curva para marcar la acción. En la base, dibuja una línea para el suelo, y arriba, la forma cuadrada de la cabeza con las líneas guía.

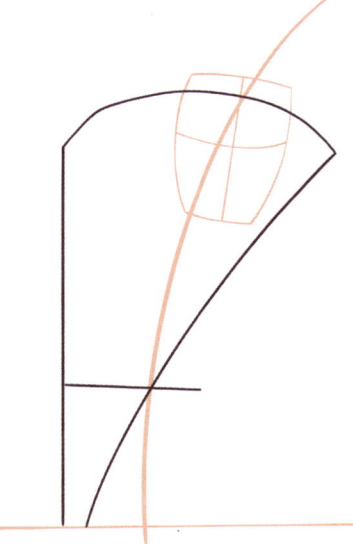

2

Dibuja un triángulo grande para el cuerpo cuya parte superior sea ancha y redondeada para los hombros. La línea horizontal indica la cintura.

3

Al igual que con el ōgama, dibuja las piernas cortas, la izquierda flexionada, y los pies. Añade una línea larga y diagonal que indique dónde irá el arma del oni.

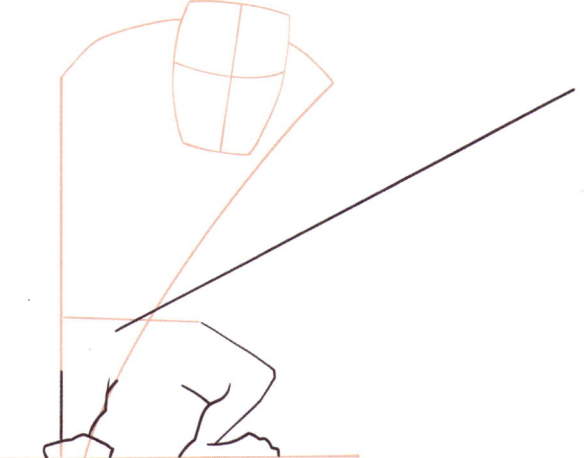

4

Dibuja formas redondeadas para las manos. Fíjate en las protuberancias de los nudillos. Dibuja una gran melena ondulada alrededor de la cabeza.

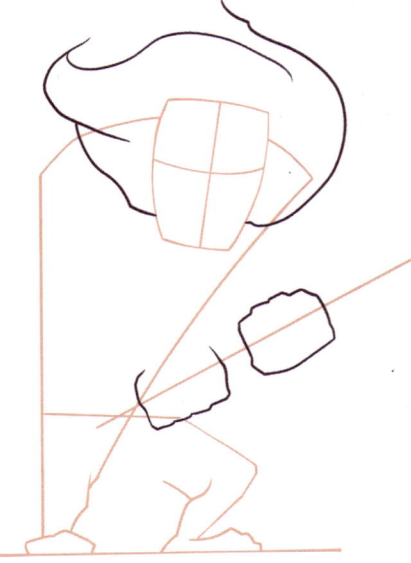

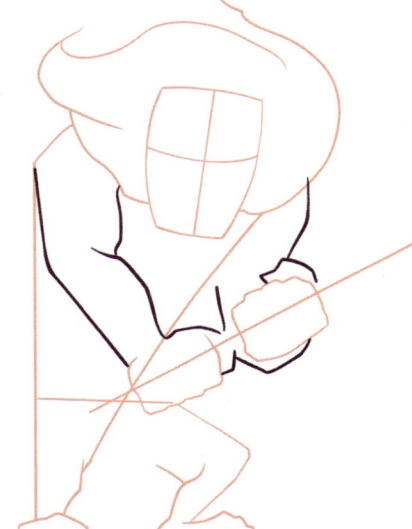

5

Une las manos con los hombros dibujando los brazos. Fíjate en que su borde externo es lineal mientras que el interior es musculoso.

6

Dibuja las formas del arma tradicional del oni: el *kanabō*, un tipo de garrote. Si es necesario, utiliza una regla para trazar los bordes rectos. El mango es fino y se ensancha hacia el final.

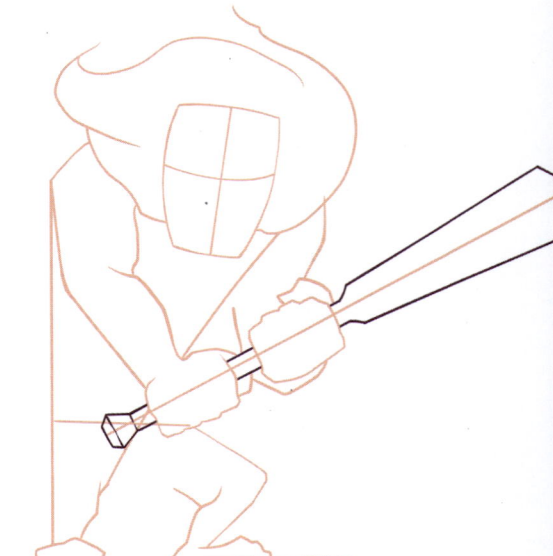

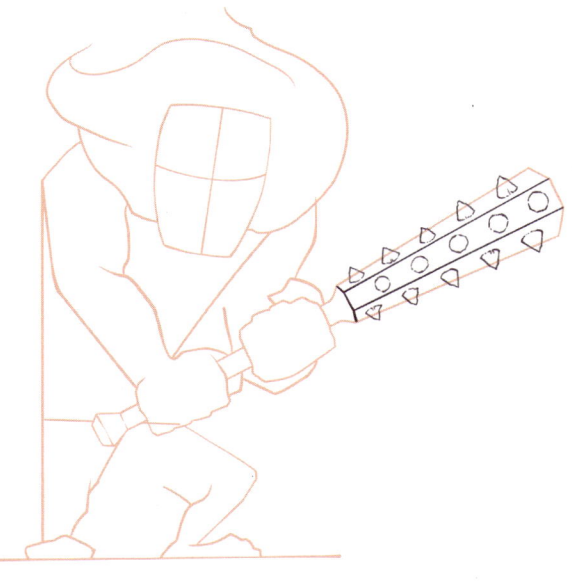

7

Añade tres filas de pinchos o púas al *kanabō*: traza triángulos irregulares para las dos hileras exteriores, y círculos para la fila central, ya que estos apuntan hacia ti y la perspectiva es distinta.

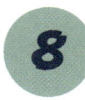

8

Define el contorno del cuerpo: ensancha el pecho y utiliza curvas amplias para dibujar el taparrabos, el traje tradicional de los oni.

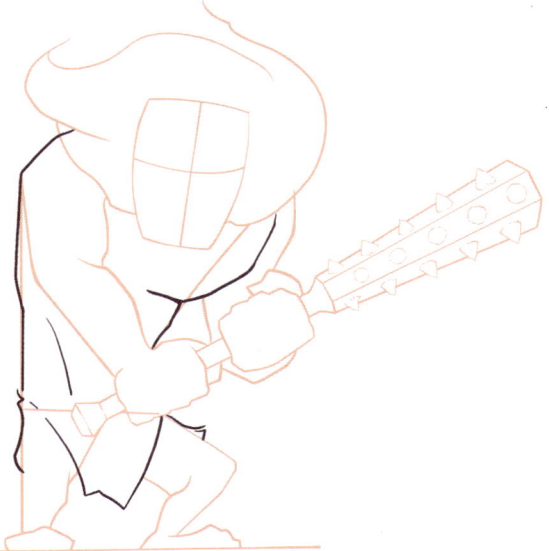

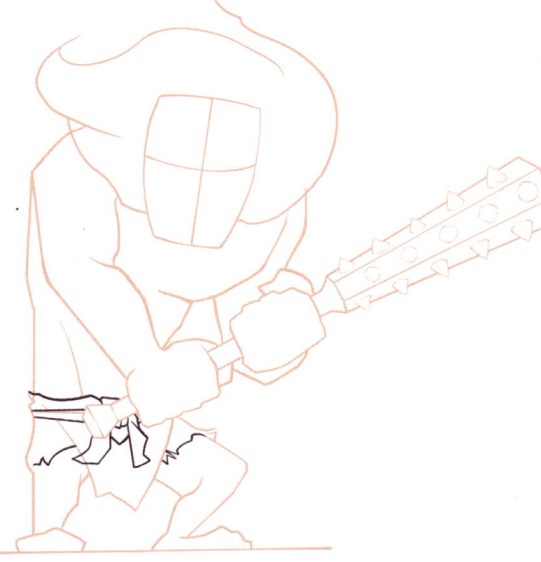

9

Dibuja el resto del taparrabos utilizando formas similares a las del ōgama, incluida la banda de tela con un nudo en el centro que sirve de cinturón.

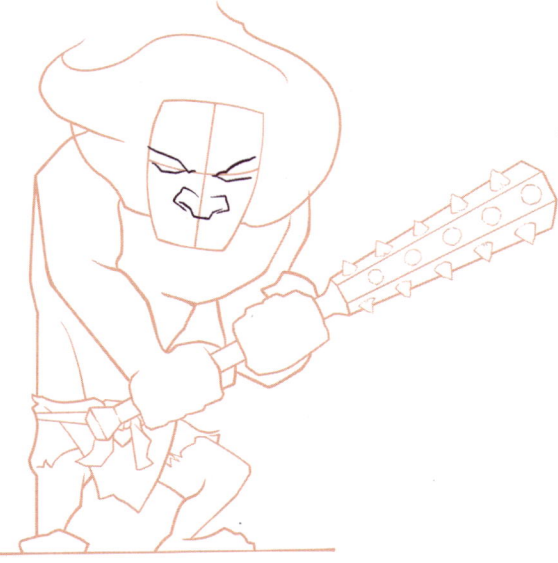

Los siguientes pasos te enseñarán a dibujar la cara del oni.

Dibuja el contorno de los ojos y la nariz con ángulos pronunciados para resaltar la expresión feroz del oni.

Dibuja la boca, las partes curvadas de las mejillas y las cejas inclinadas.

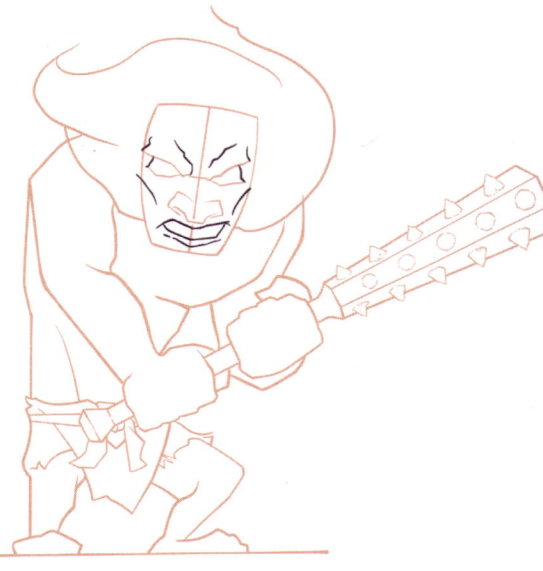

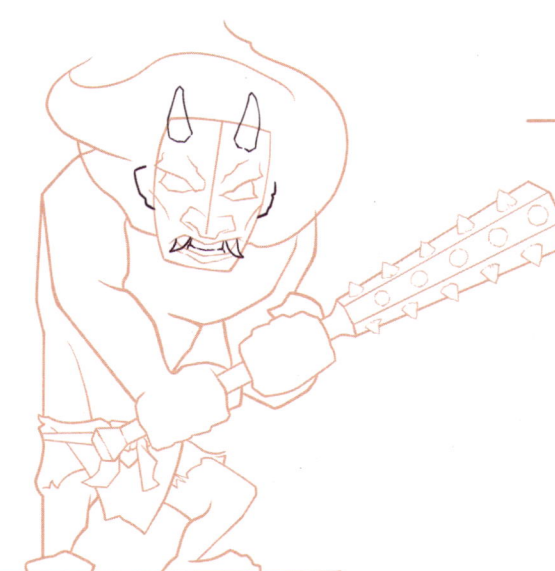

Añade dos cuernos largos en la frente y unos colmillos en la boca. No te olvides de añadir las orejas.

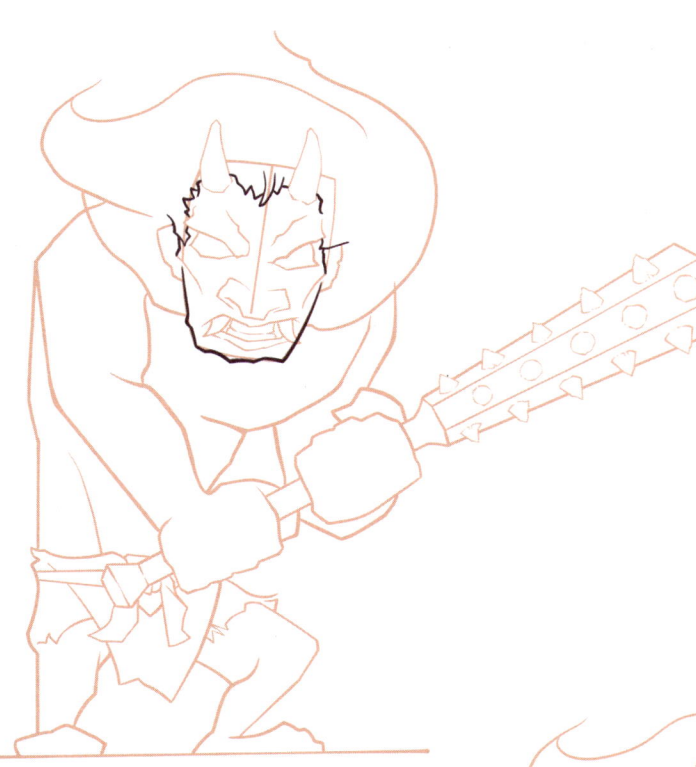

13

Define el contorno de la cara trazando la barbilla y la mandíbula un poco más salidas. Dibuja el cabello alrededor de la cara.

14

Cuando alguien está enfadado, las cejas se contraen y se forman arrugas a su alrededor. Dibuja estas arrugas con ángulos marcados en la frente y entre los ojos.

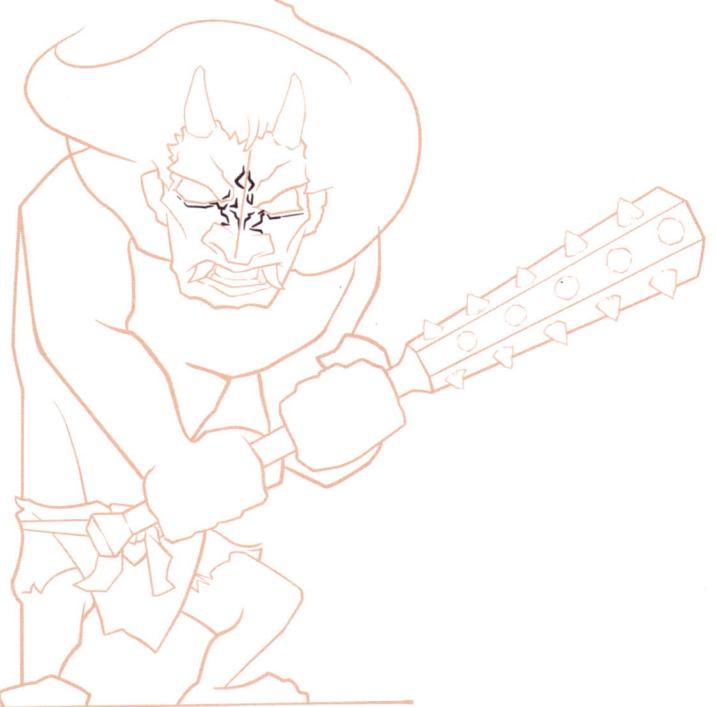

Los últimos pasos se centran en dibujar el cabello y dar los retoques finales para que tu oni cobre vida.

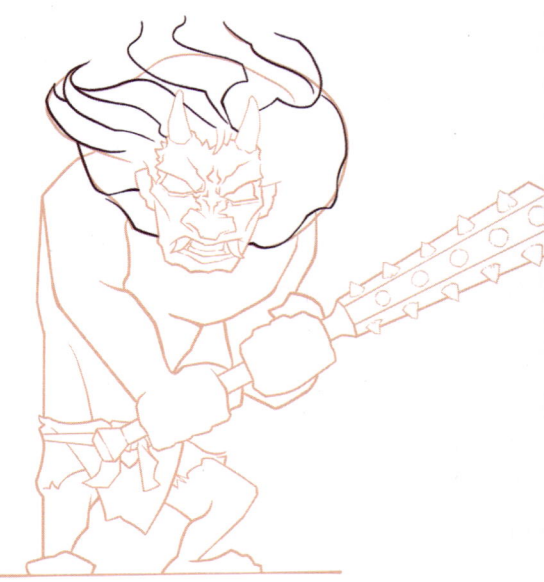

Añade detalles a la melena dibujando mechones grandes y ondulados, como hemos con el otoroshi (página 154).

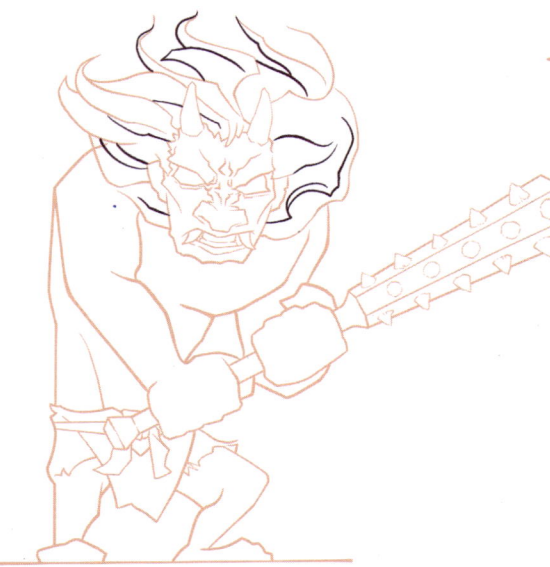

Continúa definiendo la melena. Al igual que el otoroshi, el cabello fluye en diferentes direcciones.

Con trazos cortos y angulados, añade detalles al cuerpo para mostrar los músculos del pecho, el abdomen y los hombros.

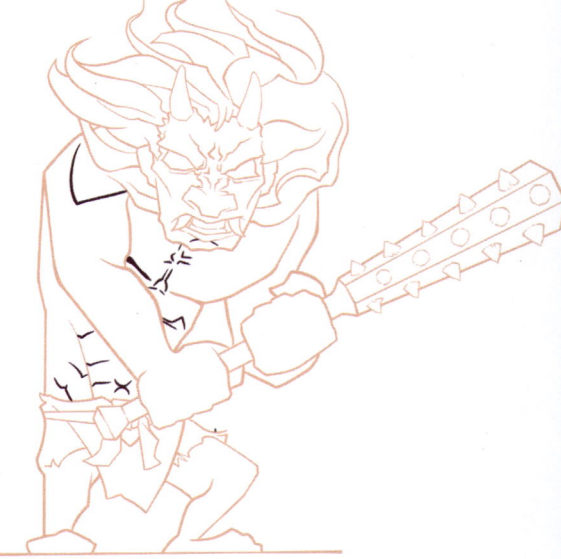

18

Dibuja los dedos de las manos y de los pies. Haz unos triangulitos para los nudillos.

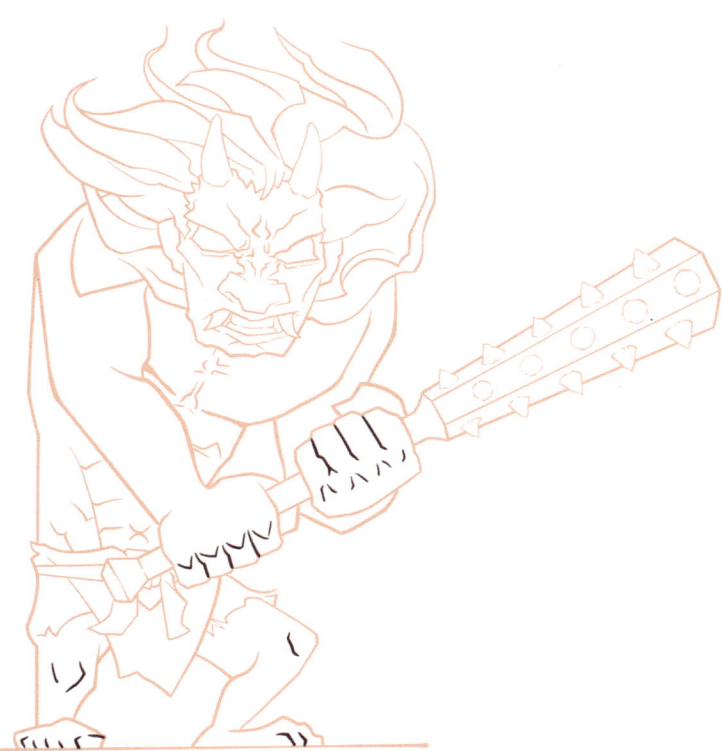

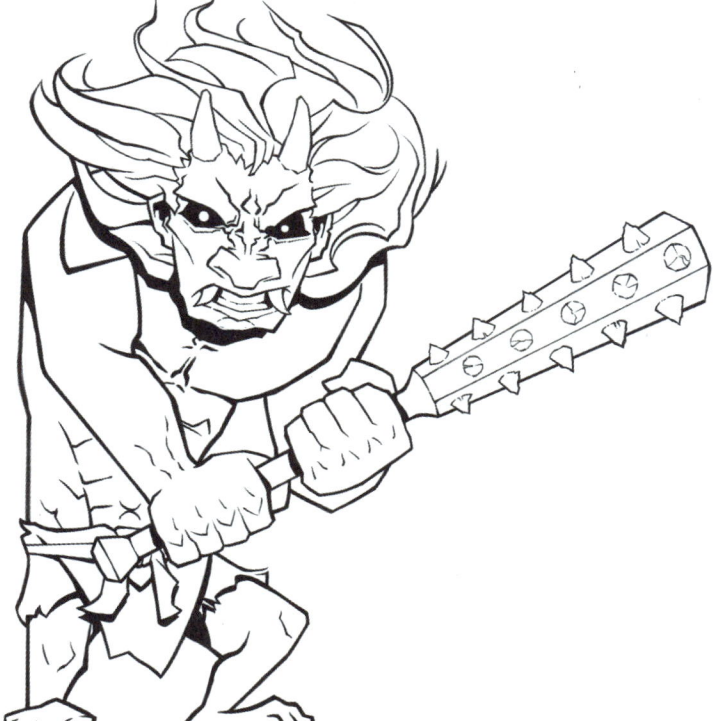

19

Termina el oni aumentando el grosor del contorno del cuerpo y añadiendo una sombra oscura debajo de la cabeza y el cabello. Esto hará que la cara resalte con respecto al cuerpo.

NAMAHAGE (なまはげ)

El namahage es una especie de hombre del saco japonés que se lleva a los niños perezosos. Culturalmente, se utiliza para asustar a los jovencitos rebeldes y hacer que se porten bien. Aunque los namahage dan miedo, sus intenciones son buenas. Si los niños desobedientes corrigen su comportamiento, se dice que los namahage bendicen su hogar.

El origen de los namahage tiene que ver con la moraleja de cuentos dedicados a niños y adultos perezosos que se pasaban las horas junto a la chimenea en lugar de trabajar, hasta tal punto que el calor del fuego les provocaba ampollas en los pies. Entonces, llegaban los namahage, les extraían las ampollas, las recogían y se llevaban a la persona. Por eso se les representa con un cuchillo y un cubo en sus manos.

Para los dos últimos yōkai de este libro, que son los más difíciles, los pasos son algo más complejos, pero no dejes que eso te intimide. Aplica lo que has aprendido en los capítulos anteriores y tómate tu tiempo en cada paso. Los consejos sobre cómo dibujar de fuera hacia dentro y cómo trazar formas grandes y pequeñas son muy útiles a la hora de abordar personajes complejos como el namahage y el tengu (página 180). En los dibujos que tienen una mayor dificultad, lo importante es crear capas de detalles. Cada capa puede ser sencilla por sí misma, pero a medida que las vayas creando, el dibujo adquirirá una riqueza de matices extraordinaria.

Dibuja la línea de acción. Añade un óvalo y las líneas guía para la cabeza. Traza un óvalo más grande y ancho para la parte superior del cuerpo.

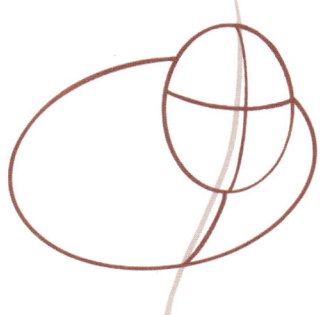

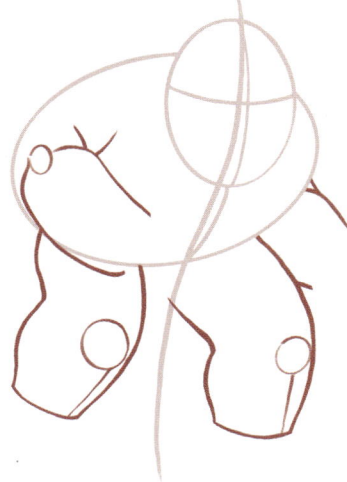

2

Dibuja formas tubulares para los brazos y las piernas y haz pequeñas curvas en los codos y las rodillas. El namahage tendrá un aspecto ancho y robusto, lo que le hará parecer aún más imponente.

En los extremos de los brazos y las piernas, añade formas sencillas para las manos y los pies. Una vez que hayas esbozado el cuerpo, dibuja el contorno de la cara y los dos cuernos del namahage.

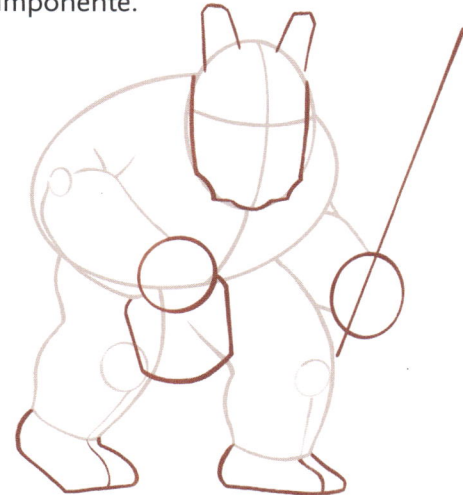

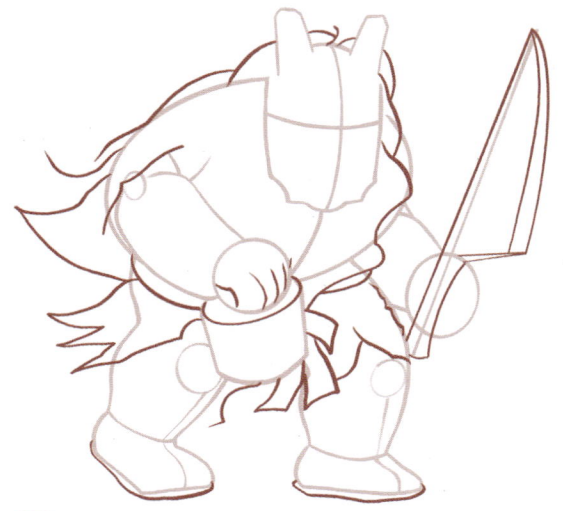

4

Usa líneas fluidas para dibujar los contorno
de la tradicional capa de paja del namahage
como si el viento la estuviera moviendo.
Dibuja un cuchillo grande, siguiendo la líne
recta que sale desde su mano. Utiliza líneas
curvas para indicar la parte superior del cub
y los dedos. Dibuja la suela de las sandalias
zōri siguiendo el contorno de los pies.

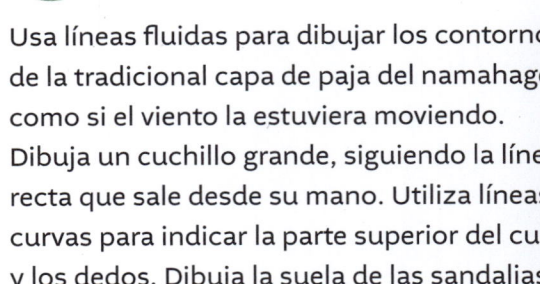

5

Trabaja de fuera hacia dentro. Añade unos ojos
curvos y la boca. Usa formas recurrentes para
dibujar las protecciones de paja que cubren los
brazos y los tobillos. La mayoría tienen la misma
forma, solo que están curvadas para adaptarse
a los brazos y las piernas. Las protecciones están
sujetas con dos cuerdas.

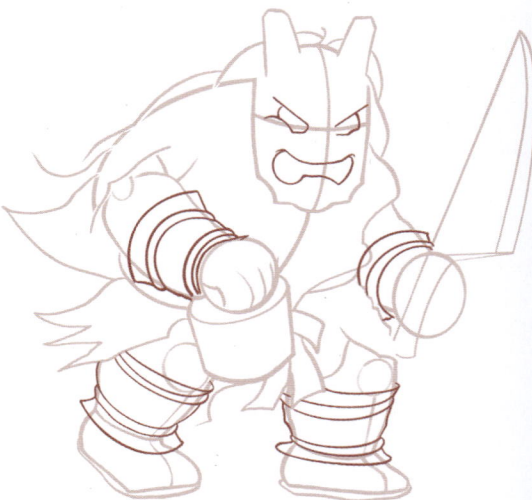

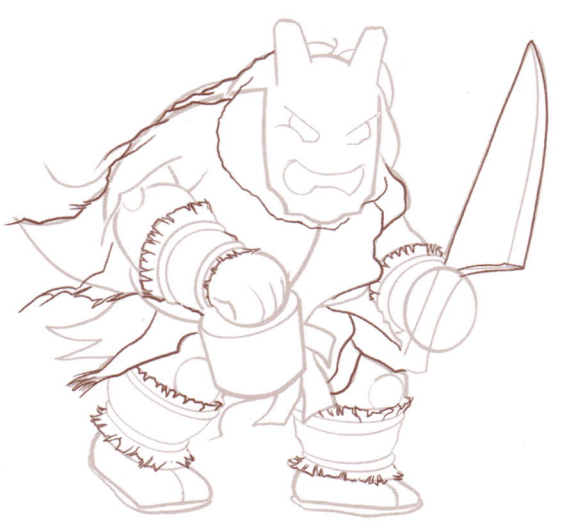

6

Una vez hechas las formas grandes, añade
los detalles. Utiliza líneas cortas y ondulad
para que el contorno de la capa de paja
parezca un conjunto de capas superpuesta
Repite estas líneas para los extremos de las
protecciones de los brazos y los tobillos.
Haz el perfil del cuchillo un poco irregular
para que parezca hecho a mano.

Define la cara: dibuja el contorno de los dientes del namahage junto con los grandes colmillos a ambos extremos. Haz las partes planas de los cuernos. Añade líneas angulares a las cejas para acentuar su expresión de ferocidad.

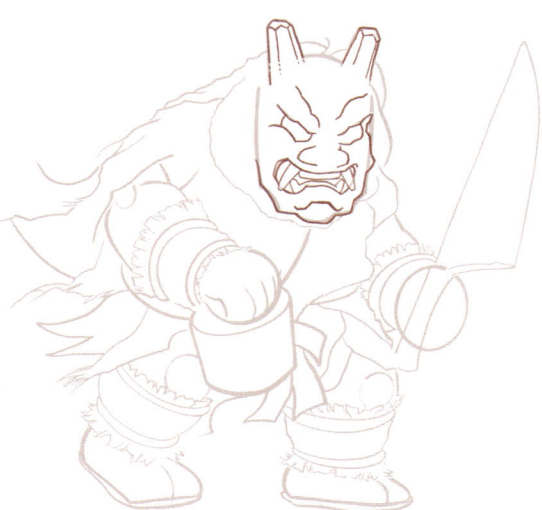

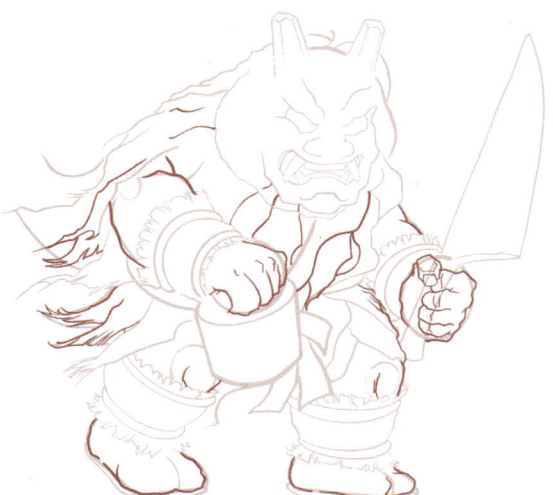

Incorpora nuevos detalles dentro de las formas que has dibujado. Añade más líneas fluidas que indiquen que la capa está compuesta de diferentes secciones de paja. Dibuja los dedos y las manos utilizando las formas circulares como guía.

Dibuja los nudos en las cuerdas de las protecciones que cubren los brazos y las piernas: repitiendo las formas de nuevo. Traza la parte delantera del cabello, que enmarca la cara, y añade algunas arrugas faciales que ayuden a acentuar la expresión de ferocidad del personaje.

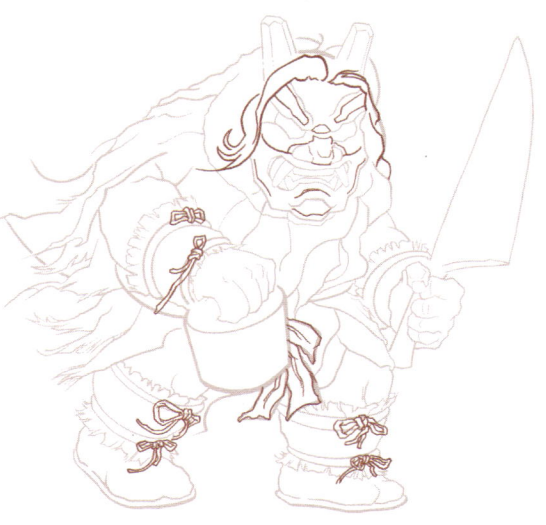

10

Los pasos siguientes pueden parecer un poco complicados. Ve paso a paso, dibujando cada forma y cada prenda una por una. Añade más mechones de cabello alrededor de la cara y secciones adicionales de paja a la capa del namahage, detrás de las líneas que has dibujado en el paso 9.

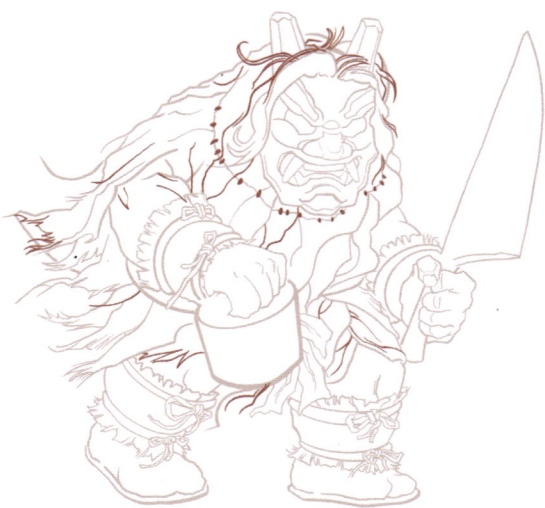

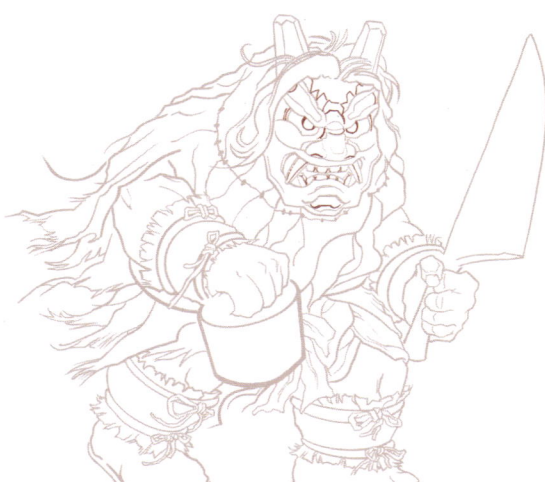

11

Dibuja más detalles faciales, como las pupilas, los dientes y la forma de la frente.

12

Convierte las formas tubulares más grandes de las cuerdas de los antebrazos y las piernas en cuerdas retorcidas reales.

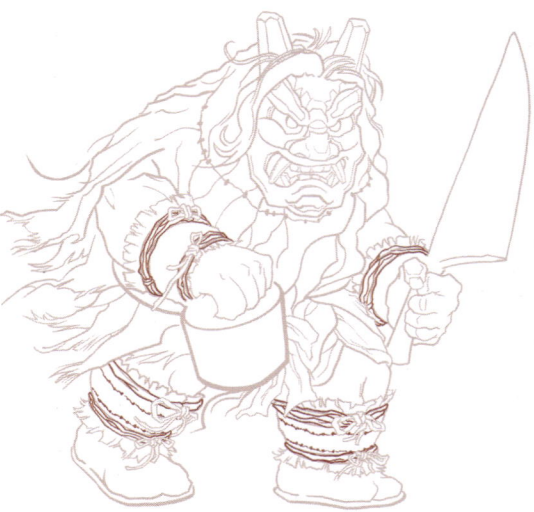

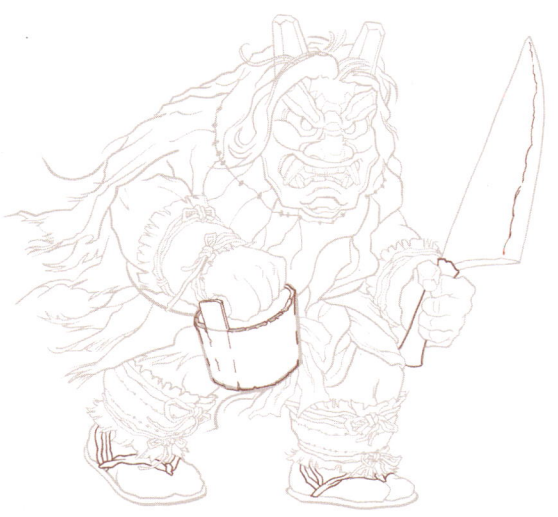

13

Añade las correas de las sandalias. Resalta el contorno del cubo, que debe parecer hecho de madera, y define el cuchillo que sostiene.

14

Ahora pasemos a los últimos detalles. Añade líneas de textura en el interior, como las líneas de las protecciones de los brazos y los tobillos, para mostrar que son de paja. Convierte la forma tubular del lazo de la cintura en una cuerda y añade las cuerdas de paja alrededor del cubo. En la parte trasera de la capa, haz algunos hilos de paja que parezcan movidos por el viento.

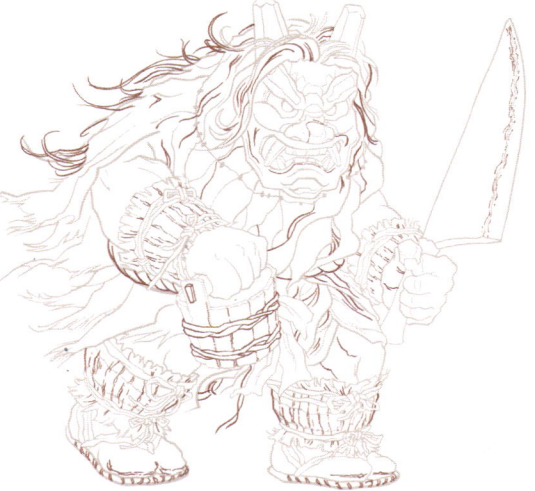

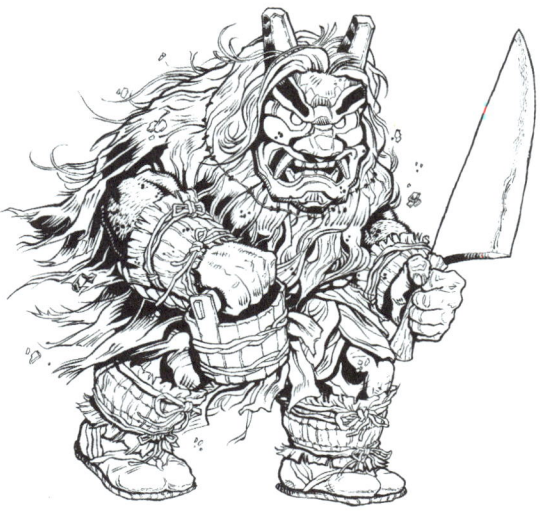

15

Como toque final, intensifica los contornos de la capa y los brazos. Para obtener un mayor contraste, añade sombras con el fin de delimitar cada parte; esto es importante en los dibujos con muchos detalles, como es el caso.

TENGU (てんぐ)

Los tengu tradicionales encarnan misteriosas fuerzas oscuras de las montañas. Tienen rasgos parecidos a los de un cuervo y el aspecto de los *yamabushi*, ascetas que viven en las zonas montañosas. Los tengu son monjes yōkai malvados que intentan desviar a la gente de su camino. En el Japón antiguo, los monjes solían llamar «tengu» a los frailes de otras sectas budistas para insultarlos. A estos yōkai se les culpaba de propagar enfermedades, guerras, tormentos y otros acontecimientos misteriosos que asolaban las montañas en las que vivían. Sin embargo, en las interpretaciones modernas se les representa como seres benevolentes que viven en clanes y protegen sus montañas.

Al igual que con los namahage (página 174), cada paso contiene información más detallada para afrontar la complejidad de la figura. Aplica lo que has aprendido en los dibujos anteriores y tómate tu tiempo en cada paso.

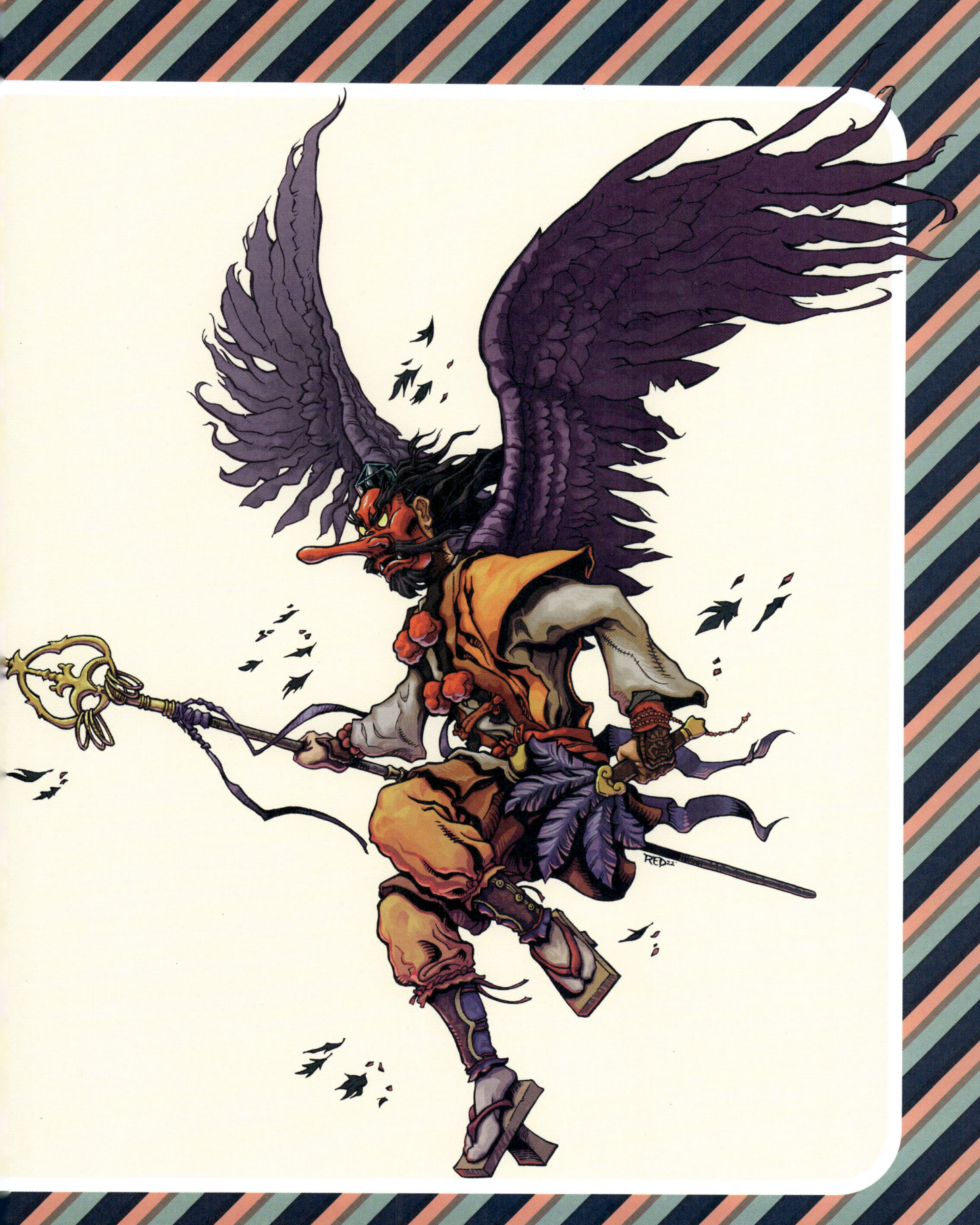

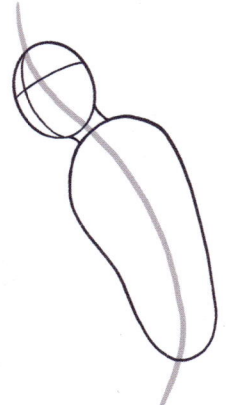

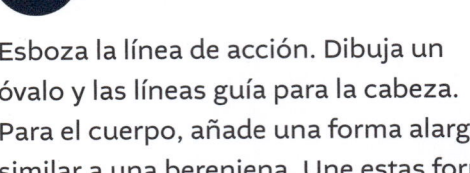

1

Esboza la línea de acción. Dibuja un óvalo y las líneas guía para la cabeza. Para el cuerpo, añade una forma alargada similar a una berenjena. Une estas formas para hacer el cuello.

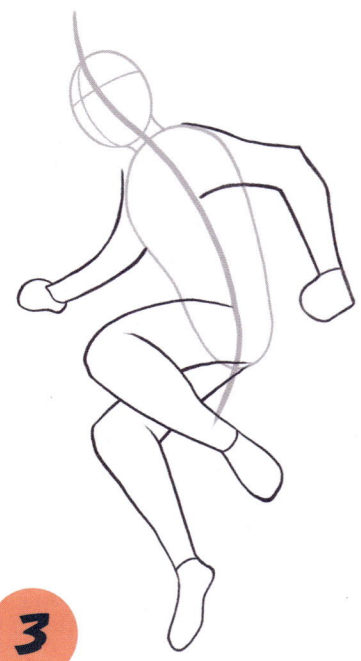

2

Dibuja formas curvas y tubulares para los brazos y las piernas. Siguiendo la dirección en la que se doblan las extremidades, añade las formas básicas de las manos y los pies.

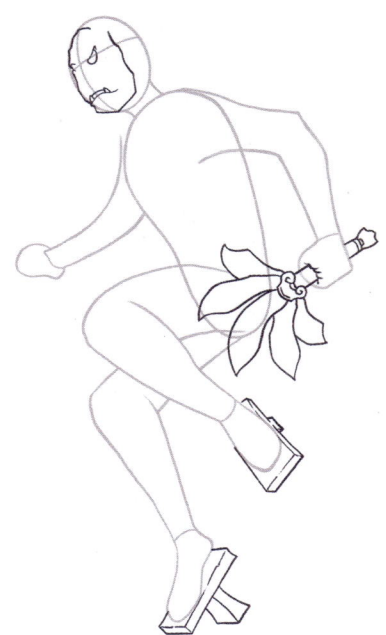

3

Una vez definidas las formas de la figura básica, podemos empezar a añadir la ropa. Dibuja el contorno de la cara del tengu. Añade los ojos y la forma básica de la boca. Empieza a dar forma a las sandalias *geta*. Haz la forma básica del abanico; dibuja secciones curvas, similares a hojas, para las plumas.

4

Empieza a crear las capas del traje tradicional del tengu. Como va a volar por el cielo, utiliza líneas onduladas para mostrar el efecto del viento. Dibuja la ropa de manera que siga el contorno de los brazos y las piernas; la tela debe quedar suelta, despegada del cuerpo.

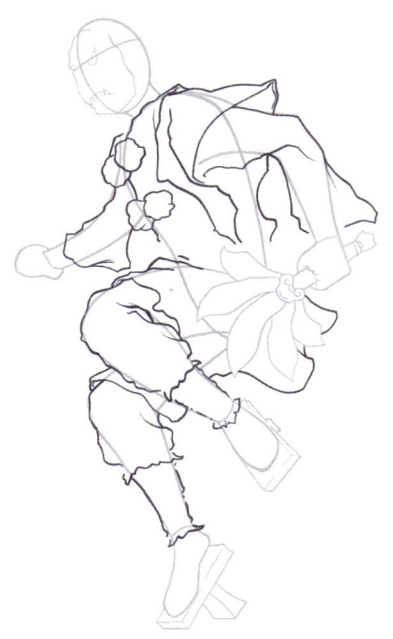

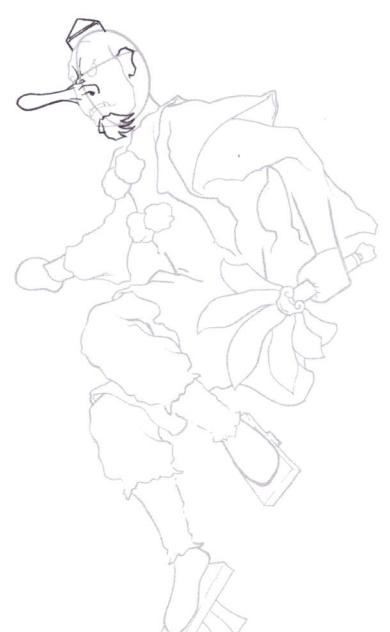

5

Dibuja la nariz, las orejas y la barba del tengu. Añade el sombrero triangular en forma de caja en la parte superior de la cabeza. Se llama *tokin* y forma parte del atuendo tradicional de los *yamabushi*.

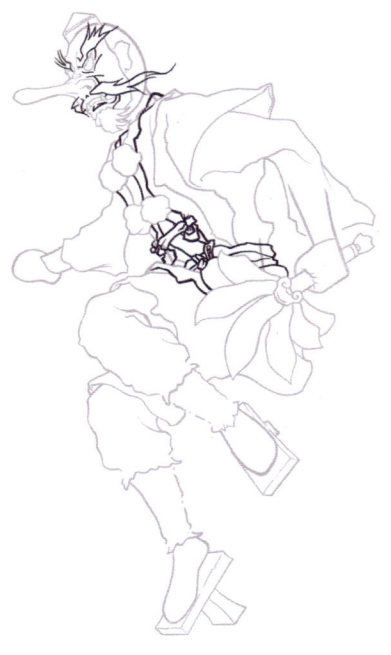

6

Termina la cara dibujando el bigote y las cejas. Añade más capas a la ropa. Presta atención a las arrugas al dibujar el fajín *obi* del tengu.

7

Dibuja los pies y las manos. Añádele las protecciones para las muñecas y las correas de las *geta*. Usa círculos para crear la pulsera de la muñeca.

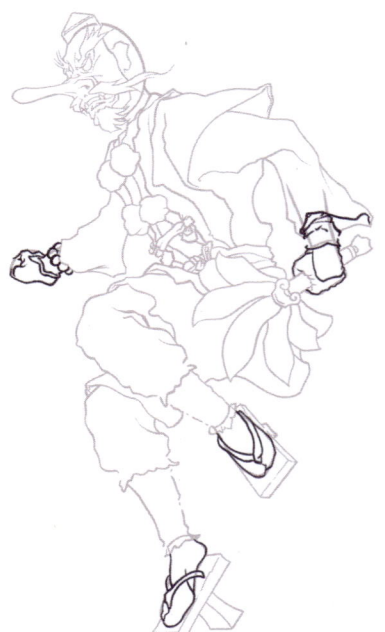

8

Dibuja las líneas de acción del bastón *shakujō* y de las alas. Sigue añadiendo más detalles a la figura. Dibújale el cabello con líneas onduladas de modo que parezca que se mueve con el viento. Utiliza arcos para mostrar las espinilleras que protegen las piernas. Dibuja el brazalete de cuentas de oración en la otra muñeca.

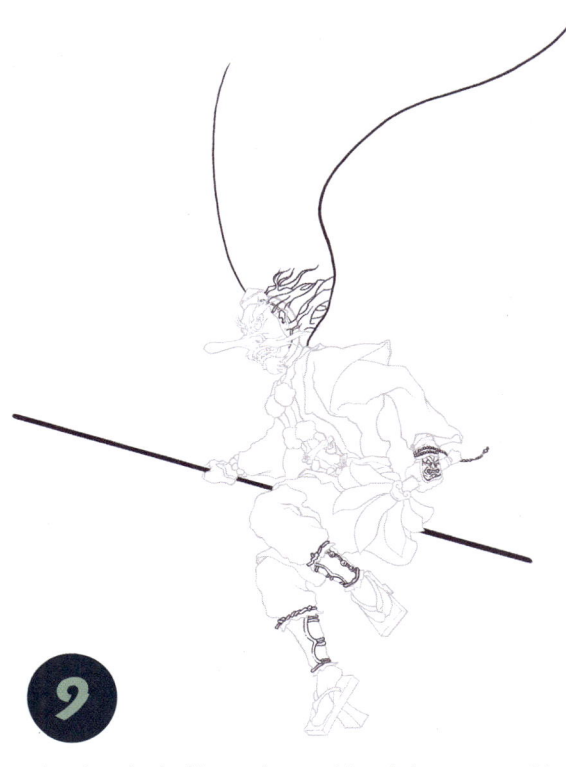

9

Siguiendo la línea de acción del paso 8, dibuja el *shakujō*. Es un bastón que llevan los monjes budistas cuando viajan.

10

Esboza las cuatro formas básicas del ala delantera. Dado que el ala derecha del tengu está girada hacia nosotros, solo se ven dos formas.

11

Haz que los bordes delanteros de las alas sean más claros y nítidos. Empieza a añadir los últimos detalles del atuendo. Entre ellos se incluyen las arrugas de la ropa y la textura de las plumas del abanico.

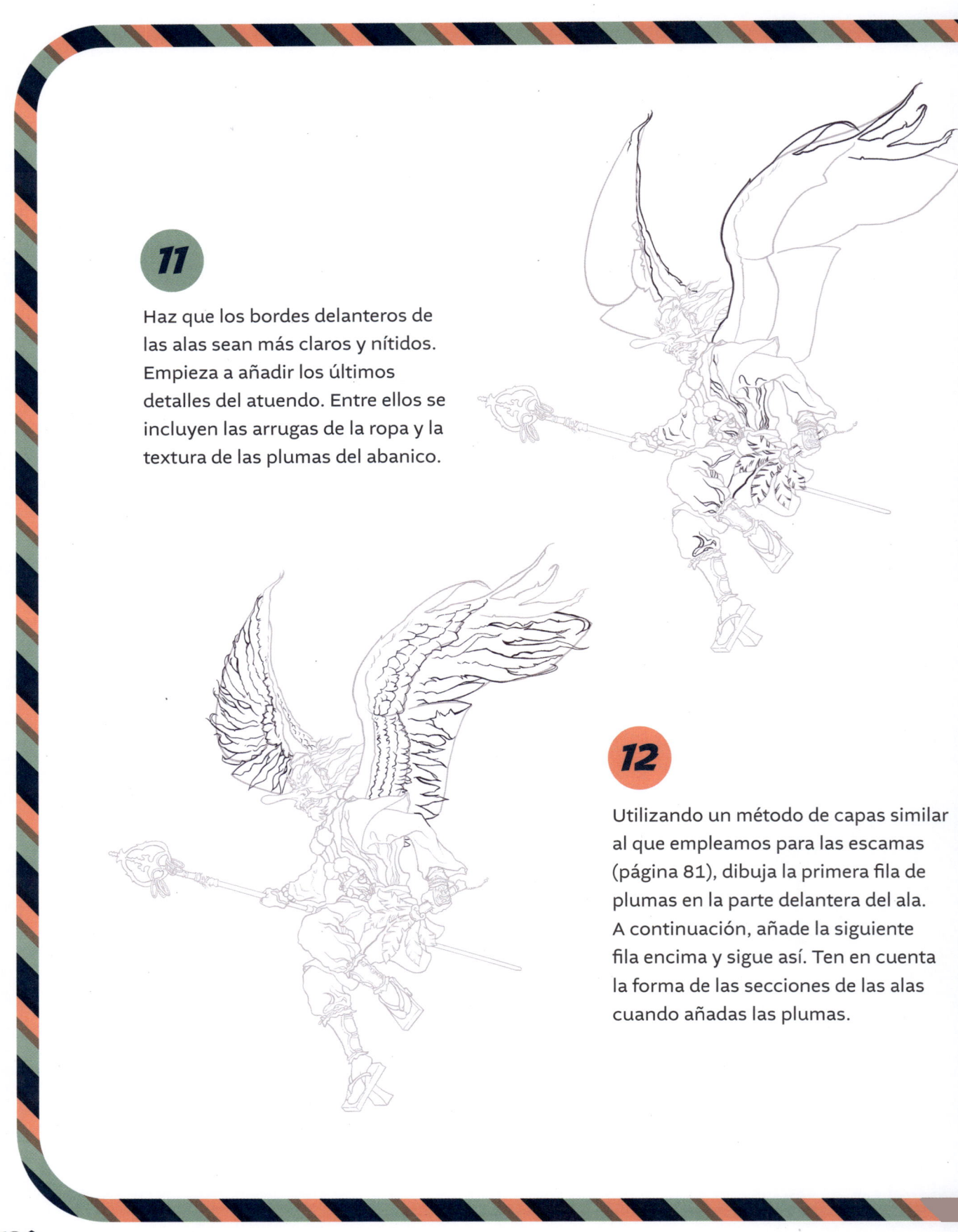

12

Utilizando un método de capas similar al que empleamos para las escamas (página 81), dibuja la primera fila de plumas en la parte delantera del ala. A continuación, añade la siguiente fila encima y sigue así. Ten en cuenta la forma de las secciones de las alas cuando añadas las plumas.

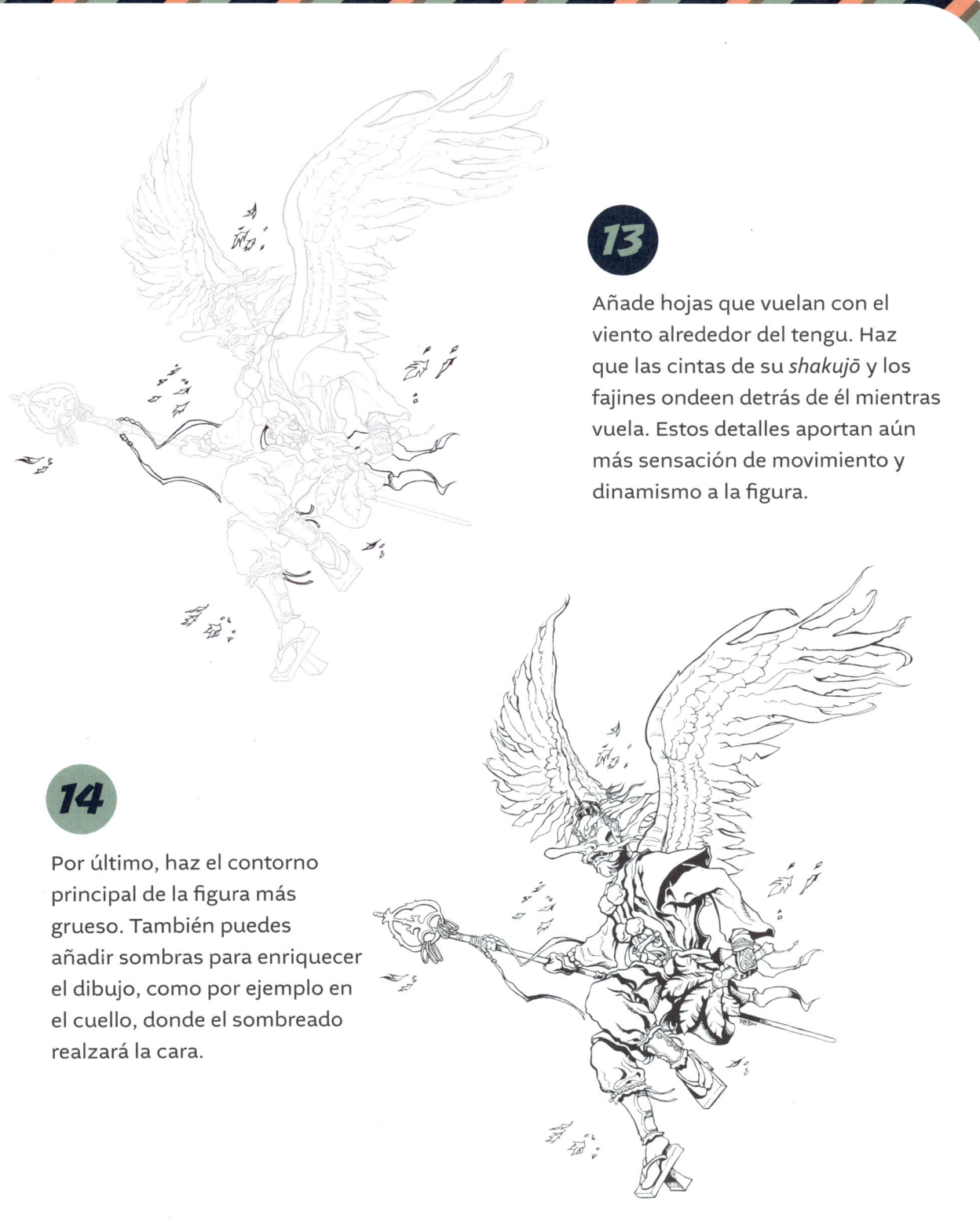

13

Añade hojas que vuelan con el viento alrededor del tengu. Haz que las cintas de su *shakujō* y los fajines ondeen detrás de él mientras vuela. Estos detalles aportan aún más sensación de movimiento y dinamismo a la figura.

14

Por último, haz el contorno principal de la figura más grueso. También puedes añadir sombras para enriquecer el dibujo, como por ejemplo en el cuello, donde el sombreado realzará la cara.

PARA SABER MÁS

Para saber todavía más cosas sobre el misterioso mundo de los yōkai, en esta última sección del libro encontrarás un glosario de términos y artistas relacionados con los yōkai, una lista con recomendaciones de lectura sobre estas criaturas y un poco de información sobre el autor, por si deseas ponerte en contacto con él.

Terminología básica

AYAKASHI: término genérico para referirse a los yōkai y los fenómenos sobrenaturales.

BAKEMONO: monstruos con la capacidad de transformarse. Literalmente significa «cosa que cambia» y es un término que se utiliza para referirse a los yōkai que pueden cambiar de forma. Sin embargo, el término se utiliza más a menudo para abarcar un ámbito mucho más amplio de criaturas sobrenaturales, y se aplica a monstruos, fantasmas y otras criaturas extrañas.

EMAKI: rollos de papel japoneses con texto e ilustraciones que narran historias épicas, religiosas, de amor o incluso de carácter sobrenatural. Muchas ilustraciones de yōkai antiguas aparecen en los emaki.

HYAKKIYAGYŌ EMAKI: *hyakkiyagyō* en español significa «desfile nocturno de cien demonios». Se trata de un tipo específico de emaki cuyo tema es un desfile de yōkai. Es una composición de imágenes muy popular en el arte yōkai.

HYAKUMONOGATARI: literalmente «cien historias». Este término hacía referencia a un tipo de reunión social durante el periodo Edo en la que la gente contaba historias de fantasmas (Hyakumonogatari Kaidankai en japonés). Se encendían muchas velas y, después de cada relato, se apagaba una. Tras contar cien historias y apagar la última vela, la habitación quedaba a oscuras y se convocaba a un yōkai, como el ao-andō (página 134). También se utiliza para describir un libro o una recopilación de historias sobrenaturales.

KAMI: término general para referirse a un dios, deidad o espíritu poderoso. Este término está relacionado con las creencias sintoístas, según las cuales se cree que hay un espíritu que habita en cada objeto y en cada elemento de la naturaleza y que puede encontrarse en todas partes. Los kami no son dioses todopoderosos tal y como entendemos el término en Occidente, y tampoco son necesariamente objeto de culto.

KAMIKAKUSHI: término que se traduce como «desaparición espiritual» (y del que toma su nombre la famosa película *Sen to Chihiro no Kamikakushi*, estrenada en España con el título *El viaje de Chihiro*, del Studio Ghibli. Describe una historia tradicional de la mitología yōkai en la que los tengu u otros yōkai secuestran a una persona y la llevan al reino de los yōkai. Este tipo de historia sigue siendo muy popular en el anime y el manga.

MONONOKE: hace mucho tiempo, la gente utilizaba esta palabra para describir cosas que daban miedo o que no se podían explicar, como los yōkai y otras cuestiones sobrenaturales. Este término se utilizaba antes de que se popularizara la palabra «yōkai». Hoy en día, en el lenguaje coloquial, se suele usar indistintamente mononoke, obake, ayakashi y bakemono, aunque en el ámbito académico estos términos tienen diferentes matices.

OBAKE: monstruo. Otra palabra que se emplea de forma similar a bakemono. Se utiliza para describir a los monstruos en general, en contraposición a las criaturas más espirituales, pero no todos hacen esa distinción.

TSUKUMOGAMI: un tipo específico de yōkai. Estos yōkai nacen de objetos domésticos y otros artículos que cobran vida. Por lo general, los tsukumogami suelen cobrar vida por dos razones: o bien son objetos que han cumplido cien años, o bien son artículos que la gente ha dejado de utilizar o ha tirado.

Artistas que dibujan yōkai

TORIYAMA SEKIEN (1712–1788) fue el primero en crear una guía ilustrada de los diferentes tipos de yōkai en Japón. Se titula *Gazu Hyakkiyagyō* (*El desfile nocturno de la horda de demonios en imágenes* en español). Sus ilustraciones y diseños establecieron la imagen clásica de muchos yōkai, vigente incluso hoy en día. Creó muchos yōkai populares, como el shami-chōrō (página 88), y desempeñó un papel importante en la popularización de los yōkai entre el público en general.

TSUKIOKA YOSHITOSHI (1839–1892) es considerado el último gran maestro del ukiyo-e. Entre sus numerosas y maravillosas creaciones se encuentran diversas series de ilustraciones protagonizadas por yōkai.

Bibliografía recomendada

Japandemonium Illustrated, traducido al inglés por Hiroko Yoda y Matt Alt. Una lectura imprescindible para los interesados en los yōkai que recopila las obras del artista Toriyama Sekien.

The Book of Yōkai de Michael Dylan Foster. Uno de mis libros favoritos sobre los yōkai. Se adentra en su fascinante mundo y explora temas como sus orígenes culturales, sus raíces históricas y su presencia en la literatura y el arte.

Museo yokai, la colección Yumoto Koichi (publicado en España por la editorial Satori en su colección Arte), ***Yokai Wonderland*** y ***Yokai Storyland*** de Yumoto Koichi. Un maravilloso trío de libros que muestran numerosas obras de arte y objetos relacionados con los yōkai recopilados por el estudioso Yumoto Koichi a lo largo de su trayectoria profesional. Los objetos de esta colección datan principalmente del periodo Edo hasta la actualidad. Como ilustrador, me fascina el arte creado a lo largo de los siglos para los juegos y productos relacionados con los yōkai que se muestran en estos libros. Una guía visual imprescindible sobre los yōkai.

Yoshitoshi's Strange Tales, ***Tsukioka Yoshitoshi Ghost Stories of Ukiyo-e***, o cualquier otro libro centrado en la obra artística de Tsukioka Yoshitoshi, un maestro del ukiyo-e. Me encantan sus ilustraciones tan dinámicas y sus encantadores diseños llenos de detalles.

Japanese Yokai and other Supernatural Beings de Andreas Marks. Esta enciclopedia moderna sobre los yōkai muestra en cada entrada maravillosas ilustraciones antiguas de cada uno de ellos.

Yokai Attack! Guía de supervivencia de los monstruos japoneses de Hiroko Yoda y Matt Alt, publicado en España por Quaterni. Una enciclopedia sobre los yōkai escrita como una guía de supervivencia para lectores jóvenes con páginas llenas de divertidas y coloridas ilustraciones.

Strange Japanese Yokai de Kenji Murakami. Otra enciclopedia moderna de yōkai para lectores jóvenes con yōkai únicos y poco conocidos.

Yokai.com de Matthew Meyer. Una página web increíble y repleta de información sobre los yōkai. También publica su base de datos en una colección de libros impresos y electrónicos.

Agradecimientos

A mis padres, por su infinita paciencia y su apoyo incondicional. Y a todos los artistas en ciernes que quieren convertirse en mejores artistas con este libro. **GRACIAS A TODOS.**

Gracias por elegir este libro.
Espero que os inspire y os ayude a crear vuestro propio camino como artistas.
¡Bienvenidos al maravilloso mundo de los yōkai japoneses!

Acerca del autor

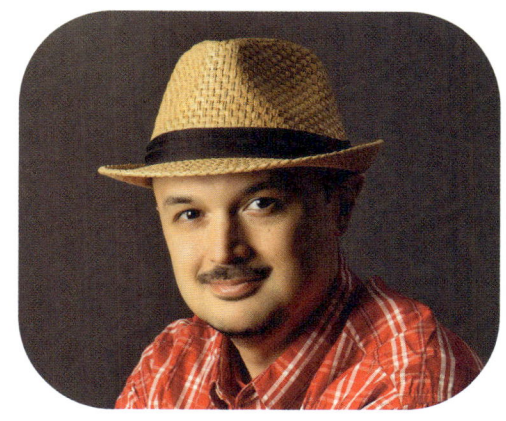

Lance Red es un ilustrador y diseñador gráfico que trabaja con colores vivos y líneas claras y nítidas. Durante muchos años, ha disfrutado creando ilustraciones fantásticas para juegos de mesa y de rol. Lance es un artista que crea sus obras utilizando programas informáticos como Photoshop y Procreate, pero que nunca se olvida de la forma tradicional y la pintura al óleo. Independientemente de cómo lo haga, siempre empieza sus ilustraciones con un lápiz y un papel sobre la mesa, porque dibujar es lo que más le gusta.

Encuentra al autor en Internet

¿Quieres ver más más tutoriales de dibujo y pintura?

¿Tienes alguna pregunta sobre arte?

Lance comparte tutoriales de dibujo cada mes y habla sobre arte con sus seguidores en Patreon:
www.patreon.com/LanceRed

Descubre más ilustraciones, pósteres y cosas divertidas aquí:
www.Lance.Red

Título original: *Yōkai Bestiary*

© 2026 Librero b.v. (edición española)
Hambakenwetering 8B
5231 DC 's-Hertogenbosch
Países Bajos
www.librero.nl

Primera edición en 2024 a cargo de Wellfleet Press,
un sello editorial de The Quarto Group

© 2024 de Quarto Publishing Group USA Inc.
Ilustraciones © 2024 de Lance Red

Grupo editorial: Rage Kindelsperger
Dirección editorial: Erin Canning
Dirección creativa: Laura Drew
Editor en jefe: Cara Donaldson
Edición de contenido: Elizabeth You
Dirección de arte: Scott Richardson
Diseño interior: Brad Norr Design

Producción de la edición española:
Traducción: Antonio Vizcarra
para Delivering iBooks & Design
Redacción y maquetación:
Delivering iBooks & Design, Barcelona

Distribución exclusiva de la edición española:
Librero IBP S. L.
C/ Paseo de los Olmos, n.º 20
Planta 1.ª, oficina 7
28005 Madrid, España
www.librero-ibp.es

Printed in Huizhou, Guangdong, China TT122025
ISBN: 978-94-6499-171-0

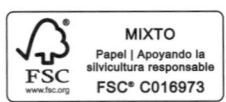